영상 저널리즘의 이해

감시(Stakeout). 1997년 1월, 『워싱턴 타임스』의 사진기자 켄 램버트(Ken Lambert)가 미 의회에서 비밀회담을 마치고 돌아서는 의원을 가장 좋은 앵글에서 촬영하기 위해 돌진중이다. 의회의 내부 정책들은 비밀리에 진행되기 때문에, 워싱턴 DC의 기자단은 닫혀진 회의실 문 앞에서 대기하면서 짧은 발언이나 사진 혹은 비디오 클립을 포착하려 분투한다.(사진: 줄리 뉴튼)

눈·빛·시·각·예·술·선·서·9

영상 저널리즘의 이해
― 포토저널리즘과 시각적 진실

줄리안 뉴튼 지음
허현주 옮김

눈빛

눈으로 볼 수 있는 것들,
그리고, 그러므로 알게 되는 것들이 가진 위험을 겪게 될
모든 사람들을 위하여.

서 문

21세기 초의 포토저널리즘은 다음과 같은 기로에 서 있다고 할 수 있다. 단순히 이미지만을 만드는 테크놀러지나 대중적 냉소주의가 종식될 것인가? 혹은 이제부터 저널리스트들은 보다 새롭게 신뢰할 수 있는 영상 저널리즘(visual journalism)을 만들어 갈 수 있을 것인가? 19세기 초에 처음 발명된 사진은 '자연의 거울' 카메라라는 기계적 인식을 전제로, 미증유의 '신뢰성'을 누려 왔다. 경험주의, 모더니즘, 과학적 방식에 의해 지원되는 위치에 선 20세기 초의 사진 역시, 명백한 진실과 정확성에 대한 '반박할 수 없는 증거'로서 사용되어 왔다. 더욱이 20세기 중반 대중매체 속에서 객관성(objectivity)에 치중했던 저널리즘은 사진의 '증거자료로서의 가치'를 더욱 강조하기에 이르렀다. 마찬가지로 1960년대 포토저널리즘이 번성하면서 35밀리 카메라 또한 사진을 보다 쉽게 촬영하기 위한 물리적 발전을 거듭했으며, 인쇄술의 발달로 인해 사진출판은 보다 간편화했다. 또 이에 발맞추어 뉴스나 정기간행물들 역시 사진의 정보성과 경제적인 측면의 가치를 강조하게 되었다.

하지만 역설적으로 이러한 물리과학과 테크놀러지의 발전은 '이미 그곳에 있는' 객관적인 세계에 대한 새로운 도전을 낳고 있다. 양자물리학의 발전은 '리얼리티(reality)'라는 개념을 이동시키면서 아이러니하게도 사물에 대한 인식을 보다 가까이에서 주관적으로 파악하게 만들었으며, 문학, 예술, 커뮤니케이션과 관련된 학자들은 과학적인 방식이나 모더니즘 자체의 비평을 통해 물리학적인 발전을 반증하기에 이르렀다. 이를테면 증거자료로서의 사진은 '시각적 표현의 주관적 본성(subjective nature)'에 대한 이해가 깊어지면서 그 빛을 잃기 시작했으며, 구조주의와 기호학 그리고 해체주의를 통해 영상문화와 인간의 시각적 행동에 대한 해석이 새로운 방향을 틀게 된 셈이다. 물론 이러한 이슈들이 포토저널리즘의 '존재이유(raison d'etre)'라는 기반을 흔들 만큼 충분하지 못하다는 판단이 들 수도 있다. 하지만 디지털 이미징 테크놀러지가 조작되지 않아야 할 장르를 완벽하게 조절할 수 있는 능력이 있음에는 의심할 여지가 없다. 1980년대와 1990년대 『내셔널 지오그래픽』이나 『타임』지 등에서도 알 수 있듯이, 이러한 저널리즘 아이콘들의 윤리적 실책은 '독자나 시청자가 여전히 저널리즘 매체에 품고 있는 신뢰를 디지털 이미징이 급속도로 잠식할 것'이라는 대중적 오해를 확산시키기에 충분했다. 더군다나 다이애나비가 사망하던 날 밤, 파파라치의 끈질긴 추적은 포토저널리즘에 대한 맹렬한 비난을 불러일으키기도 했다.

　여전히 인류는 전쟁, 살인, 자연재해로 죽어 가거나 새로 태어나고 있으며, 그 혼란스러움이 예전보다 적어도 7-8배는 증가되었다. 즉 인류는 조화 속에서 그리고 갈등 속에서 끊임없이 살아가고 있는 것이다. 또한 이런 와중에 신문과 포토저널리즘은 전자매체의 맹습에도 불구하고 여전히 살아남았으며, 과도기적인 밀레니엄 문화의 한가운데에서 생생한 리얼리티를 전달하면서 전 지구적으로 혼란스러운 인간사에 관한 보도들을 계속하고 있다. 미디어 비평 속에 거의 묻혀 버릴 뻔했던 전문가들의 주장은 관찰(observation)이나 르포르타주(reportage)가 주관적인 특성을 지니고 있다는 사실을 인식하면서, 더욱 예민하면서도 정교한 영상 저널리즘의 형태를 띠게 되었다. 게다가 일상생활에서도 디지털 이미징 테크놀러지를 통해 영상 르포르타주를 쉽게 조작할 수 있다는 인식이 확산되면서, 그 윤리적 기준에 대한 우려가 점점 더 높아지고 있는 실정이다. 물론 이와 동시에 새로운 테크놀러지를 통해 취재 범위가 보다 빠르고 쉽게 확산되었으며, 그 유포도 훨씬 광범위해졌다는 이점도 있다.

그 결과로 21세기 초의 포토저널리즘은 20세기 초반이나 중반의 실증주의가 지닌 순수했던 이상주의나, 20세기 후반의 포스트모더니즘의 암울한 냉소주의를 넘어 보다 성숙하고 심오한 목적의식을 지닐 필요가 있다. 좋은 영상 르포르타주는 향후 몇십 년이 흐르더라도 합당하고 신뢰할 만한 이미지의 자원으로 남아 있어야 하기 때문이다. 포토저널리즘의 핵심은 인간의 경험을 정확하게, 정직하게, 그리고 사회적 책임을 유기하지 않은 채 보도하는 데 있다. 대중적 신뢰를 얻고 또 이를 유지하려면, 영상 르포르타주의 과정과 그 잠재성이 과연 제대로 된 정보를 전달하는지 혹은 오보를 전달하는지 여부를 정확하게 판단할 수 있어야 한다. 따라서 이 책에서는 계층간의 윤리학, 감시이론(surveillance theory), 사회 구조주의, 시각적 인식 등의 절충주의 이론을 토대로, 마치 미로처럼 복잡하게 얽혀 있는 시각적 진실(visual truth)을 탐구하는 다양한 계층(사진가, 피사체, 편집자, 관찰자에서부터 크게는 사회에 이르기까지)의 관심사를 다루고자 한다. 시각적 포용(visual embrace)에서부터 시각적 자해(visual suicide)에 이르기까지 영상윤리의 유형학을 사용해 영상 르포르타주를 인간의 시각적 행동의 한 형태로 광범위하게 탐구하는 동시에, 21세기형 '영상생태학'에 대한 그 방향성을 짚어 볼 것이다.

책을 펴낸 목적

이 책은 타인(others), 세계(the world), 우리 자신(ourselves)에 대한 이해를 기초로 그 속에서 영상 르포르타주의 역할을 분석하기 위한 것이다. 이 책은 다음의 여러 관점을 통해 이러한 주제에 접근하고 있다.

첫번째 관점은 특히 뉴스 미디어에 의해 표현되는 시각적 진실의 개념을 들여다보는 것이다. 제2장에서는 감시이론에서부터 시각적 인지이론에 이르기까지, 이와 관련된 다양한 이론들을 살펴볼 예정이다. 이는 인류생태학과 문화 속에서 포토저널리즘의 기원을 살펴봄으로써, 우리의 현재와 미래에 있어서 영상 르포르타주의 역할을 이해하기 위한 것이다. 이 책의 전체를 관통하는 주제는 사진가, 피사체, 편집자, 관찰자, 사회 등이 공조하며 만들어 가는 영상 르포르타주에 관한 것이라 할 수 있다.

두번째 관점은 제3장에서부터 제7장에 걸쳐 다루고 있는데, 포토저널리즘과 리얼리티 이미지와 관련된 연구들을 종합해 살펴보고 있다. 기존의 다양한 선행연구들을 통해서 사진의 질적 비평에서부터 양적 실험(카메라의 앵글이 관찰자의 인식에 미치는 영향을 포함해서)에 이르기까지 살펴볼 것이다. 또한 이러한 시각적 인식에 대한 이해를 토대로 20세기 후반의 영상 르포르타주의 실천에 대해서도 평가해 놓았다.

세번째 관점은 제9장에서부터 제12장에 걸쳐 탐구했으며, 21세기의 영상생태학(ecology of the visual)이라는 개념을 통해 영상 커뮤니케이션 이론을 확대시켜 살펴보았다. 생태학은 영상 르포르타주를 인간의 시각적 행위라는 범주 안에서 평가하며, 논의를 조장하기 위한 언어적이며 시각적 상징으로 시사한다. 이 책은 미래의 인류 발전에 있어서 포토저널리즘의 올바르고 중요한 역할에 대한 밑그림을 그리고자 한다.

왜 이 책을 읽어야 하는가

우리 문화에서 포토저널리즘의 역할이 왜 중요한가? 또한 뉴스 전문가들 외에도 모든 사람들이 포토저널리즘에 관계되는 이유는 무엇 때문인가? 필자는 영상 르포르타주가 현대 문화에서 매우 의미 있고 독창적인 기여자라는 점을 확신한다. 여전히 대학과 고등학교에서는 은 젤라틴에서부터 디지털로 변화한 테크놀러지로서의 포토저널리즘보다는 '그 본질적인 방향성'에 대한 논쟁이 계속되고 있기 때문이다. 물론 1970년대와 1980년대 든든한 토대를 다졌던 영상 커뮤니케이션(visual communication)이 한동안 현대 매체들의 지나친 영상의 남용으로 인해, 다시 '화법(verbal skill)'에 초점을 맞추면서 적지 않은 위협을 받았던 것도 사실이다.

문맹에 대한 반작용이라기보다는 우리의 인식 속에서 자꾸만 쇠퇴해 가는 '언어구사능력'에 대한 우려 때문에, 수많은 교육자들은 과거의 일차원적인 교수법으로 다시 돌아가고자 했다. 저널리즘과 커뮤니케이션을 수강하는 학생들은 화법과 관련된 강의들을 무수히 들을 수 있었지만, 의외로 영상학에 대해 강의하는 대학은 드물었다. 기껏 있었다고 해도 한 과목이면 충분하다는 생각들이 만연했다. 잡지, 신문, 인터넷, 텔레비전, 영화와 같은 현대 매체 속에서 혹은 우리의 삶 속에서 영상에 대한 대중적 확산이 이처럼 명백함에도 불구하고 말이다. 실제로 교육자들은 젊은 세대들의 '언어구사능력'이 부족함을 개탄한다. 하지만 언어의 상실이라는 개념에서 약간의 발상의 전환만 이루어진다면, 영상을 인간의 커뮤니케이션 능력을 향상시키는 정교한 수단으로 사용할 수 있지 않을까 싶다. 따라서 필자는 일정 정도 교육을 받고 전 지구적 문화에 영향력이 있는 계층이라면 누구나 영상 커뮤니케이션을 적절히 활용하고 이해하는 법을 터득해야 한다고 생각한다. 그렇다면 영상이 우리의 현실감각을 어떻게 일깨우는지에 대해 명확히 이해하려면 어디서부터 시작하는 것이 좋을까?

이러한 목표를 위해 이 책에서는 학생, 교육자, 학자, 교수 그리고 일반 대중들에게 현대 문화 속에서 인간의 시각적 행동을 형성하고 있는 영상 저널리즘에 대한 포괄적인 분석을 제공하고자 한다. 폭넓은 분석을 위해 복잡하게 얽혀 있는 다양한 분야의 문헌과 가치관들을 살펴보면서, 그 속에서 현대 문화 속에서의 포토저널리즘의 역할을 평가하기로 한다. 실제로 매체(뉴스나 정보

미디어 등을 비롯해 다양한 형태의 매체들) 연구 중에는 뉴스, 시청자의 호기심 자극, 리얼리티의 구축, 대중의식으로의 영향 등에서 리얼리티 이미지의 역할에 초점을 맞추는 경우가 그리 많지는 않다. 대부분의 연구들은 뉴스 내용을 전달하는 '언어적 보도(verbal report)'에 초점을 맞출 뿐, 흔히 뉴스 이미지는 주변부의 한 장 정도로만 할애하거나 아예 생략하는 경우가 많다.

따라서 이 책에서는 스틸 사진, 방송 저널리즘, 신문, 잡지, 뉴미디어 저널리즘, 다큐멘터리, 미디어 법률(media law), 윤리학, 매스 커뮤니케이션 이론, 비평/문화이론, 대중문화, 영상연구, 미국문명, 미디어 사회학, 예술사, 사진사 등에서 다양하게 적용될 수 있는 영상 저널리즘을 포함시켰다.

작가, 리포터, 사진가, 비디오 촬영기자, 편집자, 출판인 등을 포함한 저널리즘 및 매스 커뮤니케이션 전문가들은 매체의 신뢰성을 향상시키고 미래 문화에서 올바른 저널리즘을 유지하는 데 깊은 관심을 기울여야 한다. 필자는 개인적으로 매체 내에서의 테크놀러지 변화에 상관없이, 이 책을 통해 전문가들이 동시대의 문화 속에서 자신에게 주어진 역할 변화를 정확히 평가하는 데 도움이 되었으면 한다.

또한 영상연구, 미디어 연구, 저널리즘, 비언어 커뮤니케이션, 예술사, 문화사, 심리학 분야의 학자들 역시 이 책을 통해 리얼리티 이미지와 인간의 시각적 행동에 대한 포괄적인 토대를 마련했으면 하는 바람이다. 마찬가지로 이 책이 세상을 바라보는 가치관을 세우거나 자신의 정체성을 형성하는 과정에서 영상매체의 역할을 올바르게 이해하고 싶은 수많은 대중들에게도 도움이 되기를 바란다.

참고문헌

이 책의 중요한 이론적 토대가 되는 동시에 포토저널리즘의 또다른 측면을 탐구하게 만들어 준 참고문헌들은 다음과 같다. 포토저널리즘의 텍스트로 자주 사용되는 코브레(Kobre)의 『Photojournalism: The Professional Approach』(1996), 포토저널리즘 윤리학에 대해 전문적으로 다룬 레스터(Lester)의 『Photojournalism: An Ethical Approach』(1991), 포토저널리즘의 역사를 다룬 풀톤(Fulton)의 『The Eyes of Time: Photojournalism in America』(1988), 포토저널리즘의 영향력 있는 사진들을 연대기로 실은 골드버그(Goldberg)의 『The Power of Pictures』, 포토저널리즘을 추구하는 사진 편집자를 위한 조언을 담은 체프닉(Chapnick)의 『Truth Needs No Ally』, 사진기자의 영상민속지학(visual ethnography)을 바라보는 관점을 다룬 해거먼(Hagaman)의 『How I Learned Not to Be a Photojournalism』(1996) 등이다.

또한 이 책의 이론적 그리고 이데올로기적 질의문답에 도움을 준 문헌으로는 워스(Worth)의 『Margaret Mead and the shift from 'visual anthropology' to the 'anthropology of visual communication'』(1980)과 『Studying Visual Communication』(1981), 버긴(Burgin)의 『Thinking Photography』(1982), 손택(Sontag)의 『On Photography』(1973), 홀(Hall)의 『The Determination of New Photographs』(1973), 벤야민(Benjamin)의 『The Work of Art in the Age of Mechanical Reproduction』(1969), 메사리스(Messaris)의 『Visual Literacy: Image, Mind, and Reality』(1994), 루츠(Lutz)와 콜린즈(Collins)의 『Reading National Geographic』(1993), 미첼(Mitchell)의 『Picture Theory』(1994), 태그(Tagg)의 『The Burden of Representation』(1988) 등이 있다.

이밖에도 벨로프(Beloff)의 『Camera Culture』(1985)나 프로인트(Freund)의 『Photography and Society』(1980)는 비평적/문화적 맥락에서 사진의 영향력을 짚어 보게 만들어 준다. 또 코졸(Kozol)의 『Life's America: Family and Nation *in Postwar Photojournalism*』(1994)은 국가 이미지를 구축하는 데 특정한 포토저널리즘의 지배적인 간행물의 권력이 어떠한 영향을 미치는지를 살펴보고 있으며, 젤리저(Zelizer)의 『*Covering the Body*』(1992)와 『*Remember to Forget*』(1998)은 미디어가 집단적 기억에 미치는 영향력을 설득력 있게 기술하고 있다.

 '우리가 육안을 통해 정보를 알아 가고 인식하는 방식'을 탐구한 위의 참고문헌들은 영상 저널리즘의 이론적 개요를 그리는 데 커다란 도움이 된다. 또한 필자는 이 책을 통해 이러한 영상 저널리즘에 대한 이해의 폭을 한 걸음 더 넓혔으면 하는 바이다.

차례

서문 7

제1장 서론 17
포토저널리즘과 시각적 진실의 정의

제2장 시각적 본능 35
인간의 시각적 행동 / 생존 및 표현 욕구

제3장 시각적 본능에서 포토저널리즘의 실천에 이르기까지 57
배경 / 주요 이슈 / 정의 / 관찰자와 관찰되는 대상 사이의
상호작용에 대한 논의

제4장 보는 사람의 마음 혹은 내면의 상태 79
인간적인 관찰자 혹은 냉철한 관찰자 / 감시인 혹은 엿보는 자 /
리포터 혹은 예술가 / 만담가 혹은 사회과학자 / 윤리적 문제

제5장 영혼을 포착하는 촬영 97
먼저 본격적인 논의에 들어가기 전에 / 영상 르포르타주와 감정 /
감정 탐구

제6장 게이트키퍼의 역할 113
동시대의 두 명의 편집자들 / 저널리즘의 실익

제7장 여전히 백문이 불여일견인가 123
본다는 것은 무엇인가 / 이 과정에서의 포토저널리즘의 역할

제8장 누구의 진실인가   139
리얼리티의 사회적 구축이론 / 권력 / 영상 르포르타주 /
사회생태학 및 비평적·문화적 이론

제9장 영상생태학의 추구   155
생태학적 관점을 지지하는 이론 / 영상생태학적 관점에서
사진기자의 역할은 무엇인가 / 시각적 체계 속에서 인공구조물인
영상물이 된다는 것에 대하여

제10장 영상의 해석   185
인간의 시각적 행동 / 정체성 / 시각적 등가물 /
시각적 행동과 관련된 유형학 / 유형학의 적용

제11장 실제 피사체를 둘러싼 문제점들   215
이론적 근거 / 상징적 상호작용론 / 시각 등가론 / 매스 커뮤니케이션 /
대인 커뮤니케이션 / 킴 푹의 사례 / 이론적인 함축성 /
상징적 상호작용론과 등가론 / 대중적 대인 커뮤니케이션의 명제들

제12장 포토저널리즘의 미래   247
포토저널리즘의 현재 / 시각적 진실 / 우리는 무엇을 할 수 있는가

후기 263

옮긴이의 말 265

참고문헌 269

크레디트와 출전 281

찾아보기 283

제1장
서론
Introduction

21세기 매체에서 영상 저널리즘으로 규정되는 포토저널리즘은 향후 전세계의 문화를 생생하고 믿을 수 있게 전달하는 출처가 될 것이다. 여기에서는 이와 관련된 비평적인 논의에 대한 두 가지 질문을 던져 보기로 한다. 인류가 21세기를 시작하는 이 시점에서 영상 르포르타주의 현 위치는 무엇인가? 시각적 진실이란 무엇을 말하는가? 제1장에서는 먼저 포토저널리즘, 시각적 진실, 그리고 이와 관련된 비평적 개념인 객관성 등을 규정한 후, 이 질문에 대한 해답을 찾기 위해 이론적이며 실질적인 문제들을 살펴보기로 한다.

육안에서부터 디지털 코드에 이르기까지. 워싱턴 DC의 라파예트 기자석(Lafayette Press Stand)은 사진가들에게 최상의 위치를 제공한다. 하지만 이처럼 취임식 퍼레이드(1997년 1월 20일 빌 클린턴 대통령의 두번째 취임식)를 촬영하려면 적어도 몇 시간씩은 대기해야 한다. 대통령과 측근 인사들은 방탄 차폐막 뒤에서 퍼레이드를 지켜보며 손을 흔들고, 기자석은 거리를 가로질러 맞은편에 위치해 있다. 퍼레이드는 어두워질 때까지 진행되지만, 대통령 주변은 조명이 환하게 켜져 있기 때문에 마치 낮시간대처럼 카메라로 촬영할 수 있다. 이러한 영상 르포르타주에는 육안에서부터 비디오 카메라나 스틸 필름 혹은 디지털 카메라에 이르기까지 다양한 장비가 동원된다. (사진: 줄리 뉴튼)

제1장
서론

> 카메라의 눈(camera eye)과 마음의 눈(mind's eye)은
> 동시대에 주어진 비전을 함께 공유할 수 있어야 한다.
> 사진은 눈에 보이는 모든 것을 규정하며, 과거의 기억까지도 지배한다.
> 또한 인간사는 초창기 동판에 형성된 이미지와 똑같을 수는 없지만, 반세기
> 아니 한 세기가 지난 후에라도 여전히 우리는 '이 세상이 보다 나아질 것인가
> 또는 악화될 것인가 아니면 그대로일 것인가'에 대한 궁금증과
> 의문을 품을 수밖에 없다.
>
> — 라이트 모리스(Wright Morris, 1978)

불과 1백여 년 전까지만 하더라도 사람들은 흔히 사진으로 본 것을 사실처럼 믿었다. 하지만 새로운 세기, 이른바 '가상 시대(Virtual Age)'로 들어서면서부터는 마치 진실처럼 보이는 수많은 시각적 표현물들이 실제로는 그렇지 않다는 사실을 인식하게 되었다. 예를 들어 독특한 사진을 바라봤을 때, '분명히 컴퓨터로 합성했을 것'이라는 점이 공통된 반응이다. 그렇다면 전세계의 사건과 사람들을 생생하고 즉각적으로 보도하는 임무를 띤 매체에 남기는 이러한 반응의 의미는 무엇인가? 디지털 이미징 테크놀러지의 발전, 폭력적이고 충격적인 매체들의 확산, 시청자나 독자들의 흥미를 끌기 위한 영상의 정교화 등등은 미디어 학자나 프로페셔널 저널리스트들에게 특히 사진 이미지의 이런 정확성과 관련되어 20세기의 삶의 방식 혹은 모더니즘 특유의 방식이 소멸하고 있음을 알리고 있다. 따라서 이 장에서는 이러한 회의론의 시대에 포토저널리즘의 시각적 진실을 탐구하고자 한다. 이를테면 포토저널리즘을 현대 문화를 이해하고, 중재하고, 기여하는 데 중요한 시각적 행동으로 규정함으로써

그 시각적 진실을 다룰 생각이다. 또한 이러한 맥락에서 살펴본다면 영상 르포르타주가 전 지구적 문화의 중심적인 역할을 계속하는 한, 그 어떤 형태의 시각적 진실도 계속 살아남을 것이라는 확신을 갖게 될 것이다.

매체를 연구하는 사람들 중에는 사진이 꽤 심각한 기로에 서 있다는 의견이 지배적이다. 그 이유는 테크놀러지가 변화하고, 이미지가 포화된 상태에서 미디어 경제(media economics) 역시 이동하고 있기 때문이 아니라, 바로 '시각적 진실'에 대한 대중들의 믿음이 동시에 쇠퇴하고 있기 때문이다.

이 책을 관통하는 두 그룹의 질문들 중 하나는 영상 르포르타주의 현주소에 대한 것이다. 영상 르포르타주가 어떻게 실현되고 있는가? 저널리스트나 관찰자에게 영상 르포르타주는 어떻게 인식되는가? 테크놀러지, 이미지 유포 및 확산, 미디어 경제 등은 포토저널리즘의 실제와 그 인식에 어떤 영향을 미치는가? 포토저널리즘 이미지의 실천이란 무엇을 의미하는가?

또 하나는 '시각적 진실'과 관련된 질문들이다. 사람들은 여전히 리얼리티 이미지를 믿는가? 사진기자는 여전히 진실을 드러낼 수 있는 이미지를 포착할 수 있다고 확신하는가? 시각적 진실을 이해하는 데 커다란 영향을 미쳤던 20세기 안구중심주의(ocularcentrism)나 객관적 리얼리티에 대한 비평은 어떠한가? 제1세계 국가들의 시각적 진실과 제3세계 국가들의 시각적 진실의 개념은 어떻게 다른가? 미래의 전 지구적 문화 안에서 영상 르포르타주의 올바른 역할은 무엇인가?

이 책에서는 21세기가 시작되면서 전세계가 당면한 시각적 진실에 대해 비평적 이슈를 제시하고 있다. 또한 시각적 진실은 불가피하게 영상 르포르타주와 연결되어 있으며, 이러한 영상 르포르타주는 테크놀러지의 발전 덕분에 이미지의 매끄러운 변형, 사진 일러스트레이션의 사실적 표현, 상상 속 이미지의 생생한 구현 등이 가능하게 되었다. 또 이런 이유로 '사실(fact)'과 '허구(fiction)', 과학과 예술, 뉴스와 오락, 정보와 광고 등의 경계선마저 모호해졌다고 할 수 있다.

하지만 여전히 우리는 대중들에게 지역공동체를 넘어선 이슈들을 전달하기 위해 시각적(visual) 혹은 언어적(verbal) 정보를 끊임없이 전달할 수밖에 없다. 물론 그 속에서 영상 이미지를 통한 '성공적이고 합리적이며 신뢰할 만한' 커뮤니케이션은 충분히 가능하다. 그렇지만 단지 '객관적 진실(objective truth)'만을 전달하기보다는, 이미지 제작에 적당한 프레임을 만든 후 리얼리티 이미지를 '중재된 커뮤니케이션(mediated communication)'으로 활용할 수 있어야 한다. '백문이 불여일견(seeing is believing)'이라는 현상은 시각적으로 읽고 쓸 줄 아는 능력(visual literacy)과 함께 행해질 때 가능한 것이기 때문이다. 이런 이유로 시각적 진실의 미래는 사진기자, 피사체, 편집자, 관찰자 등을 포함해 영상 르포르타주를 만들고 소비하는 과정에 참여하는 모든 이들에게 달려 있다고 할 수 있다.

이러한 측면에서 바라볼 때 어쩌면 '미디어에 대한 대중적 신뢰도가 낮아지고 있다(「미국인의 시각…」, 2000)'라는 사실이 자명한 이치일 수도 있다. 실제로 매체들이 점점 더 다양화하고 그 어떤 형태로든지 쉽고 간편하게 조절될 수 있기 때문에, 우리는 '세상을 표현하는 이런 매체들의 방식'에 대해 비평적일 수밖에 없다. 따라서 매체들이 대중에게 다양한 정보를 제공하는 오랜 전통을 앞으로도 계속 유지하는 한, 미디어 전문가들과 그 사용자들은 당연히 시각적 진실에 대한 기준을 세워둘 의무가 생기게 된다.

또한 이렇게 지워진 짐은 이중적인 양상을 띠고 있다. 하나는 영상 이미지를 만드는 제작자들이 긍정적이거나 혹은 부정적인 방식으로 리얼리티를 중재하는 것이고, 나머지는 이렇게 합리적이고 신뢰할 만한 이미지가 현대 사회에 필수적인 요소라는 사실을 인식시키는 것이다. 이 책에서는 수많은 테크놀러지와 이데올로기가 병합되고 지식의 구축이나 이해가 불안정한 이 시기에 과연 이미지가 어떻게 만들어지고 사용되는지를 진지하게 들여다보고 있다.

또한 이 무거운 짐들은 그 본질적인 기능상 사건을 신뢰성 있게 시각적으로 기록하고 전달해야 하는 포토저널리즘에 더욱 가중될 수밖에 없다.

포토저널리즘과 시각적 진실의 정의

포토저널리즘은 일반적으로 다양한 매체를 통해 시각적 정보를 보도하는 기술적 용어로 정의된다. 흔히 포토저널리즘에 대해 논할 때, 신문이나 잡지 등의 인쇄매체에 게재되는 스틸 사진을 언급한다. 하지만 전문적인 포토저널리즘에는 비디오 영상에 의존하는 텔레비전 뉴스, 방송에 사용되는 스틸 사진 그리고 스틸 사진과 동영상이 모두 포함된 인터넷 뉴스 등의 더욱더 포괄적인 개념이 포함된다. 또한 포토저널리즘이라는 용어는 언어들이 기술되는 출판물이나 방송뿐만 아니라 헤드라인, 도표, 멀티 이미지를 비롯해 기타 시각적 요소들을 모두 포함한 하위 장르까지 포함한다. 하위 장르에는 시의적이고 중요한 주제를 다루는 스포츠 뉴스, 넓은 범위의 토픽과 인물에 대한 기사를 다루는 일반 뉴스, 다양한 스타일로 개별적 주제나 활동 영역을 다룬 기획기사, 완벽하게 만들어낼 수 있어서 개념사진 형태로 보이는 일러스트레이션, 하위 장르인 네 가지 범주에 모두 포함될 수 있지만 특별히 운동경기에 초점을 맞춘 스포츠 뉴스가 있다.

포토저널리즘의 정의를 내리는 데 중요한 용어는 바로 '보도(reporting)'이다. 저널리즘의 근본 취지를 강조한 이 '보도'라는 용어는 말 그대로 정보를 수집해 이를 전달하는 것이다. 정보 수집에는 특정한 활동 영역을 관찰하거나, 혹은 인터뷰나 데이터 스캐닝 등과 같은 직접적인 연구가 포함된다. 또한 정보를 전달하는 것에는 단순히 말해 주거나, 아니면 언어적·시각적 정보가 모두 포함된 정교한 프레젠테이션이 있다. 물론 포토저널리즘에서 '보도'는 종종 '기록(recording)'과 동의어처럼 사용되기도 한다. 하지만 여기에 바로 시각적 진실을 논의할 수 있는 요점이 숨겨져 있다고 할 수 있다. 물리적인 리얼리티에 반사된 빛을 기록함으로써 시각적 정보를 수집하는 사진 특유의 내재된 능력 그리고 이 정보를 특정한 형태로 표현하는 방식은 우리가 육안으로 세상을 바라보는 방식을 그대로 닮아 있다. 그렇기 때문에 이는 사진으로 재현된 시각적 정보들이 마치 진실처럼 느껴지는 데 커다란 몫을 하게 된다.

이런 이유로 사진가는 '보고자(reporter)'라기보다는 '기록자(recorder)'처럼 여겨져 왔으며, 그들의 관점이 기계적 중립성을 유지하는 것처럼 생각되었다. 하지만 인류학자인 마가렛 미드(Margaret Mead)도 언급했듯이, 단순히 눈에 보이는 장면을 기록하기 위해 삼각대에 설치한 비디오 카메라조차도 특정한 정보를 포함시키거나 제외시키는 방향성 내지는 시간적인 영향을 지니기 마련이다(Mead & Bateson, 1977). 또한 사진에 대해 우리가 품고 있는 '객관적 진실'이라는 기대가 순수할수록, 우리는 영상 르포르타주가 주관적 구성주의(subjective constructionism)에 지나지 않다고 여겨 마치 절친한 친구가 등을 저버린 듯한 반응을 보일 수 있다. 하지만 시각적 진실에 대한 절대적이며 순수한 신뢰를 포기하게 되면, 우리는 합당한 진실에 대한 이해마저 포기해야 한다. 따라서 빛이 기록된 직후부터 우리는 사진 이미지 속의 불합리한 정보들을 걸러내는 새로운 능력을 터득할 필요가 있다.

여기에서 중요한 것은 화학적 과정을 거쳐 만들어진 사진과 컴퓨터 조작 과정을 거쳐 전자적 코드를 지닌 디지털 이미지를 구별해야 한다는 것이다. 사진은 대개 '빛으로 씌어진(writing with light) 기록'으로 정의되지만, 반사성 표면에 기록된 정보 역시 아날로그 기록이 가능하다. 물론 이미 그곳에 존재하는 정보와 감광성 표면(필름, 코팅유리, 금속판 등)에 기록된 정보 사이의 관계는 비교적 직접적이고 즉각적인 편이다. 예를 들어 나무 표면에 반사된 빛은 물리적인 공간과 렌즈 사이를 통과해, 필름 유제면의 할로겐화은에 도달한다. 이러한 은입자에 기록되는 정보가 변화되려면, 단지 다른 물리적 과정(광량을 증가시키거나 화학적 반응을 변화시키거나 혹은 암실작업을 통해)이 필요할 뿐이다. 마찬가지로 디지털 이미징에 있어서도 시각적 정보는 여전히 빛이 표면에 반사되는 등의 물리적 과정을 통해 일어난다. 하지만 그 유사성은 여기에서 그치게 된다. 디지털 이미징에서 빛은 컴퓨터가 판독할 수 있는 디지털 코드로 전환되기 때문이다. 더군다나 이 디지털 코드는 쉽게 변화가 가능하기 때문에 그 변화를 감지하기도 쉽지 않다. 실제로 전형적인 사진에서는 빛을 통해 사진가와 피사체가 직접적으로 혹은 간접적으로 기록되는 정보들에 영향을 미치지만, 디지털 이미징에서는 이와 다르게 빛이 더 이상 물리적 재현을 하는 데 중요한 요인이 아니다. 즉 여기에서 비평적 논의가 제기되는데, 사진은 빛을 '기록'하지만 디지털 이미징은 빛을 '변환(convert)'시킨다는 사실이다. 또한 무엇보다도 '기록'과 '변환'이라는 용어는 사진에 대한 초창기 신뢰와 디지털 이미징에 관한 불신을 파생시키는 요인이 되기도 한다.

그렇다면 이러한 점들이 실제로 어떠한 차이를 만들어내는가? 사진은 반사성 빛을 사용해 화학반응을 일으키는 반면에, 디지털 이미징은 빛을 변환시켜 0과 1의 이진 코드로 만든 후 다시 우리가 볼 수 있는 빛으로 변환시킨다. 두 매체 모두 육안으로 인식할 수 있는 시각적 정보들을 저장하며, 이를 만든 제작자의 의도에 따라 그 신뢰성이 결정되기도 한다.

흔히 대부분의 매체에서는 시각적 정보에 대한 이해, 분석, 비평 등을 쉽게 하기 위해, 때로는 이런 물리적 차이들을 과소평가하기도 한다. 실제로 물리적 과정은 시간에 따른 테크놀러지의 발전이나 변화에 따라 달라지기 때문이다. 하지만 문제는 이로 인해 파생되는 사람들의 인식, 신뢰, 이해, 표현, 커뮤니케이션, 설득, 허위 등과 관련된 것이라 할 수 있다. 아마도 가장 중요한 것은 '기억(memory)'과 관계된 것인데, 이는 시각적 정보의 기록이라는 외부적 혹은 기술적 형태에 대한 인간 내부의 유추를 뜻하는 것이기 때문이다.

그렇다면 '이미 그곳에 존재하는 정보'와 이 정보를 '기록하는 것' 사이의 일치 혹은 동시성(correspondence)은 시각적 진실이라는 문제를 어느 정도 규정지을 수 있는 것일까? 또 인간의 지식체계나 커뮤니케이션 체계 속에 깊숙이 자리잡고 있는 심오한 철학적·심리학적 요인과는 어떤 관계가 있는 것인가?

'시각적(visual)' 또는 '진실(truth)'이라는 용어에 친숙해지려면 먼저 사전적 정의부터 살펴보는 것이 도움이 된다. 이미 확립되어진 학술적 정의부터 시작하면, 시각적 진실의 핵심적인 의미를 파악할 수 있을 뿐만 아니라 처음부터 새로운 접근법으로 용어를 검토하는 노력도 줄일 수 있다. 비록 이 과정에서 이데올로기나 문화적 맥락을 완전히 벗어날 수는 없지만, 때로는 그럴 만한 가치가 있다는 점도 염두에 두어야 한다. 이 책에서는 이러한 이론적 논의들을 충분히 거친 후, 개별적인 의견이나 논쟁들도 살펴볼 예정이다.

시각적 진실

시각적 진실에 대한 정의는 결코 쉽지 않을뿐더러 그동안 숱한 논쟁이 되어 온 문제이기도 하다(이 개념을 보다 깊이 이해하는 것이 이 책의 목표이기도 하나). 시각적 진실에 대한 정의를 살펴보면 "입증할 수 있고, 논란의 여지가 없는 광학적 사실(verifiable, indisputable optical fact, House Webster's. 1995, p. 950, 1432, 1490)"이라는 설명이 나온다. 이는 추구할 만한 가치가 충분히 있는 목표지만 성취하기란 그리 쉽지 않다. 또한 1979년판 『웹스터 사전』을 살펴보면 '핍진성, 즉 진실에 가까움(verisimilitude)'의 정의는 "사실처럼 여겨지거나 인간의 생생한 경험처럼 느껴지는 재현(representation)"으로 나타나 있다. 이러한 정의는 광학적 사실보다는 도움이 되지만 재현이라는 부분에서는 여전히 논란의 여지가 있다(제9-11장 참조, 역주: 핍진성이란 개념은 박진감이라는 용어로 번역되기도 하며, 구조주의 비평가들에게 문학에서의 핍진성과 자연화는 동일한 맥락을 지니는 개념이다. 자연화의 개념은 서사물의 생산이나 수용이 이루어지는 토대와 밀접한 관련을 맺고 있는 것으로, 자체가 의식되지 않는 채로 서사물의 생산자나 수용자의 의식 속에 가능한 것, 혹은 있을 법한 것으로 가능해지는 것이다. 어떤 서사적 허구가 그 생산자에 의해 자연스러운 것으로 만들어질지라도, 그 자연스러움 혹은 그럴듯함의 바탕을 이루고 있는 것은 엄격한 문화적 현상이다. http://hanlover.pe.kr/munhak/listpa24.htm).

반면에 1995년 『웹스터 사전』에서는 '핍진성'에 대해 "진실처럼 보이거나 진실과 유사함, 있음직함, 혹은 진실과 유사한 가능성(Random House Webster's, 1995, p. 1480)"으로 정의내리고 있으며, '진실처럼 보인다'라는 측면에 강조점을 두었다. 또한 시각적 진실은 '본다는 것으로부터 파생된 믿을 만한(authentic) 지식'으로 볼 수 있는데, 1995년판 『웹스터 사전』에 의하면 '믿을 만한'은 허위나 복사된 것이 아닌, 진짜의, 실제의, 의심할 나위 없이 명백한 증거로 뒷받침되는, 근거 있는, 신뢰할 만한, 권위가 있는… 등등으로 정의내려지고 있다. 비록 '의심할 나위 없이(unquestionable)'에 대한 논의의 여지는 남아 있지만, 일단은 이러한 학술적 정의에서부터 시각적 진실에 대한 논의를 시작하기로 한다.

객관성의 문제

진실을 논할 때 가장 중요한 개념으로는 '객관성'을 들 수 있다. 『웹스터 사전』(1995)에 의하면 '객관성'은 "개인적 감정이나 편견으로부터 영향을 받지 않음 혹은 그런 상태"이다(p. 933).

미디어 비평이나 포스트모더니즘에서 수없이 다룬 주제이기도 한 '객관성'은 포토저널리즘에서 '눈으로 본다는 것의 역할'과 '카메라는 거짓말을 하지 않는다'라는 생각과 밀접하게 연결되어 있다. 미디어에 대해 논의할 때 1960년대(뉴 저널리즘이 도래하면서 '주관성'에 대한 논의가 시작된) 이전까지만 하더라도, 주로 언어로 표현하는 저널리스트들 사이에서 객관성의 기준이 강조되거나 아니면 대부분의 교재에서 '편파적이 아닌 정보를 표현하고 전달하는 방식'을 가르칠 따름이었다. 하지만 1960년대 이후로 사회과학에 대한 연구가 활발해지면서 객관성은 '얻을 수 없는 가치' '신화적 개념' '사회적 의식 중의 하나' '조직체계를 유지하기 위한 관례' '하루하루를 시간에 쫓기며 살아가는 저널리스트들을 보호하기 위한 공론적 이데올로기'라는 인식이 높아졌다(Goffman, 1974; Shoemaker & Reese, 1996; Tuchman, 1978). 사회과학이나 자연과학 분야의 학자들이 과학적 방법론에서부터 세계와 우리 자신을 이해하는 방식에 이르기까지 주변의 모든 것에 의문을 품기 시작한 것 역시 이러한 맥락과 일치한다(Berger & Luckman, 1967; Capra, 1996).

하지만 아이러니하게도 객관적 영상보도에 대한 논의는 의외로 활발하지 않았다. 일부에서는 사진을 주요 뉴스를 전달하는 보조수단으로 간주하기도 했고, 회색 활자나 칼럼의 단조로움을 피하거나 언어를 보충하기 위한 일러스트레이션 등으로 여겼다. 물론 사진을 기계적인 중립성을 유지하는 카메라로부터 만들어지는 '정확하면서도 반복적이고 생생한 표현물'로 보는 견해도 있었지만(Ivins, 1953/1978), 대체로 영상 저널리스트들에 의해 언제든지 사진이 공공연하게 조작될 가능성에 대한 우려는 드물었다. 즉 1980년대나 1990년대 포토저널리즘 윤리학(photojournalism ethics)이 발전하기 이전까지는 이러한 의도적인 조작에 관한 관심이 드물었다고 할 수 있다. 오늘날 사진기자들의 윤리강령에서는 그 어떠한 뉴스 사진도 연출되거나 꾸며지거나 날조되거나 재창조되어서는 안 된다는 점을 강조한다. 하지만 그 윤리강령은 매체에 따라, 편집자에 따라 달라질 수 있다. 리브스(Reaves, 1995a, 1995b)에 따르면, 예를 들어 잡지 편집자는 뉴스 편집자에 비해 이미지 조절의 허용도가 더 높은 것으로 나타났다. 마찬가지로 현대 미디어 이론에 있어 이처럼 구조적인 틀 속에서 다양한 형태로 진실을 만들거나 구축하는 과정은 비교적 유동적이다. 하지만 그럼에도 불구하고 뉴스 이미지를 만들거나 사용하는 데 있어 '주관적 리얼리티(subjective reality)'에 대한 이해는 아직까지는 부족한 편이다.

이론적 기초

포토저널리즘을 논할 때 이론적 기초를 다지는 것은 필수적이다. 관련된 이론들을 포토저널리즘에 적용시킬 때에는 공생적이고 변증법적인 관심사라는 맥락에서 영상 르포르타주를 검토해야 한다. 즉 인간사에 있어서 포토저널리즘의 역할 그리고 그 리얼리티와의 상관성 등을 고려할 필요가 있다. 이러한 커다란 맥락의 이슈들은 제2장에서 다룰 예정이기 때문에 여기에서는 간략하게만 언급하기로 한다.

여러 활동 분야 중에서 특히 포토저널리즘은 그 기원을 인간 내부의 복합적인 필요성과 초기 인류의 표현 욕구와 행동 그리고 생존 방식이라는 특성에서 찾을 수 있다. 필자는 감시이론이나 시각적 인지이론 등을 통해, 영상 르포르타주의 시각적·미학적 기원을 찾고자 한다. 또한 사회적 책임이론에서부터 문화비평이론이나 사회의 구조적인 틀 분석, 구성주의, 공생적인 상호작용 등에 이르기까지 다양한 이론들을 포함시켜 그 이해의 폭을 넓혀 볼 생각이다.

실질적인 토대

포토저널리즘에 대한 실무지식이 풍부해야 이 부분에 대해 논의할 수 있다. 이 책은 1960년대 이후로 저널리스트, 편집자, 사진가, 사회학자로서 활동해 온 필자의 경험을 토대로 하고 있다. 또한 최근의 생생한 영상 르포르타주뿐만 아니라 이와 상반되는 포스트모더니즘 논의를 비롯해, 실질적인 포토저널리즘을 관찰한 다양한 연구 결과와 그 실무조사도 포함시켰다. 이러한 데이터들은 시각적 진실이라는 의미가 단순히 '투명한 필름 매체에 기록된 객관적인 증거'라든가 '정확하고 정직한 보도'라는 개념을 뛰어넘고 있다는 점을 시사하고 있다.

필자가 인터뷰했던 한 사진기자는 다음과 같은 말을 남긴 적이 있다. "지금으로부터 10여 년 후에도 여전히 우리는 신문에 사진을 게재할 것입니다. … 이미지의 사용이 점차 증가하고 있는 추세여서, 이런 욕구들이 지속적으로 확장될 전망이니까요." 하지만 또다른 사진기자는 "콘텐츠는 부족하고 마치 곤두박질치듯이 현란한 겉포장에 치중하는 현실이어서, 어느 누구도 그 부분에 대해 언급하기를 꺼려 한다"는 입장이었다. 반면에 한 편집자는 테크놀러지의 발전과 그 속에서 일고 있는 신문의 위상 변화에 대해 "뉴스 프린트는 신문의 여러 형태 중의 하나일 뿐"이라고 언급한다. 물론 인쇄 버전보다는 스틸 사진이 우위를 떨치고 있는 몇몇 온라인 간행물들은 사진기자에겐 또다른 출구가 될 수도 있다. 하지만 대부분의 사진기자들은 온라인 발행물이 인쇄매체로서 그 가치를 인정받지 못하는 데다가, 지나치게 쉽게 나타났다가 사라지는 등의 영속성이 부족하다는 점을 지적한다. 실제로 비디오 저널리즘에 비해 스틸 포토저널리즘(still photojournalism)의 역할이 그 빛을 잃어 갈 것이라는 예측에도 불구하고, 여전히 스틸 이미지에 대한 필요성들은 끊임없이 제기되고 있다. 이러한 인식은 우리가 기억 속에서 여전히 스틸 이미지 형태로 장면들을 연상한다는 데 기인하는 것이기도 하다.

실제로 CNN의 경우, 종종 뉴스 방송에 비디오보다는 다수의 스틸 사진을 사용하고 있는데, 이는 스틸 사진이 동영상보다 훨씬 신속하고 간결하며 강한 인상을 주기 때문이다. 어쨌든 영상 르포르타주의 미래에 대한 수많은 견해들이 분분하지만, 대부분의 영상 저널리스트들은 이 분야가 지속적으로 살아남을 것이라는 점에는 동의한다.

필자가 직업적인 업무상 혹은 연구 과정에서 만나 본 사진가, 작가, 편집자들은 모두 그들의 직업에 대해 '사회적 책임'을 느끼고 있었다. 특히 그들은 자신이 직접 만들어낸 사진이나 기사가 누군가에게 도움을 주거나 혹은 문제의식을 제기한다는 데 가장 큰 흥미를 갖게 된다고 말한다. 다음은 "인간사의 서로 다른 측면들을 전달한다는 것은 바로 자신을 위한 사명감이기도 하다"는 한 저널리스트의 말을 인용한 것이다.

늘 사람들 사이의 갈라진 틈을 메우기를 원해 왔다. 사진은 이러한 면에서 독자들을 멈추게 하고, 또다른 누군가의 삶을 들여다보게 만든다. 이를테면 사진은 서로 다른 사람들끼리 가까워질 수 있는 가장 막강하고 유일무이한 수단인 셈이다. 반면에 피상적이고 얄팍한 사진은 매우 위협적인 대상이 될 수 있다. 이러한 사진들이 한두 장 정도라면 별 문제가 되지 않을 수도 있지만, 만일 그 수치가 열 장이나 백 장 아니 십만여 장에 이른다면 그건 죄악이라고 할 수 있다. 일종의 범죄인 셈인데, 이런 사진은 우리들이 서로를 이해하는 데 커다란 장애요인으로 작용하기 때문이다. 또한 주변 환경을 포함한 인물사진 역시 우리에게는 그들이 어떤 방식으로 느끼는지를 이해하는 데 도움을 준다. 그들과의 연결성 내지는 공감대를 형성하기 때문인데, 이를 통해 우리는 '알지 못하던 것'을 깨닫게 된다. 마치 당신의 마음 한구석에 밝은 불이 켜지는 것처럼 말이다.

필자가 만나 본 영상 저널리스트들은 대부분 시각적 진실을 확보하기 위한 책임감과 의무감을 지니고 있었으며, 한 저널리스트는 "늘 언제나 아주, 아주 공정해지려고 애쓴다"고 털어놓기도 했다.

물론 최근 들어 저널리스트들에 대한 신뢰도가 낮아지고 있는 추세라 하더라도, 독자들은 여전히 그들이 신문에서 본 이미지를 '직관적으로 믿으려' 하고 있다. 또 이러한 직관적 신뢰는 우리가 본 것을 믿고 싶어하는 순수함이나 그 리얼리티를 탐구하는 데 혼란스러운 의문을 품기를 꺼려 하는 성향과 맞물려 있는 것이기도 하다. 한 독자는 이런 말을 한 적이 있다. "신문은 우리에게 거짓말을 하지 않는다는 사실을 믿고 싶습니다. 보다 정확하게 말하자면, 눈으로 본 '사진'에 대해 순수하게 믿고 싶은 것이지요." 이밖에도 한 사진 편집자는 "신문이야말로 대중들의 신뢰가 가장 오래 지속될 수 있는 매체"라고 한다. "일반 대중잡지 그리고 텔레비전 등은 어쨌든 대부분의 독자들에게 인위적으로 꾸며진 것이라는 인상을 남기기 쉽습니다. 반면에 편집국에서는 가장 사실적이고 정확한 보도를 위해 기사들을 체크하고 그 균형을 맞추려 애를 쓰니까요. 말하자면 편집국은 저널리즘의 윤리가 살아 있는 곳이라 할 수 있지요." 또다른 사진 편집자 역시 다음과 같은 유사한 견해를 피력하고 있다.

> 신문은 매체의 진실이 살아 있는 마지막 보루이다. 텔레비전은 정보를 유동적으로 조작할 수 있으며 잡지 역시 마찬가지이기 때문에, 개인적으로도 신문 속의 진실을 가장 믿고 싶어하는 편이다. 반면에 대중들은 흔히 매체하면 텔레비전이나 잡지를 떠올리는 탓에 미디어의 진실성을 신뢰하지 않을 수도 있다. 더욱이 매체 비평 역시 총괄적으로 '신뢰성'이라는 단어를 묶어 말하기 때문에, 매체가 진실을 왜곡한다는 비판이 있으면 으레 모든 매체가 진실을 왜곡하는 것처럼 여겨지게 된다. 하지만 신문에 대한 믿음은 그중에서 가장 신뢰할 만한 것이라고 할 수 있다. 단지 그 나머지 매체 비평 속에 신문마저 묻혀 버리는 것이 안타까울 따름이다.

한 잡지의 수석편집자는 사진 조작은 늘 있어 왔지만 원칙적으로는 허용이 되지 않는 것이라고 말한다. 다른 편집자는 디지털 테크놀러지가 아닌 경제를 진실에 대한 가장 큰 위협으로 보았다. "우리가 계속적으로 보는 것은 너무나 많은 사람들이 하루 만에 만들어낸 너무나 많은 사진이다. 우리는 사진이 단시간에 얻어질 수 있다는 것을 안다. 그런데 왜 우리는 자꾸 진실로부터 비껴 가려고만 하는가?"

또다른 사진기자는 시각적 진실을 유지하는 힘은 바로 편집국에 달려 있다고 한다. "이를테면 편집국에서 권력을 지닌 인물이 '우리가 보는 것'을 결정하는 것이죠." 반면에 시각적 진실 자체를 규정지을 수 없다고 보는 견해도 있는데, 그 이유는 어떤 것도 진실이라고 단언할 수 없기 때문이다. "피사체를 있는 그대로 사실적으로 표현하든지 아니면 수식어구를 붙여 상징적으로 초점을 맞추든지, 그건 일종의 관점이나 의견 같은 것이기 때문입니다. 또

바로 여기에 비평의 초점이 맞춰지는데, 우리는 늘 사람들에게 그들을 둘러싼 세상을 교육시키려 하고 혼란스러움으로부터 일깨우려 애쓰기 때문이니까요. 따라서 우리는 그들에게 진실의 한 조각만을 얘기할 뿐입니다." 그는 자신 역시도 무엇인가에 개입되어 있고 분노하고 당황하고 계몽하려 한다는 점을 강조한다. "무엇보다 나 자신조차도 대중들이 특정 이슈를 모른 척하고 넘어가지 않기를 바라고 있기 때문이죠."

필자는 영상 르포르타주를 둘러싼 이슈들에 대해 공정한 시각을 확립하려 노력하는 중이다. 물론 이 책 역시도 다양한 상황과 정보들을 필자의 시각에서 주관적으로 분석하고 있다는 점을 배제할 수는 없다. 하지만 리포터, 편집자, 다큐멘터리 사진가, 학자, 사회학자, 교육자로서 필자가 본 것, 들은 것, 느낀 것을 비평적 관점에서 최대한 공정하게 수록하려 애썼다. 실제로 사진기자로서 혹은 교육자로서 가장 신뢰할 만한 이미지를 만들어낸다는 것은 바로 최소한도로 조절된 가장 정확하고 공정한 이미지를 만들어내고 발행하는 것을 의미한다.

또한 그 잠재력이 언제든지 독자나 시청자들을 잘못 인도하거나 잘못된 정보를 전달할 수 있다는 사실을 염두에 두면서 '시각적 진실'의 기준을 세울 수 있어야 한다. 실제로 포토저널리즘은 우리가 여전히 특정한 정보를 알 수 있는가 혹은 이를 객관화할 수 있는가에 대한 포스트모더니즘적 회의론을 거쳐 왔다. 이러한 이유로 포토저널리즘이 이 사회에 기여한 이데올로기적 공헌 중의 하나는 우리가 진정으로 무엇인가를 알아 갈 수 있다는 것이라 할 수 있다. 우리는 밥 돌 의원이 선거유세 도중 연설대에서 넘어졌다가 신속하게 일어났고, 로버트 케네디가 예비선거운동을 벌이다 암살되었으며, 또 르완다 내전으로 수많은 인명들이 희생되었다는 사실을 알고 있다. 하지만 아이러니하게도 이러한 객관적인 보도들이 한편으로는 우리로 하여금 세상을 주관적으로 인식하고 해석하게 만들고 있다(뉴튼, 1984).

문제는 우리의 눈으로 직접 정보를 수집하고 무엇인가를 알아 가는 방법론이다. 영상 르포르타주는 '사실적 표현물(진실을 중재한 형태)'을 기초로 대중적 담론 속에서 '알아야 할 욕구'를 충족시켜 나가고 있다. 그리고 역설적으로 이 인위적 가공물을 통해 세상을 인식하며, 또 때로는 그 속에서 타당하게 여겨지는 진실이라는, 불꽃처럼 강렬한 생기를 만나게 된다. 물론 이러한 생기 역시 중재된 것이라고 할 수 있지만, 이를 계기로 오히려 포토저널리즘은 소멸의 위기에 놓인 것이 아니라 새로운 테크놀러지 덕분에 '그 기준과 윤리강령'이 훨씬 더 명확해졌다고 할 수 있다. 따라서 우리는 이른바 타당한 진실로 신뢰할 수 있는 매체가 극소수인 가상시대로 접어들면서, 그 신뢰할 만한 매체 중 하나가 영상 르포르타주가 되어야 할 시대에 살고 있는 셈이다.

제2장
시각적 본능
The Vision Instinct

시각적 진실, 포토저널리즘의 생존력에 대한 이해는 인간사에 있어서의 그 역할을 검토하는 것과 현실과의 관계성을 살펴보는 것이라는 두 가지 측면에서 시작된다. 현대의 수많은 활동 분야들과 마찬가지로 우리는 인간의 복잡한 욕구와 특성을 담은 포토저널리즘의 기원을 초기 인류의 생존 욕구와 표현 행동에서 찾을 수 있다. 또한 사진이 현대의 멀티미디어 세계에서 그 증거력을 어떻게 발휘하는지도 파악할 수 있다. 제2장에서는 사진 이미지의 독특한 권위를 다각도에서 살피고 이해하기로 한다. 특히 감시이론과 시각적 인지이론을 토대로, 인간의 방대한 시각적 행동 속에서 영상 르포르타주의 현주소가 무엇인지를 살펴보도록 하자.

생존의 문제. 호주 시드니의 역사적인 스코필즈(Schofields) 비행장이 폐쇄될 위험에 처하자 『시드니 모닝 헤럴드』의 사진기자 브렌돈 에스포지토(Brendon Esposito)와 제2차 세계대전의 베테랑 짐 화이트(Jim White)가 사진 촬영에 나섰다. 위의 사진은 포토저널리즘이라는 관점에서 인간의 본능에 기초한 복합적인 행동을 보여주고 있다. 주변 풍경을 바라보는 두 피사체의 눈높이가 서로 다르다는 사실에 주목한다. 또한 이 이미지를 바라보는 관찰자들은 사진출판 과정(이를테면 피사체가 주변 환경을 자연스럽게 살펴보는 포즈를 취하는 등의 중요 순간을 포착하는 사진가의 판단력 혹은 사진 이미지를 조절하는 편집자의 지휘와 감독 등)에 따라 서로 다른 느낌을 받게 된다.(사진: 줄리 뉴튼)

제 2 장

시각적 본능

포토저널리즘과 관련된 이야기는 역사적 관점에 따라 서로 다르게 시작될 수 있다. 1950년 NPPA(National Press Photographer Association)에서 출간된 자료에 의하면, 포토저널리즘의 기원은 '동굴 벽면에 그림을 그리던 원시 예술가'에게로 거슬러올라간다. 또한 현대의 수많은 행동의 유형들 역시 원시시대로부터 그 기원을 찾을 수 있다(p. 8). 마찬가지로 『보도사진 완전정복(*The Complete Book of Press Photography*)』에서 소울(Soule)은 기원전 3천여 년경 동굴 벽에 부조로 새겨진 네 장의 연속적인 원시 그림들을 '이야기를 전달하는 그림'이라고 묘사하고 있다(p. 8). 반면에 코브레는 『포토저널리즘: 프로 사진가의 접근(*Photojournalism, The Professional Approach*)』(1994)에서 19세기의 한 뉴스 사진기자가 독특한 상상력으로 촬영한 12장의 화재 사진에서 포토저널리즘의 기원을 파악하고 있다. 이 사진들은 5×7 뷰 카메라의 기술적인 어려움에도 불구하고 촬영된 장면인데, 이후 사진기자는 이를 현상하고 밀착인화를 한 후 예술가에게 넘겨주었다. 그 예술가는 이 사진들을 드로잉(종종 사진 이미지를 다양하게 향상시키는 데 사용되기도 한다)을 만드는 데 사용했으며, 다시 아연판에 조판하여 1887년 4월 16일 『뉴욕 그래픽 뉴스(*New York Graphic*

News)』의 1면을 장식했다.

역사학자인 마이클 칼바흐(Michael Carlebach)는 미국 포토저널리즘의 기원을 1839년 루이-자크-망데 다게르가 그의 사진 연구를 발표한 직후로 간주하고 있다. 1846년 한 편집자는 이미 다게레오타입이 뉴스 사진으로 사용되었다고 적고 있다.

> 남자는 프로포즈를 하고 여자는 거절한다. 또한 증기 기관차가 고장나거나 성난 홍수는 강둑을 넘어서며, 정원사는 여주인과 눈이 맞아 도망가거나 존경받는 주교가 부정을 저지른다. … 그리고 이렇게 다채로운 인간사의 모든 장면들은 다게레오타입으로 기록되어진다(칼바흐의 『Picture Pausing』, p. 2에서 인용).

몇몇 사람들은 영상 르포르타주의 발전을 테크놀러지의 덕으로 돌리기도 한다. 또 예술, 자본주의 경제, 이상주의, 망판 프로세싱, 휴대용 카메라의 발전 때문이라고 말하기도 하고, 인간 행동이 복합화하는 과정으로 일컫기도 한다.

물론 이 모든 요인들이 미디어의 발전에 기여하고 있는 것도 사실이다. 하지만 필자는 포토저널리즘의 문화적 확산을 '생존 본능이나 호기심에 따라 주변 환경을 보다 정확하게 시각적으로 관찰하고 싶어하는 인간적 경향'으로 바라보고 있다. 이를테면 환경을 이해하고, 기억력을 확장시키며, 사회적 통제의 수단으로 타인을 관찰하려는 등등의 경향을 띠고 있다고 간주한다.

포토저널리즘은 인간의 다양한 영혼에 스며들어 있으며, 삶을 살아가는 과정 속에서 그들이 만들어내는 문화와 사회 속에 뿌리를 내리고 있다. 초기 인류의 관점에서 바라본다면 영상 르포르타주는 '누가 살고 누가 죽을까'가 결정되는 것처럼 직관적이고 추론적인 감시체계의 일부이다. 또한 아리스토텔레스의 관점에서 바라볼 경우, 리프형 카메라의 작은 렌즈 구멍을 통해 개기일식을 살펴본다는 것은 자연을 시각화하고 표현하는 발견이요, 통찰이요, 가설이 된다. 그리고 푸코의 관점에서 바라본다면(1973, 1977), 현대 사회의 파노라마적 구조를 분석하는 것은 지배적인 제도권의 압제에 대한 열정적인 도전이 될 수 있다. 반면에 포토저널리즘 피사체의 관점에서 바라본다면, '사진으로 촬영되어진다'라는 것은 사생활의 침해일 수도 있고 혹은 세상과 소통하는 기회일 수도 있다.

포토저널리즘은 파파라치처럼 관음적인 비판을 불러일으키기도 하지만, 반면에 이 사회와 정부 그리고 산업 내에서 제4의 권부라 불리는 언론계의 견제와 균형을 맞추는 필수적인 기능을 담당하는 것이기도 하다. 포토저널리즘은 현실에 대한 감시자(guardian)의 역할이나 혹은 문화에 의해 규정되는 윤리적 코드나 실천으로 작용할 수도 있다. 또한 몇몇 이론가들은 포토저널리즘을 두고 지배층에서 대중 혹은 그들의 삶의 방식을 조정하는 한 방편이라고 주장하기도 하며, 언어만을 중시하는 일반 취재기자(word journalist)들은 포토저널리즘을 단지 텍스트로 씌어진 회색 공간의 지루함을 없애기 위한 일러스트레이션으로 여길 수도 있다. 반면에 영상 저널리스트들은 자신의 직업을 사회가 한 방향으로만 흘러가지 않게, 이를테면 단순화한 글로벌 사회가 되지 않도록 세상을 목격하고 기록하는 것이라고 생각한다. 또 포토저널리즘을 바라보는 관찰자들 역시 이를 진실로도 허위로도 받아들일 수 있으며, '보고 싶지 않은 사진'은 바라보기를 거부할 수도 있다. 그렇다면 이렇게 영상 르포르타주와 관련된 상반되는 혹은 모순되는 인식들은 어떻게 나타나는 것인가? 그리고 그 미래는 어떠한 형태가 될 것인가? 또한 전쟁 희생자들의 사진, 기아에 허덕이거나 질병에 시달리는 아이들의 사진, 정치적인 혼란이나 시위 장면, 하루의 일상적인 일과를 스케치한 풍경과 같은 이미지들은 어떠한 방식으로 시각적 환경을 형성하는 것인가?

인간의 시각적 행동

현대 포토저널리즘의 실천을 생각할 때, 포토저널리즘에 관한 이해는 커다란 맥락에서의 인간의 행동, 즉 시각적 행동에서 분석되어야 한다. 인간의 시각적 행동에는 일상생활을 바라보고 이미지화하는 모든 행동들이 포함된다. 시력을 지닌 사람이라면 누구나 '본다는 것'의 탐색적인 행동을 통해, 그들의 몸을 안전하게 이동시키거나 혹은 물리적 세계에 대한 대처방안을 찾기 마련이다. 또한 '마음의 눈(mind's eye)'을 사용해 건축공사가 완성된 후의 집이 어떤 모습일까를 상상하거나 혹은 잠자는 동안 꿈을 통해 이미지를 형상화하기도 한다. 반면에 시력을 잃은 사람들도 비록 물리적으로는 보이지 않더라도 '마음의 눈'을 통해 형태와 패턴 등을 구축함으로써 세상을 항해하는 힘을 얻기도 한다.

행동분석 전문가인 유르겐 스트릭(Jurgen Streeck, personal communication, 1994)은 '인간의 시각적 행동(human visual behavior)'이라는 용어는 '비언어적인 행동(nonverbal behavior)'으로 대체되어야 하며, 그 중점은 단지 언어에 상반되는 행동이 아닌 '행위' 자체에 맞춰져야 한다고 말한다. 커뮤니케이션의 주요 구성요소로서의 시각적 행동은 영상 저널리즘과 사회과학 그리고 인간 사이의 상호작용 등에 핵심요인을 형성하고 있다. 그러므로 여기에서 우리는 '행동'과 '커뮤니케이션'을 명확하게 구별할 필요가 있는데, 행동은 대개 관찰할 수 있는 활동을 나타내는 반면에 커뮤니케이션은 그 의미를 공유하는 것을 뜻한다. 하지만 필자의 경우, 행동과 커뮤니케이션은 때로는 별개로 작용하기도 하고, 또 때로는 동의어처럼 사용될 수도 있다고 생각한다. 이 책에서 사용되는 시각적 행동은 비언어적 활동 영역을 모두 포함하고 있기 때문이다. 이러한 활동 영역은 외부적이거나 내부적일 수도 있으며, 흔히 사람들이 자신을 둘러싼 외부의 어떤 것(혹은 어떤 사람이나 사진 등)을 관찰하거나 아니면 내적인 어떤 것을 시각화하는 과정(타인에게는 관찰되지 않는 자신만의 이미지화 혹은 꿈)일 수도 있다. 실제로 시각적 행동에는 사람들이 카메라 앞이나 뒤에서 행동하는 모든 것이 포함된다. 예를 들어 사진을 바라보거나, 일몰을 감상하거나, 새에게 살금살금 다가서는 고양이의 행동을 관찰하거나, 곤히 잠들어 있는 아기를 쳐다보거나, 망원경을 통해 은하수의 변화를 살펴보는 것 등 모든 종류의 본다는 것이 포함된다.

또한 엔터테인먼트로서의 영화 <다이 하드 Ⅱ>의 대규모 살상 장면을 바라보거나 아니면 뉴스를 통해 현실 속의 도시 폭격을 망연자실하게 바라보는 것 등도 이에 포함된다. 특히 실제 장면이 아닌 영화매체를 통한 이러한 장면의 경우, 진실을 전달한다기보다는 소비주의와 엔터테인먼트에 입각해 마치 사실처럼 믿게 하는 것에 더 초점을 맞춘다. 이밖에도 경찰의 수배사진, 가족 앨범, 거리의 전광판, 인터넷 동영상 등을 포함해, 사람들이 의식적이든지 무의식적이든지 다양한 인위적 산물을 시각적으로 이용하는 모든 것들이 포함된다. 물론 이 과정에서 포즈를 과장하거나, 인격을 포장하거나, 잘못된 페르소나를 전달하거나, 의견을 조작하거나, 무의식적으로 자신들이 거짓말하고 있음을 드러낼 수도 있다. 또 어떤 사진을 사용할 것인가를 결정하는 편집자의 판단, 법정에서의 카메라 촬영을 금하는 판사의 말, 학교 버스에 비디오 카메라를 사용하는 교육위원회의 결정, 인공위성으로 적진의 탐색 여부를 결정짓는 군사회의 등에 따라 시각적 행동의 결과도 달라지게 된다. 이는 마치 화가가 밝은 적색이나 노란색 아크릴 물감 중에 어느 것을 선택하는지를 결정하거나, 청소년이 스포츠 스타일의 단정한 머리를 현란한 색깔로 물들이는 것이나, 혹은 나이든 사람들이 흰머리의 염색 여부를 결정짓는 것이나 마찬가지이다.

하지만 이렇게 공통점없이 분산되어 보이는 행동들이 포토저널리즘과 과연 어떠한 관련이 있을까? 이러한 행동들은 인간의 시각적 행동의 일부로 끊임없이 포토저널리즘의 내용에 영향을 미친다. 또한 동시에 포토저널리즘 역시 이렇게 분산된 여러 행동에 다양한 영향을 주며, 그 내용은 변증법적 과정을 거쳐 또다시 인간의 시각적 행동에 영향을 미치게 된다.

그렇다면 인간은 마치 갓 태어난 아기처럼 눈에 보이는 모든 것을 받아들이는 시각적 본능을 지니고 있다는 의미일까? 아마 이에 대한 해답은 사전적 정의로 규정된 수많은 개념들을 들여다보면서 그 논의를 시작할 수 있을 듯하다. '비전(vision)'은 흔히 시각(eyes), 시력(sight), 통찰력(foresight)으로 정의되며, "꿈이나 환상처럼 보이는 어떤 것 혹은 그러한 인지적 경험" "생생한 상상력" 등을 나타낸다. 또한 "생생한, 상상력이 넘치는 장면에 대한 인식"이나 "꿈같이 아름다운 것(미인이나 경치)" 등도 포함된다(Random House Webster's, pp. 1489-1490). 따라서 '비전'은 '보는 사람(seer)'이나 '보이는 것(seen)' 모두를 뜻할 수 있다. 또 '본능(instinct)'이란 "타고난 활동패턴이나 생물학적 종에 주어진 공통적인 행동" "자연적인, 선천적인 욕구 혹은 그러한 경향" "타고난 기질이나 성향 혹은 재능" "자연적인 직관력(natural intuitive power)" 등으로 정의된다(p. 698). '직관적(intuitive)'이라는 말 역시 "진실이나 사실의 직접적인 인식" "이성적인 판단 과정으로부터 독립된 즉각적인 이해" "예민하고 빠른 통찰력" 등으로 정의된다.

포토저널리즘에 대한 논의는 먼저 본 것을 기록하고 전사(transcribing)하는 인간의 오랜 행동으로부터 시작할 수 있다. 우리는 원시의 동굴벽화나 상형문자에서부터 시작해 목판화, 회화, 사진 등을 거쳐, 지금은 서로 다른 매체를 통해 '현실 세계'를 묘사하는 법을 터득하고 있다. 그라시(Galassi, 1981)에 따르면 사진은 외부 세계를 보다 현실적으로 재현하고 싶은 우리의 욕구 때문에 발명된 것이라고 한다. 하지만 문제는 우리에게 시각적 리얼리즘처럼 여겨지는 것들이 시대와 문화에 따라 변화한다는 데 있다(Gombrich, 1961; Gombrich, Hochberg & Black, 1972). 14세기 초, 이탈리아의 화가이자 건축가 지오토 디 본도네(Giotto)의 원근법의 발명을 한번 생각해 보자(Shlain,

1991, p. 48). 원근은 사물을 먼 거리로 물러가듯이 표현하는 화가들의 기법으로, 평면적인 공간에 입체적인 착시 현상을 만들어낸다. 사진도 마찬가지로 20세기에 현실 세계를 기록하는 가장 중요한 수단이었지만, 사진가들은 불필요한 요소를 없애거나 왜곡 현상을 방지하기 위해 끊임없이 원근을 조절해 왔다. 이를테면 사진가들은 나름대로의 관점에서 여러 각도로 반사되는 빛이 렌즈를 통과해 감광성 필름에 도달할 때 생기는 이런 왜곡 현상들을 조절해 온 셈이다. 또한 사진의 발명 이후로 우리는 영화, 입체적 동영상, 가상현실 등을 접하며 살아가고 있다. 그렇다면 이러한 매체들 중에서 특정한 형태의 매체가 다른 매체에 비해 더 우월하다고 말할 수 있는 것일까? 아니면 각 매체는 단순히 독자적인 방식으로만 커뮤니케이션하는 것일까?

포토저널리즘의 또다른 비평적인 시각은 바쟁(Bazin, 1967)의 사진이 어떤 궤적을 그려 왔는가를 관찰한 연구에서 알 수 있다. 그 발자취를 살펴보면 사진은 현실과 밀접한 관계를 유지해 왔다. 피사체와 이미지 사이의 이러한 '일치 내지는 동시성(correspondence)'은 사진이 진실을 말한다는 믿음을 심어 주었으며, 그 현실과의 근접함을 유지하기 위해서 사진가들은 객관적인 이미지를 만들기 위해 노력해 왔다. 하지만 우리는 사진이란 실제로 사진에 보이는 것뿐만 아니라 프레임, 관점, 기억 등의 다양한 요인으로부터 영향을 받는다는 사실을 잘 알고 있다. 또한 이 때문에 사진의 내용을 읽고 해석하는 능력 역시 마치 회화작품을 바라볼 때와 마찬가지의 문화적 특성을 지니게 된다.

생존 및 표현 욕구

포토저널리즘의 논의에 있어 먼저 감시이론(surveillance theory)과 시각적 인지이론(visual perception theory)부터 살펴보기로 한다. 이러한 이론들은 영상르포르타주의 발전을 이해하고 그 상관관계를 통해 우리가 주변 세상을 해석할 수 있는 이론적인 근거가 된다. 최근 감시이론 및 시각적 인지이론의 발전은 포토저널리즘의 발전에 의미 있는 실마리를 제공하고 있다. 두 이론 모두 영상 르포르타주의 생존과 인간의 뇌에서 벌어지는 시각적 연산 과정 및 능력(예를 들어 호기심, 관음증, 상상, 기억, 꿈, 예견, 시각화 등등)과 밀접한 관련이 있다. 감시이론과 시각 인지이론은 본다는 것이 단지 마음속의 추상적 개념을 넘어서 인간의 심리적 혹은 물리적 반응에 어떠한 영향을 미치는가를 이해하도록 만든다. 또한 이 이론들은 모두 초기 인류의 역사로 거슬러올라가, 인간의 생존에 있어서 필수 요소인 본다는 것의 생물학적 중요성에 초점을 맞추고 있다.

두 이론은 과학이나 예술과 마찬가지로, 그 발전을 거듭해 인간과 이를 둘러싼 세상 사이의 상관관계를 이해하는 시점에 이르렀다. 특히 최근 들어 시각적 인식과 의식(Crick, 1994), 생물학적 결정론과 뉴스(Shoesmaker, 1996), 뇌의 연산 과정과 지식(Bechara, Damasio, Tranel & Damasio, 1997) 등의 연구 결과를 통해 본다는 것의 의미 역시 재규정되고 있다. 뿐만 아니라 사회 구성주의(social constructionism)나 상징적 상호작용론(symbolic interactionism) 등의 20세기 중반의 이론들은 20세기 후반의 포스트모더니즘 이론들과 함께 초기 리얼리티의 개념에 다양한 도전을 낳고 있다(필자는 이 책의 전반에 걸쳐 이와 관련된 이론과 개념들을 소개할 생각이다).

다음은 오늘날 영상 르포르타주의 발전에 근간을 이루는 이슈들을 살펴본 것인데, 각 이론들을 자세하게 기술하기보다는 요약식으로 정리하였다. 하지만 그 핵심이 되는 정보들은 우리가 포토저널리즘을 분석하는 데 충분한 근거를 마련해 주리라 여겨진다.

감시이론

몇 년 전 남편과 친구들과 함께, 아나사지(Anasazi) 암석벽화를 살펴볼 목적으로 앨버커키(Albuquerque) 근처를 여행한 적이 있었다. 이 지역은 여행자가 많은 관계로 지금은 그 야생적 환경이 많이 개발·변화되었지만, 여전히 벽화나 흔적들을 통해 수세기 전 이곳을 거닐었던 사람들의 발자취를 느낄 수 있다. 물론 여행자들이 자주 다니는 작은 오솔길을 오르다 보면 미국의 공원관리국에서 제공하는 20세기형 표지판들을 접하게 되지만, 한편으로 필자의 마음은 이미 시간과 공간을 초월해 벽화가 그려진 시대로 거슬러올라가곤 했다. 마치 오래된 르포르타주 속을 거니는 것과 같은 느낌이 들었는데, 그 상징적 기호나 그림들은 당시의 그들만의 언어로 뚜렷한 커뮤니케이션을 전달하고 있었다. 이를테면 이러한 기호나 그림들은 그들에게 필요한 정보를 전달하거나, 무엇인가를 인도하고 이끌거나, 경고하거나, 보호하거나, 자극하는 커뮤니케이션 역할을 하고 있었다(Schramm, 1988).

쉘과 프리델(Schele & Friedel, 1990) 역시 그들의 책 『왕들의 숲』에서 이와 유사한 느낌을 적고 있다. 이 책에서는 마야 문명의 신비를 그들이 남긴 예술과 건축을 통해 풀어 나가고 있다.

> 마야인들의 문명은 영적인 것과 인간적인 것, 과거와 현재, 부족을 다스리는 왕과 공동체 등을 서로 연결하는 역사로 이루어져 있다. 그들의 역사는 단지 우연히 만들어지거나 개인적 취향에 의해 만들어진 것이 아니다. 마야인들은 그들이 본 것을 아주 중요하게 여겼으며, 이러한 삶의 기록들을 광장과 같은 공공장소에 새겨 놓곤 했다. 또한 이렇게 새겨진 흔적을 통해 아마 왕들은 자신의 부족민들로 하여금 이를 믿게 만드는 선전 문구처럼 사용했을 것으로 추측된다. 더욱이 마야인들은 이를 통해 누구나 죽음 이후의 또다른 세계를 맞이하게 되리라는 믿음을 전략적으로 표현한 것으로 여겨진다.

라스웰(Lasswell, 1948)의 사회감시이론에 이어 슈메이커(Shoemaker, 1996) 역시 인간은 늘 뉴스와 연결(hardwired)되어 있고 이를 목말라한다고 주장한 바 있다. 실제로 우리의 물리적 관심사는 늘 정보에 머물러 있다. 인간은 고대부터 약탈자나 적에 대비해 언제나 주변 환경을 살피고 주시해 왔으며, 영역을 표시하거나 경계를 나타내기 위해 시각적 기호나 흔적들을 남기곤 했다. 물론 이렇게 지구상에 남겨진 고대의 상징적 기호의 목적이나 의미에 대한 해석은 문화이론이나 역사적 정보가 변화함에 따라 달라져 왔지만, 그래도 여전히 변함 없는 사실이 한 가지 있다. 바로 인간이 아주 오래전부터 시각적 기록을 남기기를 좋아했고 이를 통해 스스로를 표현해 왔다는 점이다. 또한 이러한 고대의 기록은 오늘날의 포토저널리즘과도 밀접한 연관성을 지니고 있다. 앞으로 다가올 5천 년도를 고려해 보건대, 과연 51세기의 사람들은 우리가 남긴 이 표시와 상징적 기호물들을 해석할 수 있을 것인가? 초기 인류와 마찬가지로(3천여 년 전 그들의 흔적이 여전히 남아 있듯이) 우리 역시 기술적 혁명이 거듭된다면, 현재의 신문과 잡지는 아마 원시시대부터 이곳에 남겨진 이차원적인 예술품처럼 소중하게 보존될지도 모를 일이다. 아마 우리의 사회적 의식, 생존 스토리, 의상과 편의시설에 대한 이미지 등은 역사적인 의미를 지닌 문화의 한 부분(즉 별도로 분리된 뉴스나 광고 이미지가 아니라)으로 여겨지게 될 것이다. 또 스틸 사진 역시 마치 벽이나 캔버스에 손으로 그려 놓은 회화나 드로잉처럼 역사 속에 묻히거나 보존될 수도 있다.

아니면 포토저널리즘은 인간들이 전쟁을 벌이거나 폭풍을 겪거나, 혹은 개별적이거나 공적인 삶의 모습을 기록해 세상의 나머지 사람들이 볼 수 있게 만드는 등 20세기의 삶을 감독했던 주요 감시 수단으로 여겨질 수도 있다. 하지만 이러한 관점에서는 사진기자가 더 이상 필요하지 않으며, 대신에 사회는 기계적인 눈으로 우주의 모든 움직임을 보고 기록하는 파노라마적인 관점에만 의존하게 될 것이다. 물론 이러한 가정들이 너무 무리하게 과장된 논리처럼 여겨질 수도 있겠지만, 불과 2백여 년 전까지만 하더라도 인간은 세상의 그 어떤 것도 정확하게 복사할 수가 없었다는 점에 주목할 필요가 있다. 사진이 발명되기 이전에는 포토저널리즘도 존재하지 않았던 셈인데, 따라서 이런 관점에서 바라본다면 르포르타주 이미지의 생존은 20세기를 묘사하는 지도로 해석될 수도 있다. 예를 들어 쉘과 프리델이 마야 문명에 대해 "그들이 남긴 글귀나 이미지는 고대 마야인들이 그들 스스로의 의식과 역사 그리고 세상을 이해했던 지도가 된다(p. 63)"고 적고 있듯이 말이다.

실제로 사회를 관찰하면서 이미지를 만드는 인간의 능력은 아주 오래전부터 계속 이어져 왔다. 예를 들어 "컴퓨터로 정확하게 처리되는 영상이 궁극적인 안전 시스템을 만들어낼 수 있을 전망(UT Engineer, 1998, p. B1)"이라는 최근의 신문기사에서, 엔지니어인 제이크 아가월(Jake Aggarwal)은 공항에서의 컴퓨터 비디오 시스템을 통해 모든 이들의 움직임을 추적해 "잘못된 행위나 부적절한 부분"을 알릴 수 있다고 말한다.

마찬가지로 라이언(Lyon) 역시 『전자눈(*The Electronic Eye*)』에서 이러한 20세기 테크놀러지의 발전은 긍정적이거나 부정적으로 해석될 수 있음을 뚜렷하게 밝히고 있다. 감시체계는 사적인 침해와 통제를 낳는 동시에 보호 및 계몽적인 역할도 할 수 있기 때문이다. 따라서 현대의 포토저널리즘을 살펴볼 때 우리는 이 극단적인 두 부분을 연속적으로 고려해야만 한다. 포토저널리즘은 정부, 기업, 문화적 관습 등의 제도적인 헤게모니적 자극을 통해 개인의 사생활을 침해하거나 사회적 행동을 통제할 수 있다. 또한 동시에 사회적 문제나 그릇된 행위들을 노출시킴으로써 사회를 보호하는 역할도 수행할 수 있다.

존 탁(John Tagg, 1988)에 따르면 스틸 사진의 사회적 조절로서의 기능은 처음부터 뚜렷했다고 한다. 빵을 훔쳐 달아나는 어린이가 체포되거나 구타당하는 등 범죄를 기록한 19세기 사진들을 살펴보면 이러한 역할이 명백히 드러난다. 또한 우리 역시 그 당시로부터 불과 한 걸음 정도만 떨어졌을 뿐이며, 이제는 마을 광장에 모여 공개적으로 매질당하는 누군가를 바라보는 대신에 언론이라는 밀사에 의해 수행되는 그 상징적 태형(symbolic flogging)을 바라보게 되는 것이다. 예를 들어, 십대 부모가 갓 태어난 아기를 쓰레기통에 유기해 죽음으로 내몰았던 사건을 한번 생각해 보라. 매체에 의해 수행되는 이러한 공개적인 태형은 그 냉혹함이 19세기의 물리적 고통이나 치욕에 비해 크게 다를 바 없다. 주요 차이점은 단지 그들의 그릇된 행위를 아는 이들에게 얼마만큼 확산될 것이며, 혹은 그 사건에 대한 대중들의 기억력이 어느 정도 지속될지 여부일 뿐이다.

이제 또다른 관점에서 이 문제를 살펴보자. 장-마크 부쥐(Jean-Marc Bouju)와 그의 AP통신 동료들은 르완다 내전을 촬영하여 퓰리처상을 받은 바 있다. 만일 이들에게 이런 대량학살이 자행되는 장면들을 시각적으로 기록하려는 결단과 열정이 없었더라면, 아마 세상의 나머지는 이러한 사건을 거의 보지 못한 채 지나갈 수도 있다. 하지만 우리는 언론을 통해 인류가 이러한 잔혹한 행위를 저지를 수 있음을 알게 되었고, 이를 시각적 증거물로 확보해 세상을 보다 나은 곳으로 만들기 위해 노력하고 있다. 그렇다면 이러한 접근법은 신낭만주의(neo-romantic)에 입각한 이상주의인가? 아니면 그저 이러한 사진들이 우리를 더욱 무감각하게 만들 뿐인가?

『사진의 권력(*The Power of Photography*)』에서 골드버그(Goldberg, 1991)는 279장에 걸쳐 "사람들의 마음을 변화시키고 그들의 삶을 한동안 재정렬할 (p. 7)" 증거물로서의 사진에 대해 언급한 바 있다. 이중에서 골드버그는 남북전쟁 때 남부동맹 수용소의 수척해진 연방군 포로들의 사진을 인용했다. 당시 '삶을 빼앗긴' 이들의 사진이 유포되면서 대중적인 분노를 일으켰고, 1865년 의회에서 보복과 관련된 입법이 제정되기에 이르렀다. 또한 남부군의 선전선동에도 네 장의 사진들이 증거물로 사용되어, 한 수용소에서는 사령관이 교수형을 당하기도 했다.

20세기로 들어서면서 골드버그는 나치 수용소의 잔혹한 장면들이 처음 공개되었을 때 독자들의 반응을 언급했다. "그 이전에는 신문 간지에 주로 게재되었던 이런 장면들이 공개되면서, 사람들은 이 이미지들을 통해 나치 전쟁범죄의 잔혹성을 직접적 행위로 받아들이기 시작했다(p. 33)."

또한 골드버그는 1989년 톈안먼 사태 때 탱크를 정면으로 가로막고 섰던 한 청년의 사진으로 다음과 같은 결론을 내리고 있다. "그는 목숨을 걸고 무력을 저지했는데, 서구의 관점에서 바라본다면 이 사진은 '국가의 무장 군대 앞에서 확고한 신념을 지닌 한 개인의 용기'를 의미했다. 또 이 사진이 걸린 중국의 한 사진 전시회에서는 '탱크와 장갑차의 진입을 온몸으로 막을 수밖에 없었던 톈안먼 사태 당시의 무력에 대한 숭고한 저항'을 뜻했다." 골드버그는 "그렇지만 사진은 그 당시의 상황을 충실하고 정직하게 전달할 수 있는 동시에 또 한편으로는 우리에게 진실에 대한 믿음을 심어 주지 못할 수도 있다"고 말한다. "결국 그 진실에 대한 믿음은 우리가 사진에 불어넣는 것이기도 하다(pp. 250-251)."

그렇다면 바로 여기에서 다음과 같은 의문이 제기될 수 있다. 우리가 보거나 믿기를 원하는 것을 넘어선 '시각적 진실'의 실체는 어디에 있는 것인가? 이에 대한 해답은 다음의 '시각적 인지이론'을 통해서 찾을 수 있다.

시각적 인지이론

'인지(perception)'는 사극에 내한 인간의 심리직·물리직 반응이다(Denton, 1994). 시각적 인지는 시력을 통한 인간의 복합적인 반응을 말하며, 이를 위해서는 관찰 가능한 특성을 지닌 '시각적 자극(visual stimulus)'이 필요하다. 예를 들어 의자라는 시각적 자극을 한번 생각해 보자. 이 의자를 바라볼 때에는 흔히 앉는 것이라는 심리적 반응이 만들어진다. 또한 특정한 종류의 의자, 예를 들어 벨벳의 푹신푹신한 안락의자를 바라볼 때에는 아주 오래전부터 가족 중 누군가가 이 의자에 앉아 있던 장면이 떠오를 수도 있다. 이러한 심리적인 반응은 집에 대한 향수를 불러일으킬 수도 있으며, 아니면 의자의 색상(파란색이라 가정할 때)에 따라 파랑에 대한 느낌이 되살아날 수도 있고 혹은 가족 중의 누군가가 떠오를 수도 있다. 이처럼 우리의 심리적 반응은 파란색에 따라 마음이 침착하게 안정되거나, 발을 편히 쉴 수 있는 안식처를 떠올리거나, 저녁 식사 후 아버지가 선잠에 빠져드는 장면을 연상하거나, 아니면 우리가 아이였을 때 아버지의 품에 안겨 커다란 의자에서 느끼던 따뜻한 온기를 연상케 하는 등등 개인마다 아주 다양할 수 있다. 따라서 시각적 인식의 심리적·물리적 반응은 이처럼 분리하기가 불가능할 정도로 서로 복합적으로 얽혀 들어 있다고 볼 수 있다.

실제로 시각적 인지이론은 매우 복합적인 양상을 띠기 때문에 여기에서는 그 대략적인 개요만 살펴보기로 한다. 노벨상 수상자인 프란시스 크리크(Francis Crick, 1994)는 시각적 인식과 관련된 인간의 심리적 반응이 단순히 다양한 자극에 반응하는 신경조직 이상의 의미를 지닌다는 이론들을 발표하기도 했다. 하지만 이 책에서는 포토저널리즘을 이해하는 데 필요한 몇몇 시각적 인지이론의 주요 원리에 대해서만 다룰 예정이다.

인간의 다양한 시각적 인지는 다음과 같은 카테고리로 나눌 수 있다.

■ 생물학적 혹은 문화적 요건에 따라 달라진다.
   공통적인 일부 반응으로는:
      성적인 반응,
      자기보호,
      공격,
      친근감 등을 들 수 있다.
   문화나 시대에 따라 달라진다:
      미국에서의 자주색과 기타 국가에서의 자주색이 지니는 의미는 서로 다양하다.
      적색은 열정, 사랑 그리고 전쟁을 나타내기도 한다.
      기아에 허덕이는 아이들 사진:
         과거에는 수많은 사람들의 마음을 움직였지만, 지금은 상투적이 되어 버렸다.
      풍경:
         숲은 닫혀진 안식처나 안전을 상징하며,
         평원은 자유로움이나 공격받기 쉬움을 나타낸다.

- 이목을 집중시키고 주의를 환기시키는 이미지.
    커뮤니케이션이 즉각적이고 강력하다.
    감정적인 반응들이 각기 다양할 수 있다.

- 기억과 밀접하게 관련된 이미지.
    양쪽 뇌를 모두 사용하게 만든다.
    오른쪽 뇌는 시각적 자극에 더욱 민감하다.
    시각적 자극은 빠르게 기억력을 불러일으킨다.
    기억력에 있어서 시각적 이미지가 텍스트 언어보다 더욱 밀접한 관계를 지닌다.
        우리의 뇌 속에 저장되거나, 혹은 나중에 다시 상기될 수 있다.

- 자아, 타인, 세계를 이해하는 방식에 영향을 미치는 이미지.
    외부 이미지를 통해 우리 자신에 대해 알아 가는 것은 자아 개념을 향상시키는 또 다른 방편이다.
    우리가 바라보는 이미지가 정형화해 있다면, 그만큼 세상을 바라보는 눈도 정형화하기 마련이다.

- 우리의 행동에 영향을 미치는 이미지.
    우리가 바라보는 이미지가 폭력적이라면, 그 반응도 폭력적 경향을 띠기 쉽다.
    우리가 바라보는 이미지가 설득력을 지닌다면, 그 반응도 이미지를 만든 의도대로 흐르게 된다.
    우리가 바라보는 이미지가 특정한 방향성을 띠게 된다면, 그 반응 역시 유사한 경향을 띠게 된다.

시각적 인지이론은 우리가 진실이 아닌 것을 보거나 혹은 그것이 사실이 아니라는 것을 들었을 때조차도 여전히 본 것을 믿고 싶어한다는 점을 강조한다(Gregory, 1970). 그레고리에 따르면, 시각적 정보와 관련된 인간의 연산 과정은 신경생리학을 토대로 하기 때문에 '백문이 불여일견(seeing-is-believing)'이라는 현상을 기초로 한다. "시각적 인식에는 문제를 해결하려는 과정들이 자연스럽게 포함됨에도 불구하고, 우리가 그 해결책을 지적으로 혹은 이성적으로 알고 있다고 하더라도 이를 눈으로 관찰하는 과정까지 반드시 정확하리라는 보장은 없다(p. 56)." 또한 최근 뉴스 이미지에 대한 독자들의 신뢰도를 조사한 결과, 켈리와 네이스(Kelly & Nace, 1994)는 『뉴욕 타임스』가 『내셔널 인콰이어러』보다 독자들에게 신뢰를 더 주고 있는 것으로 나타났다고 한다. 또 이들에 따르면 "『내셔널 인콰이어러』에 실린 사진들은 기타 신문 사진에 비해 좀더 신빙성이 높은 것으로 인식된다"고 한다.

이처럼 시각적 인지라는 복합적인 과정은 오히려 우리가 실제로 시각적 정보를 읽을 때 훨씬 쉽고 단순하게 다가올 수 있다. 포터, 볼스, 덴트(Potter, Bolls & Dent, 1997)는 앞서의 이론들뿐만 아니라 여기에 새로운 경험적 증거들을 덧붙여 "시각적 기호에 대한 인지는 비교적 자동적이며 거의 자연발생(cost-free)에 가깝다"는 점을 강조한다. 이들은 "텔레비전 프로듀서들이 특정한 테마를 전달할 때 텍스트보다 시각적 정보에 의존하는 것도 바로 이러한 이유 때문"이라고 지적한다(p. 12). 이처럼 시각적 정보의 비교적 자동발생적인 속성은 우리가 매일같이 수많은 뉴스들을 서둘러 바삐 훑어볼 때 적용될 수 있다. 예를 들어 클린턴 대통령이 보스니아 주둔군에게 경례를 표하는 한 쪽짜리 사진을 바라볼 때, 우리는 텍스트뿐만 아니라 사진 이미지에 즉각적으로 반응하면서 이를 마치 확고한 진실처럼 받아들이게 된다. 하지만 잠시 멈춰 서서 이 사진을 자세히 분석해 본다면, 이 상황이 카메라의 중재없이 우연히 포착된 장면이 아니라 신중하게 고안된 촬영 기회임을 알 수 있다.

그 문제는 문화적 특성도 가지고 있다. 배리(Barry, 1997a)는 흔히들 사진이 거짓을 말하지 않는다는 믿음에 익숙해져 있다는 점을 강조한다. 그녀에 따르면, 이러한 이유로 우리는 여전히 '본 것을 그대로 믿는' 입장을 취하고 있으며, "시각적 테크놀러지나 시각적 이미지에 대한 심리학적 이해가 충분히 성숙되기도 전에 이미 상업적 혹은 정치적 이익에 따라 우리가 세상을 바라보고 이해하는 방식들이 조절되어 왔다"고 지적한다.

사회학자들 역시 문화적 프레임(frame) 분석을 통해 우리가 사회적 사건들을 바라볼 때 어떠한 방식으로 그동안의 경험들을 주관적으로 개입시키는지를 연구중에 있다(Goffman, 1974). 이에 따르면 '프레임'은 인간이 경험을 체계화하는 기본적인 요소이다(pp. 11-13). 예를 들어 사진기자는 전형적인 '목격자(eyewitness)'의 역할을 하게 되는데, 이들의 임무는 자신이 바라본 것을 기록해 현장에 있지 않았던 대중들에게 보고하는 것이다. 즉 세상에서 발생하는 일에 대한 증인 역할을 하는 셈이라 할 수 있다.

포토저널리즘의 전형적 개념에서 살펴볼 때 '프레임'은 적어도 다음과 같은 두 가지 가정에 기초한다. 사진기자들은 상황을 공정하고 정확하고 객관적으로 바라봐야 하며, 동시에 세상 사람들이 직시할 수 있는 타당한 이미지들을 촬영할 의무와 권리가 있다. 이에 따라 사진기자들은 종종 리얼리티를 조작하지 않을 것을 선언하기도 하며, '카메라 렌즈 앞에 보이는 그대로'를 촬영한다고 말하기도 한다. 하지만 이러한 과정에서도 또다른 문제점이 제기될 수 있다. 예를 들어 사진기자가 화재 장면을 취재할 때 자신의 머리 위로 직접 물을 뿌려대는 소방수를 촬영할 수 있는 것은 아니기 때문이다. 그러므로 이상적인 '시각적 진실'과는 달리, 이 과정에서는 사진가의 중재가 없다면 카메라 앞에서는 그 어떤 것도 제대로 취재될 수가 없다. 그리고 이러한 상황들은 실제의 시각적 '진실'이 아닌 것으로 간주되기도 한다.

이 장을 마치며

앞에서의 이론들을 통합해 볼 때, 우리는 본 것을 그대로 믿고 싶어하는 인간의 신경생리학적 경향과 문화적 프레임(이를테면 사진기자의 목격자로서의 역할이나 20세기를 객관적으로 표현하려는 욕구 등)과 맞물려, 다양한 매체 이미지(특히 뉴스 이미지)를 형성하고 있음을 알 수 있다. 또한 우리의 생물학적 감시체계는 그 본성상 끊임없이 주변 환경을 살펴보게 만들며, 삶이나 생계의 위협이 되는 요소들을 찾아내고 있다. 그 결과 20세기 동안 우리는 포토저널리즘을 통해 개인적으로는 감시하기가 불가능한 숱한 사건들을 접할 수 있었으며, 이를 통해 '감시해야 할' 영역과 분야가 급속도로 확장되었다. 물론 한동안 우리는 사진기자가 만들어낸 이미지들을 두고 이를 '대리자들이 목격한' 명백하면서도 사실적인 기록으로 신뢰했던 적이 있다. 하지만 20세기 테크놀러지의 발전이 거듭됨에 따라, 우리는 서서히 '카메라의 눈'이 얼마나 한정된 것인지를 깨달아 왔고, 그 리얼리즘처럼 보이는 이미지에 의문을 제기하기 시작했다. 또한 리얼리티의 본성뿐만 아니라 우리가 친숙하게 느끼는 매체라는 수단에까지 의문을 품기에 이르렀다. 더욱이 이런 과정에서 포스트모더니즘 시대의 인간들이 사회적 와해나 붕괴의 감정까지 느끼는 것도 그다지 놀랄 만한 일은 아니다. 게다가 우리가 사물을 바라보는 주요 수단으로 사용하던 '눈'은 이제 카메라 렌즈로까지 확장되었고, 더 이상 우리가 바라보는 이미지들이 모두 신뢰할 만한 정보는 아니라는 사실도 보편화했다. 이를테면 생존 욕구에 기초해 주변 세상을 관찰하려는 필요성이 이제는 더 이상 보이는 것만이 언제나 진실은 아니라는 새로운 인식과 갈등을 빚기에 이른 셈이다.

그렇다면 향후의 포토저널리즘은 이러한 난제들을 어떻게 풀어 나갈 수 있을 것인가? 세상에 일어나는 온갖 인간사들을 어느 정도의 진실을 담은 채 시각적으로 보도할 수 있을 것인가? 실제로 모든 지식에는 어느 선까지가 진실인지에 대한 한계가 있기 때문에, 좋은 포토저널리즘 역시 합리적으로 타당한 정도의 진실을 담을 수밖에 없다. 또한 포토저널리즘은 이러한 과정에서 인간의 다양한 경향과 행동들 그리고 문화적 프레임에 맞물려 시대별로 유동적으로 구축되기 마련이다.

포토저널리즘의 뿌리는 초기 인류에게로 거슬러올라간다. 당시에는 본다는 것이 문자 그대로 뚜렷하게 삶과 죽음의 차이를 의미했다. 하지만 지금은 사회적 관음증을 불러일으킬 정도로, 우리 주변에는 수많은 시선들이 쏟아져 내리고, 인간의 내부체계는 이를 향해 끊임없는 위험신호를 보내고 있다. 더욱이 매체를 통해 마치 눈앞에서 벌어지는 것처럼 생생한 위험들을 거의 매일같이 접하며 살아가는 탓에 그 감각이 무뎌져 가고 있는 것도 사실이다. 그렇다면 여기서 '바라보지 않는 것'만이 그 유일한 대안이 될 수 있을까? 그 해답은 우리가 '본다는 것'에 대해 불가피하게 노출되어 있다는 점에서 찾을 수 있다. '볼 수밖에 없는' 인간의 특성상, 이를 통해 포토저널리즘의 중요성을 이해하는 것이 필수적이기 때문이다. 즉 포토저널리즘을 인간의 삶 속에서 시각적 행동의 하나로 파악한 후, '본다는 것'의 올바른 방향성을 터득할 필요가 있는 것이다. 또한 이 과정을 통해 의식적으로 시각적 본능을 사용하는 법을 터득한다면 인간이라는 한 종족으로서 발전해 나가는 데 커다란 도움이 되리라고 여겨진다.

제3장
시각적 본능에서
포토저널리즘의 실천에 이르기까지
From Instinct to Practice

사람들이 왜 그들이 살고 있는 세상을 알고 싶어하고 또 그럴 필요가 있는지를 이해하기는 쉽다. 하지만 그 속에서 오늘날의 영상 르포르타주의 역할을 이해하는 것은 결코 쉽지만은 않다. 따라서 제3장에서는 포토저널리즘을 실천하는 사람들과 또 이러한 과정 속에서 인간의 시각적 본능이나 그 필요성을 영상 르포르타주로 옮기는 포토저널리즘의 실천에 대해 논의해 보기로 한다. 먼저 현대의 포토저널리즘의 근간을 이루는 몇몇 이슈들을 살펴본 후, 이미지, 관찰자(observer), 관찰되는 대상(observed) 등을 규정하기로 한다.

20세기의 일상적인 작업. 『뉴욕 타임스』의 사진 편집자인 낸시 리(오른쪽)와 수석 사진기자 체스터 히긴스 주니어가 2백여 장에 이르는 롤 필름의 일부를 살펴보고 있다. 이 필름들은 1996년 대통령 선거일에 데스크에 도착한 것인데, 라이트 테이블은 이러한 35밀리 필름들(흑백이나 컬러 네거티브이든지 아니면 슬라이드 필름이든지)을 편집하는 데 중요한 역할을 한다. 8배 루페로 네거티브나 슬라이드를 판독하는 일은 포토저널리즘의 주요 작업 중 하나로, 이 과정을 통해 출판물에 사용될 사진이 결정된다.(사진: 줄리 뉴튼)

제3장
시각적 본능에서
포토저널리즘의 실천에 이르기까지

제1장에서는 포토저널리즘을 다양한 매체를 통해 시각적 정보들을 보도하는 장르로 정의내린 바 있다. 포토저널리즘이라는 용어는 일반적으로 출판물이나 방송용 이미지에 적용되며, 뉴스, 기사, 일러스트레이션과 함께 사용되면서 인간의 다양한 삶을 보도하는 것을 일컫는다.

또한 제2장에서는 "인간은 왜 포토저널리즘을 만들어냈는가"에 대해 살펴보았는데, 이에 이어 제3장에서는 다음과 같은 두 가지 질문을 통해 영상 르포르타주의 주요 이슈들을 살펴볼 예정이다.

- 우리는 어떻게 포토저널리즘을 실천하는가?
- 포토저널리즘의 실천적 산물인 '이미지'의 의미는 무엇인가?

배경

수많은 이론가들은 이 질문을 '포토저널리즘 윤리학'의 일부로 결부시켜 탐구해 왔다. 1960년대 후반부터 NPPA에서 발행하고 있는 월간지 『뉴스 포토그래퍼(*News Photographer*)』의 경우, 이러한 사진 윤리학과 관련된 사진기자,

편집자, 매체 비평가들의 목소리를 꾸준히 실어 오고 있다.

또한 손택(1973)과 프로인트(1980)를 비롯한 매체 비평가들은 현대 사회에서 사진의 공격적인 본성과 우리의 삶에 미치는 영향에 대해 연구했으며, 크리스티앙, 패클러, 로트졸(Christian, Fackler, Rotzoll, 1995) 역시 개인의 사생활 침해와 뉴스 스포트라이트 사이의 관계를 탐구한 바 있다.

포토저널리즘 윤리학과 관련된 경험적인 증거들은 1970년대 후반부터 점차 증가해 왔는데, 하틀리(Hartly, 1981)의 초창기 연구 결과에 따르면 사진가, 편집자, 일반 대중들은 사진에 대해 서로 달리 해석하며 그 기대치도 다른 것으로 드러났다. 예를 들어 사진가가 망원렌즈를 사용해 비교적 수용할 만한 거리에서 조심스럽게 다큐멘터리 촬영을 했다 하더라도, 아이의 장례식에서 비탄에 잠긴 어머니의 고통은 독자들이나 관찰자들에게는 사생활 침해로 여겨질 수도 있다. 또다른 경험적인 연구 결과에서도 "흔히 사람들은 자신이 촬영될 때 어떤 감정을 느끼는가"에 대한 의문을 던지고 있으며, 사진가가 조절하는 다양한 요소와 피사체 사이의 상호작용이 각기 다른 반응을 불러일으킬 수 있음을 나타내고 있다(Newton, 1994). 또한 이처럼 피사체와 관련된 포토저널리즘을 질적으로 분석해 보면, 사진가가 촬영을 하는 행위 속에서 피사체는 사생활 침해나 개인적인 비탄을 느끼거나(Sherer, 1985, 1990), 명백한 동의나 암묵적인 승인을 표하거나(Henderson, 1988), 사진가의 다양한 접근법 속에서 상호작용을 일으키는 등(Brown, 1995; Nottingham, 1978)의 반응을 보일 수 있다. 또 최근 조사에 의하면, 기사에 덧붙여진 이러한 사진들은 독자나 관찰자들이 텍스트의 내용을 기억하는 데 중요한 영향을 미치는 것으로 나타났다(Sargent & Zillman, 1999).

사진 윤리학자인 레스터(Lester, 1990) 역시 이러한 맥락에서 포토저널리즘 윤리학을 끊임없이 연구해 왔다. 그의 첫번째 저서인 『포토저널리즘과 윤리학(*Photojournalism: The Ethical Approach*)』(1991)은 영상 저널리스트들에게 포토저널리즘을 통해 인간애를 실천할 수 있는 지침으로 씌어졌으며, 또 최근의 저서 『*Image That Injure, Pictorial Stereotypes in the Media*』(1996)는 정형화한 이미지를 통해 상처받고 침해당하는 개인과, 매체가 이러한 침해를 얼마나 무심하게 자행하는가에 초점을 맞추고 있다.

피사체를 둘러싼 이러한 연구들은 모두 포토저널리즘 윤리와 관련이 깊다. 영상인류학자나 사회학자 등을 비롯한 일련의 사회과학자들은 인간이 표현되고 묘사되어지는 문제에 초점을 맞춤으로써 사진 윤리학에 대한 목소리를 높여 오기도 했다(Bellman & Jules-Rosette, 1977; Beloff, 1983, 1985; Carpenter, 1975; Collier, 1967; Harper, 1979, 1982, 1993; Mead, 1956; Mead & Bateson, 1977; Newton, 1984; Ruby, 1982, 1987; Worth & Adair, 1972).

이와 관련되어 좀더 깊이 논의할 필요가 있는 문제로는 "카메라에 의해 관찰되는 피사체가 보다 신빙성 있게 혹은 적절하게 표현되어야 한다"는 관점을 들 수 있다(Bellman & Jules-Rosette, 1977; Ruby, 1982, 1987; Worth & Adair, 1972). 또한 사진가나 사진기자들이 이미지를 만들고 그 내용을 구성함에 있어 관찰되는 피사체에 미치는 영향도 고려되어야 한다(Carpenter, 1975; Mead & Bateson, 1977).

특히 이에 관한 연구로는 사회심리학자인 스탠리 밀그램(Stanley Milgram, Desfor, 1979)이 주장한, 사람들이 흔히 카메라 앞에서 혹은 카메라와 관련되어 어떻게 행동하는가를 조사한 '사진적 행동(photographic behavior)'을 들 수 있다. 또 여기에서는 이러한 '사진적 행동'을 보다 광범위하게 해석해 '사람들이 카메라 뒤에서 행하는 행동'뿐만 아니라 '그들이 카메라를 통해 만들어진 이미지를 어떻게 사용하는가'도 포함시키도록 한다.

우리는 지난 160여 년간 사진을 다루면서 다양한 '사진적 행동'들을 접해왔다. 일례로 1850년대 정신과 의사인 휴 다이아몬드(Hugh Diamond, 1856, 1976년 Gilman에 인용)는 인물사진들에 묘사된 얼굴 표정과 몸짓 등을 통해 정신병을 진단하고 치료하는 데 사용하기도 했다.

현대의 사회심리학적 관점에서 살펴본다면, 흔히 사람들은 카메라의 존재 앞에서 다양한 행동 패턴을 보인다. 연속적인 실험을 통해 밀그램(1979년 Desfor에 인용)은 카메라가 자신을 향한다는 사실을 알고 있을 경우, "거의 모든 피사체들은 스스로의 행동을 어느 정도 조절하고 있었다"고 결론을 짓고 있다(p. 103). 밀그램은 이렇게 '조절된 행동'을 '사진적 행동'으로 일컬었으며, '사진을 만드는 과정'을 통해 "피사체의 반응에 따라 새로운 리얼리티의 단면이 만들어진다"라고 언급한 바 있다(p. 103).

또 밀그램(1977a)은 피사체와 사진가는 사진을 만드는 과정 그 자체만으로도 상호 교환적인 '대인관계'로 들어서게 된다고 말한다. "예를 들어 스냅사진을 촬영하는 가장 일상적인 촬영 속에서도 우리를 일종의 관계 속에 포함시킨다. 또한 이러한 관계 속에는 어느 정도 타인에 대한 인식이 포함되어 있다(p. 54)." 밀그램은 이런 활동이나 행위 속에는 광범위하게 공유할 수 있는 사회적 규칙(하지만 문화에 따라서는 다양화할 수 있는)이 존재한다고 보며, 개성과 원하는 사진을 얻고자 하는 다양한 요소들이 상호작용을 일으킨다고 본다.

사진적 행동을 대인적 관계로 해석하는 또다른 주장으로는 이를 통해 사람들 사이에서 정보(혹은 권력이나 통제력 등)가 교환된다고 간주하는 관점을 들 수 있다(Roloff & Miller, 1987). 이러한 맥락에서 바라본다면, 사진적 행동은 사진가와 피사체가 상호 정보(이를테면 허락, 가르침, 미소, 포즈 취하기, 적당한 카메라 앵글 잡기, 연출된 이미지를 유지하기 등)를 교환하는 행위로 볼 수 있다. 또한 좀더 자세히 추정한다면, 한 사람이 다른 누군가를 관찰하는 행위 자체를 통해 기타 다양한 자원(통제력, 권력, 권위, 우정, 친근감, 명성 등)들이 교환되거나 전이(transfer)된다고도 볼 수 있다. 메이(May, 1980)는 이러한 교환 과정(윤리적으로 다루어진다는 전제 하에)을 '상호 계약적 윤리

(covenantal ethic)'로 언급한 바 있다.

사진적 행동은 이밖에 다른 방식으로도 영향을 미칠 수 있다. 이를테면 사진가가 피사체가 미처 알아차리지 못하는 사이에 무의식적인 포즈를 스냅 촬영할 수도 있고, 피사체가 순진한 표정 속에 불편한 기색을 감출 수도 있다.

또한 밀그램(1977b)은 사진가와 피사체 사이의 관계 밖에 있는 사람들일 경우에도 사진 촬영이 진행되는 동안에, "별도로 분리된 리얼리티의 단면"에 반응할 수 있다고 한다(p. 349). 예를 들어 사람들이 인도를 지나가다 사진가가 누군가를 촬영하는 장면을 보게 된다면, 이들은 리얼리티를 포착하는 순간을 바라보게 된다. 또 여기에서 사람들은 사진가에게 일종의 권위를 부여하는데(이를테면 카메라를 여러 대 놓고 촬영에 임하는 사진기자를 바라보는 것처럼), 이러한 반응들은 그저 관광객으로 지나칠 때와는 또다른 반응이다.

미학자, 평론가, 문화이론가 들은 인간 인식의 주관적 본성과 자신뿐만 아니라 '타인'을 고려하는 경향 등에 초점을 맞춤으로써 포토저널리즘 윤리학에 던져지는 몇 가지 의문들에 의미 있는 기여를 해 왔다. 특히 매체 속에 드러나는 여성들의 정형화하고 상투화한 이미지에서부터 성적 관심이 강한 지배적 이미지에 이르기까지, 사진을 통해 묘사되고 표현되는 인간에 대한 활발한 분석들도 이루어져 왔다(Bolton, 1989; Dates & Barlow, 1990; Dyer, 1993; Gross, Katz, & Ruby, 1988; Lester, 1995; Lutz & Collins, 1993; Squiers, 1990; Tagg, 1988). 또한 이러한 연구논문들은 다양한 매체를 통해 묘사되는 추상적 자아와 타아의 복합성에 대한 의문을 던지고 있는데, 대개 관찰되는 피사체에 대한 선택(selectivity)이나 주관성(subjectivity) 등이 불러일으키는 부정적 영향에 초점을 맞추고 있다. 이밖에도 이러한 포스트모더니즘 이론들의 주요 테마에는 이미지 리얼리티의 불가능성뿐만 아니라 피사체(subject), 관찰자, 관찰되는 대상의 전형적 개념에 대한 비평들도 포함되어 있다(Baudrillard, 1994; Debord, 1967; Derrida, 1993).

주요 이슈

이 장을 처음 시작할 때 포토저널리즘에 대한 문제 제기를 두 가지 범주로 나눈 바 있다. 이미지가 어떻게 만들어지며 그 과정이 어떻게 탐구되는지에 관한 '방법론(methodological)'과 이미지(혹은 그 의미)를 통해 우리가 무엇을 알고 인식할 수 있는가에 관한 '인식론(epistemological)'이다(Newton, 1983, 1984).

사실 인식론적 문제는 이미지를 만드는 과정뿐만 아니라 이미 만들어진 후에도 늘 논란을 불러일으키지만, 여기에서는 그 과정에 대한 논의에만 집중하기로 한다. '관찰자'와 '관찰되는 피사체'는 서로를 어떻게 다룰 것인가? 사진가는 구체적으로 인물 피사체에 대한 어떠한 접근법을 가져야 하는가? 사진가는 인물 피사체에 굳이 접근해야 하는 것인가? 그렇다면 그 방식은 어떠한 형태이며, 또 피사체는 이에 어떻게 반응할 것인가? 관찰되는 피사체는 과연 어떠한 느낌을 받는가?

관찰자는 직접 대상물을 조절한다기보다는 이미 조절된 대상을 바라보는가? 그렇다면 '관찰자'와 '관찰되는 피사체'의 행동이나 기분은 이미지의 내용과 그 내용과 관련된 인식에 어떠한 영향을 미치는가? 최종 관찰자(end-observer), 즉 이미지를 바라보는 사람들(viewer)은 이미지 속의 피사체에 대해 어떠한 감정을 느끼는가?

정의

먼저 다음의 주요 용어들을 규정해 보자.

이미지

'이미지'는 어느 순간에 사진, 영화, 회화 등의 최종 산물이 되기도 하지만,

사람들이 스스로 혹은 타인에 대해 품고 있는 생각에 따라서 끊임없이 달라지는 것이기도 하다. 예를 들어 이미지는 자화상처럼 구체적인 형태를 띨 수도 있고, 누군가의 마음속에 그려지는 감각적 영상처럼 순간적으로 스쳐 지나갈 수도 있다. 또 이미지는 피사체의 얼굴이나 신체 등의 물리적 특성들이 빛에 반사되어 감광성 재료(필름이나 디지털 리시버 등)에 기록될 때처럼, '관찰된 대상'의 외형적 특성을 그대로 닮게 표현될 수 있다. 이러한 예로는 졸업앨범, 신문에 게재되는 상반신 사진, 사회학자들의 증거자료로서의 사진 등을 들 수 있다. 아니면 이미지는 '관찰되는 대상'의 심리학적인 특성을 반영할 수도 있다. 이는 주로 '보이지 않는' 인간 내면을 반영하는 것으로, '실제 자아(real self)' '정체를 드러내는 자아(unmasked self)' '다른 사람에게는 거의 드러내지 않는 내면' '외부적으로 기록되는 과정에서 무심코 표출되는 개인의 심적 상태나 기분' 등으로 언급되기도 한다. 심리적 반영의 대표적인 예로는 감정적 상처를 포착한 포토저널리즘 사진, 혹은 주관성을 강하게 드러낸 리차드 아베든이나 애니 리보비츠 등의 인물사진 등을 들 수 있다. 또한 이미지는 세속을 초월해 '보편적이지 않은 의미'를 전달할 수도 있는데(Scott, 1973), 뉴기니 원주민을 촬영한 어빙 펜의 사진이 바로 그러한 예이다. 사진 속의 뉴기니인은 카메라를 쳐다보고 있지만, 이 사진을 바라보는 사람들은 그가 마치 영원의 세계와 소통하는 듯한 느낌을 받게 된다.

관찰자

'관찰자'는 다른 누군가를 바라보는 사람으로 규정될 수 있다. 관찰자는 서로 다른 특성을 지닐 수 있는데, 수동적이거나 능동적인 통제력을 가지거나, 다양한 대인적 숙련도를 지니거나, 사교적이거나 혹은 반사회적일 수도 있다.

또한 그 역할 역시 사진가에서부터 영상인류학자, 편집자, 일반 독자에 이르기까지 매우 다양할 수 있다. 이밖에도 관찰자는 순수하게 육안만을 사용할 수도 있으며, 아니면 카메라처럼 외부 장비를 통해 '관찰한 장면'을 기록할 수도 있다. 이미지를 기록하는 장비는 35밀리 스틸 카메라에서부터 대형 포맷 뷰 카메라나 비디오 카메라에 이르기까지, 감광성 재료(필름이든지 아니면 기타 디지털 형태이든지)에 빛을 통해 누군가를 기록하는 모든 장비들이 사용될 수 있다. 관찰자는 또한 사진처럼 동일한 시각적 결과물 속의 피사체를 바라볼 수도 있다. 응시(gaze)와 힐끗 본다(glance)는 용어를 고의로 비껴 가려는 것은 시각적 행위라는 상호작용성을 강조하려 함이라는 것을 주시하라.

관찰되는 대상, 피사체

벨로프(1985)는 "인물사진가 아놀드 뉴먼이 피사체가 카메라를 의식하지 않게 하려고 애썼으며, 피사체를 있는 그대로의 모습으로 촬영하기를 원했다. 하지만 그 모습 역시 그들이 결정한 것이다"라는 점을 지적한다(p. 211). 또한 벨로프는 앙리 카르티에-브레송의 생각, 즉 "사진가는 피사체의 정체성을 찾아내 이를 표현할 수 있어야 한다(Beloff, 1985년에 인용, p. 173)"는 점에도 주목하고 있다. 이처럼 관찰되는 대상을 정의내리기는 결코 쉽지가 않은데, 사진에서는 주로 '관찰되는 대상'이 '피사체'로 알려져 있다. 일반적인 개념에서 살펴본다면, 피사체는 '사진가, 예술가, 연구자 들이 관심을 두거나 탐색할 만한 대상 혹은 누군가'를 뜻한다. 또한 『웹스터 사전』(1979)에서는 "지배나 통제가 필요한 어떤 대상물이나 사람" "의식적인 토론이나 생각 등을 통해 다루어져야 할 주제나 테마의 대상" "그 반응을 탐구해야 할 대상 혹은 현재 행동중에 있는 사람" "해부용 사체" "예술작품으로 표현되거나 나타낼 수 있는 어떤 것" 등으로 정의내리고 있다. JEB(1981)는 피사체라는 생각을 피하기 위해 '관찰되는 대상'이란 용어를 제안했다. 실제로 관찰되는 대상은 피사체와 관찰자가 상호작용을 통해 시각적 관점들(visual point of view)을 이동시킬 수 있을 때 논의할 가치가 생겨난다. 관찰되는 대상은 탐구하거나 초점을 맞출 사람을 의미하는데, 그 이미지는 기록되거나 혹은 기록되지 않을 수도 있다. 또한 이에 대한 정의에는 '사람(person)'과 '초점(focus)'이 포함되어 있어, 관찰 과정에서 인간이 능동적이거나 수동적으로 참여할 가능성에 대해 언급하고 있다. 실제로 그 정의에는 단순히 관찰되는 대상뿐만 아니라 촬영되는 대상까지 포함되며, 관찰되는 대상은 사진가에게는 초점의 대상이 될 뿐만 아니라 관중들에게도 역시 이목을 집중시키는 대상이 된다.

관찰자와 관찰되는 대상 사이의 상호작용에 대한 논의

이 문제를 논의하는 한 가지 방법으로 시각적 행동의 경계를 이루는 극단적인 상황들을 살펴보도록 하자. 먼저 사진가에 의해 통제되고 이용당하는 피해자 혹은 희생양으로서의 피사체를 생각할 수 있고, 또 시각적 행동이나 사진가가 촬영한 이미지를 바라보면서 확실한 현장이 목격되었다고 오인하는 관중들을 생각할 수도 있다.

이미지를 함께 만들어 가는 관찰자와 관찰되는 피사체

이미지를 만드는 과정은 내부적으로나 외부적으로 적어도 두 사람(즉 관찰자와 피사체)의 상호작용이 관계된 것이며, 어느 정도의 공동적인 지원이 뒷받침된다(Beloff, 1983, 1985; JEB, 1981; Milgram, 1977a, 1977b; Newton, 1983, 1984, 1991, 1994, 1994-1999; Nottingham, 1978). 영상 저널리즘이나 사회과학적 방법론의 실제 적용에 있어서도 이러한 상호작용에는 대개 피사체, 사진가, 시각적 행동을 바라보는 관찰자 등이 관련되어 있다. "피사체와 사진가는 촬영하는 동안에 대인관계로 들어서게 된다"는 밀그램(1977a)의 주장 역시 이러한 관계를 그대로 반영하고 있다. 예를 들어 생일 파티나 정치 집회를 촬영할 때에도 이러한 상황들과는 별도로 분리된 사진을 만드는 행위 속에 대인

관계가 형성되는 것이다.

철학자 에드워드 마틴(Edward Martin, 1990)은 사진을 만드는 과정에서의 대인관계는 언어로 의사소통을 할 때와 유사한 결과를 만들어낸다고 한다.

이 '대인관계'는 "피사체와 사진가가 상호관계 속에서 직접적으로 정보를 교환하거나 혹은 앞으로 교환될 정보들을 절충함으로써 각 개인이 그들을 둘러싼 환경을 조절하는 수단으로 정의내릴 수 있다(Roloff & Miller, 1987, p. 7)." 즉 사진을 촬영하는 관계를 통해 사진가와 피사체는 상호 정보를 교환하며, 미소에서 권력에 이르기까지 다양한 재능을 절충하는 것이다.

도판 1에서는 관찰자와 관찰되는 대상 사이에서 진행되는 사진적 행동의 전형적인 모델을 보여주고 있는데, 피사체, 사진가, 사진을 바라보는 사람들 사이의 상호관계가 형성되어 있다. 또한 이러한 대인적 관계들은 시간대, 장소, 문화, 매체의 유형 등에 따라 다양하게 해석될 수 있다(도판 1에 관한 자세한 내용은 제10장을 참조한다).

피해자로서의 피사체

『자, 이제 유명인을 찬양합시다(*Let Us Now Praise Famous Men*)』(Agee & Evans, 1940/1960)에서 에이지는 관찰자로서의 저널리스트와 민속지학자 역시 방법론에 있어서 서로 다른 모티브를 사용한다는 점을 지적한 바 있다.

> 물론 때로는 불합리하고 두렵게 느껴지기도 하지만, 인간사들이 얽혀 묘사되는 방식들이 내 호기심을 자극한다. 때로는 필요에 의해, 기회에 의해, 그리고 저널리즘 체계라 할 수 있는 언론사의 이익에 의해 무방비로 상처받은 사람들의 삶이 지나치게 가까이에서 엿보여지기도 한다. 또한 무기력하고 무지한 농부 가족의 삶을 비롯해, 벌거벗기고 불이익을 당하고 치욕스러운 삶들도 정직한 언론, 인간애, 사회적 대담성과 용기라는 합리적 명목으로 타인들 앞에 적나라하게 노출된다. 이를테면 돈과 이익에 의해 혹은 사회개혁이나 공평성이라는 명예를 위해 이러한 일들이 때때로 자행되지만, 이를 충분히 기술적으로 풀어 나갈 수 있을 때 그 어떤 이익과도 환원할 수 없는 가치가 만

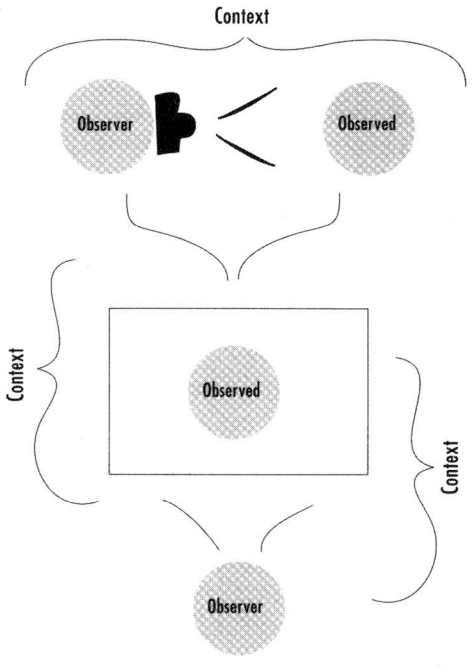

도판 1 사진술의 상호작용 과정

들어진다(pp. 7-8).

에이지는 "이런 글을 읽고 또 이런 사진들을 탐구하는 사람들은 과연 누구인가"라는 질문을 던지고 있다. 실제 사람들은 글이나 사진으로 묘사되는 것보다 '훨씬 굶주리고' 있다고 말한다. "사진 피사체로 재현되는 사람은 당신과 내가 그러하듯이 실존하는 인간이며, 상상 속의 캐릭터는 존재하지 않을 수도 있다. 그의 무거운 존재감, 신비스러움, 권위 등은 이러한 맥락에서 해석되어야 한다(p. 11)." 아이러니하게도 에반스와 에이지의 일부 피사체들 역시 나중에 '저널리스트/민속지학자'에 의해 이용당한 듯한 느낌을 털어놓기도 했다(Maharidge & Williamson, 1989).

영상사회학자 하퍼(Harper, 1982)는 다음과 같은 주장을 통해 유사한 문제들을 피력한 바 있다. 사회학자들은 피사체에 좀더 충분한 시간을 기울이고 또 촬영되어서는 안 될 상황을 보다 민감하게 받아들임으로써 촬영할 때 '윤리적 권리'를 얻을 수 있어야 한다. 인류학자인 루비(Ruby, 1987) 역시 예술, 과학, 뉴스, 오락 등에서 현실적 이미지를 만들어내기 위해 인간이 피사체로 사용되는 점에 주목한다. 그는 특히 피사체가 "이와 관련된 지식이 없이도 혹은 때로는 그들의 의지에 반해" 미학적·경제적·정치적 혹은 상징적 대상물로 변환되는 것에 대한 우려를 나타냈다(p. 10).

포토저널리즘에서 피사체를 둘러싼 전형적 이슈로는 사생활 침해나 비극적 사건의 희생자들에게 불필요하게 덧붙여진 감정적 비탄이나 과장 등을 들 수 있다. 이와 관련된 연구논문들은 피사체의 감정을 이용해 이미지를 만드는 것은 "그들의 영혼에 또다른 상처를 입히는 것(Bryant, 1990, p. 20)"이라는 점을 인식하며, 또 이런 이미지들은 마치 대중들이 이를 바라봄으로써 무엇인가를 배울 수 있는 것처럼 정당화하기도 한다(Sherer, 1990)고 지적한다. 반면에 일부 사진기자들은 어떠한 상황에서라도 피사체를 촬영할 저널리스트의 권리는 보장받아야 한다고 주장하며, 비탄에 잠긴 사람들을 촬영하는 개인적인 어려움을 토로하기도 한다(Bryant, 1990; Hartley, 1990). 이밖에도 한 저널리스트는 "누군가의 사진을 촬영할 경우, 그들로부터 두 가지, 즉 이미지뿐만 아니라 익명성까지도 함께 포착하게 된다"고 적고 있으며(Sherer, 1990, p. 12), 미디어 비평가 엘렌 굿먼(Ellen Goodman, 1990년 Sherer로부터 인용)은 『뉴스 포토그래퍼』에서 "우리에게 다른 사람들의 가정을 쑥대밭으로 만들 권리가 어디에 있는가(p. 12)"라는 의문을 던지고 있다. 또한 한 포토저널리즘 윤리학자는 여전히 사진 피사체가 사진에 대한 저작권을 갖고 있지 않다는 점도 지적한다. "피사체는 사진의 공동제작자가 아니기 때문에 이로 인한 법적 권리를 누릴 수가 없다(Martin, 1990, p. 32)."

쉬어러(Sherer, 1985)는 포토저널리즘 윤리학과 이와 관련된 법규들을 연구하면서 사진에 부당하게 이용된 감정적 비탄이라는 요소가 어떻게 피사체의 사생활을 침해하는가에 대해 언급한 바 있다. 그는 법원이 사진가의 행위가 도를 지나칠 경우에 한해서 피사체의 손을 들어 주고 있음을 지적한다. "이를테면 사회적 예의범절의 경계를 넘어서거나, 혹은 문명화한 공동체에서 결코 견딜 수 없는 행위로 간주될 때에 한한다(p. 3)." 이렇게 참을 수 없는 행위의 대표적인 예로는 재클린 케네디 오나시스를 끈질기게 추적했던 론 개일라(Ron Galela)를 들 수 있다. 또한 쉬어러는 "일부 피해를 당했던 사진 피사체들이 소송에서 승소하기는 했지만, 대부분의 경우 법원의 결정이 사진가에게 유리한 방향으로 이끌어져 왔다"고 말하고 있다. "하지만 대중의 알 권리를 옹호하면서도, 그 행위 역시 극단적인 경계선을 넘지 않은 채 개인의 사생활을 보호할 수 있어야 한다(p. 9)."

사회학자인 워윅(Warwick, 1977) 또한 사회과학적 방법론에서 이러한 윤리적 문제를 탐구했는데, 그는 자료조사의 명목으로 행해지는 몇 가지 해악의 유형들을 열거하고 있다. 예를 들어 죽음, 폭행, 상해, 심리적 학대, 정신적 피해, 대인관계의 훼손, 직업상의 손실, 경제적 손해, 사생활의 침해 등등이다. 이와 동시에 워윅은 그 해악의 정도에 따라 이로 인해 파생되는 이익도 맞물린다고 보았는데, 생명의 보호, 물리적 안전, 심리적인 향상, 대인관계의 향상, 직업상의 개선, 경제적 이익, 자아의 확장 등도 포함된다고 여겼다(Newton, 1984). 목적, 방법, 이용과 같은 여러 경우에 있어 사회과학연구는 좋은 저널리즘의 확장된 형태이다. 개인은 자신들이 가지고 있는 능력 이상의 권력을 행사할 수 있는 피사체가 된다.

강력한 이미지 메이커로서의 피사체

피해자-가해자라는 연장선상에서 바라보았을 때에도 관찰되는 대상은 그 과정에서 권력을 발휘할 수 있다. 다소 난해한 이러한 문제는 『일상에서의 자아상(*The Presentation of Self in Everyday Life*)』(Goffman, 1959/1973)에도 기술되어 있으며, 여기에서 고프만은 다음과 같이 언급함으로써 그의 이론을 피력하고 있다. "한 개인이 타인 앞에 나타날 때 그는 다양한 모티브를 지닌 채 그들이 받아들여야 하는 상황과 그 인상(impression)을 조정하려 한다(p. 15)." 인상을 조정한다는 말은 피사체가 행위자(performer)가 되고, 관찰자가 관중(audience)이 되는 상황을 의미한다. 따라서 고프만(1967, 1969)은 "인간은 타인 앞에서 그들에게 주는 인상을 조정하기 때문에, 단순한 참여자(participants)라기보다는 행위자가 될 수 있다"고 말한다.

    이러한 행동은 때로는 무의식적으로 나타나기도 하며, 부분적으로는 타인과의 상호작용에서 터득한 반응이기도 하다. 하지만 카메라(혹은 관찰중인 대중) 앞에서의 행동은 대부분 의식적이며 신중하게 고안된 행위이기도 하다. 이렇게 피사체의 입장에서 조정된 이미지들은 종종 신문 지면에서도 살펴볼 수 있는데, 정치가의 경우 대중 앞에서 자신의 외적 인격을 조정함으로써 바람직한 대중적 이미지로 인식하게끔 만든다. 상대적으로 이미지를 사용해 언론 상에서의 가치를 만들어내는 법을 덜 터득하고 있는 일반 대중의 경우에도, 상황에 따라서는 자신을 위해 혹은 전략적인 명분을 위해 대중 앞에서 그들의 초점에 맞추기도 한다. 일례로 소규모로 진행된 한 지역의 퀼트 전시회에서 한 피사체는 상을 받은 퀼트 작품 앞에 서서 매번 카메라가 그녀를 향할 때마다 똑같은 미소와 경직된 포즈를 반복하는가 하면(Newton, 1994), 동일한 연구에서의 다른 그룹의 경우, 인근 지역의 홍보를 위한 사진 촬영에서는 조화롭게 연출된 표정과 포즈를 보여주기도 했다. 또한 대중 앞에서 극단적인 행위를 보이는 대표적인 예로는 베트남에서 불교도 박해에 항거해 한 수도승이 분신을 시도하는 장면(Goldberg, 1991, p. 212)이나, 한 고위 공직자가 기자회견장에서 권총자살하는 장면(Kobre, 1996, p. 307) 등을 들 수 있다.

    아이러니하게도 피사체의 권력을 드러내는 또다른 예로는 그들의 의지에 반해 강제로 촬영하게 된 여성들의 사진을 들 수 있다(Naggar, 1990). 1960년 마크 가랭거(Marc Garanger)는 프랑스 군대의 한 소령으로부터 민간인 포로들의 신분증을 발급하기 위한 사진을 촬영해 달라는 부탁을 받았다. 가랭거는 2천여 명에 이르는 회교도 여성들의 베일을 벗긴 채 촬영을 시작했는데, "당시 그들에겐 선택의 여지가 없었다"고 말한다. "그들이 유일하게 저항할 수 있는 방법은 자신들의 표정이었으며 … 사진 속에는 그들이 나를 바라보는 저항적인 시선이 그대로 반영되어 있었다(Naggar, 1990, pp. 2-3)." 이 이미지를 분석하면서 네이거(Naggar)는 '피사체들이 수치스러움이나 굴욕을 느꼈을 것'이라고 적고 있다. "그들에게 있어 베일을 쓰지 않은 채 낯선 사람에게 관찰당하는 것은 거의 폭력에 가깝다. 이슬람에서는 여성들이 이방인에게 맨 얼굴을 드러내는 것이 금지되어 있으며, 이는 가장 수치스러운 것으로 여겨진다. 이런 이유로 이 이미지 속의 피사체들은 자신을 가능하면 강한 모습으로 나타내려 했으며, 비록 강요를 당했지만 그들의 강인한 눈매를 통해 명백하게 '싫어(no)'라는 거절과 저항의 표시를 나타내고 있다." 네이거는 마치 여성들이 "비록 당신들이 우리를 촬영하고 있지만 우린 여전히 통제되지 않을 것"이라고 덧붙이고 있는 것처럼 보인다고 말한다(p. 8). 피사체를 포섭하려는 공격적 행위는 오랫동안 극단적인 반응을 불러올 수 있다.

또 사진의 유형에 따라서도 이러한 문제의 미묘한 차이가 있을 수 있는데, 스냅 사진이 포즈 사진에 비해 좀더 신빙성이 높다는 견해가 주목을 끈 바 있다. 초창기 사진일 경우, 노출할 때 몇 초가 아닌 몇 분 정도가 걸렸기 때문에, 피사체는 포즈를 취하고 오래 있어야 했다. 19세기 테크놀러지의 한계 덕분에, 장시간 노출하는 동안 사진가에 의해 신중하게 결정된 포즈를 계속 유지하려면 반드시 피사체의 협력이 필요했던 것이다. 하지만 이제 카메라가 점차 소형화하고 스냅 사진이 보편화하면서 이미지를 만들어내는 데 피사체의 참여가 꼭 필요한 것만은 아니다. 더군다나 한 세기가 지나면서 대중들은 도처에서 갑

작스레 나타나는 사진가 때문에 당혹스러움을 감추지 못하게 되었다(Jay, 1984). 물론 여전히 스냅 사진은 누군가를 '가장 정직하게' 촬영한 이미지로 여겨지지만, 이러한 가정 역시 스냅 사진이 피사체보다는 사진가의 관점에 더 가깝다는 사실을 제대로 인식하지 못하고 있다. 따라서 스냅 사진 또한 카메라의 존재를 이미 알고 있는 피사체의 연출된 포즈와 마찬가지로, 사진가에 의해 그 관점을 조정당하기 쉽다는 점을 배제하기 어렵다. 또 이와는 상반되게 다큐멘터리 장르를 연구하던 스토트(Stott, 1973)는 포즈를 취한 사진이 오히려 스냅 사진에 비해 많은 것을 드러낸다고 언급한 적이 있다. 『자, 이제 유명인을 찬양합시다』에 실린 에반스의 사진을 분석하면서, 스토트는 에반스가 "리얼리티를 포착한 것이 아니라 이를 그대로 드러나게(reveal) 내버려두었다. … 그는 피사체가 '가장 그들다울 때' 촬영을 했으며, 대부분 자신을 둘러싼 환경에 대해 그들의 의지를 드러내 보이는 순간을 포착했다"라고 적고 있다(p. 268).

전형적 사진에서 한 가지 역설이 있다면, 사진가들이 '가장 그다운, 즉 진정한 피사체의 모습'을 포착하도록 교육된다는 것이다. 이는 인간의 외적인 가면이나 역할 밑의 본질적인 특성을 포착하라는 의미이다. 따라서 사진기자들 역시 '결정적 순간'을 위해 끊임없이 피사체를 지켜보면서 인물사진을 촬영하거나, 아니면 자연적인 환경 속에서 그들의 모습이 가장 잘 드러나 보일 때 여러 번 프레임을 포착하도록 교육받는다.

이러한 생각들은 마치 밀림 속을 헤치며 커다란 표범류를 포착하는 것이 목표인 사냥이나 원정 여행과 유사하다는 생각이 들도록 한다. 이 관점에서 바라본다면, 포토저널리즘에서의 사진 역시 숲을 살금살금 헤치며 목표물에게 다가가 이를 최적의 순간에 포착하는 것과 다를 바 없다. 반면에 인물사진가들은 대개 중간 톤의 배경(흰색 배경지나 색칠된 캔버스 등)에 피사체를 배치한 후, 장시간의 촬영기간 동안에 그가 자연스럽게 본질을 드러내는 순간을 포착하게 된다. 인류학자들 또한 그들의 존재 자체가 피사체의 자연스러운 행동들을 변질시킬 경우를 우려하는데, 이들도 마찬가지로 연구가 진행되는 동안 원주민인 피사체의 '진정한 모습'이 포착되기를 원한다. 단지 사진기자의 경우 매우 짧은 순간에 '진정한 이미지(authentic image)'를 기록해야 한다는 점이 다를 뿐이다.

이러한 테크닉들은 모두 피사체의 실제 모습이 생생하게 목격되고 기록된 것처럼, '진정한 모습의 피사체(real subject)'를 포착하기 위한 것이다. 또한 인위적으로 조절된 사진이든지 혹은 스냅 사진이든지 그 속에서 모두 진정한 모습의 피사체를 발견할 수 있다고 가정한다. 실제로 우리는 관찰자라는 존재를 통해 '보는 것'을 변화시킬 뿐만 아니라 어느 정도까지 우리 자신, 타인들, 그리고 세상을 재구축할 수 있다는 사실을 이해하게 되었다. 하지만 여전히 그 '진정한 리얼리티' 혹은 '진정한 피사체'를 발견할 때까지 이를 연구하고 바라보고 탐구하는 과정은 계속될 것이다.

이 장을 마치며

앞서 언급한 이론들은 인간(피사체)을 관찰하고 재현하거나, 혹은 이러한 사진 정보를 사용하는 데 있어 야기되는 몇몇 문제점들을 강조하고 있다. 사진이라는 재현물의 관찰자로서 혹은 중재인으로서 영상 저널리스트는 현실 세상을 직접적으로 바라보는 것과 사회과학적 관점에서 이를 관찰하고, 분석하고, 연구하는 것 사이의 중간자적 입장에 놓이게 된다. 또한 관찰되거나 혹은 재현되는 영상 저널리즘의 피사체는 여러가지 다양한 행동을 보일 수 있는데, 때로는 순응하거나 자신의 의지대로 조절할 수도 있으며(관찰자가 그러하듯이) 또 때로는 강하거나 무기력할 수도 있다. 그리고 이렇게 관찰자와 관찰되는 피사체 사이의 상호작용이 리얼리티를 형성해 가면서, 이미지를 바라보는 타인

(관중들)의 마음을 움직이게 된다. 또 편집자나 독자들은 이를 바라보면서 이미지를 선택해 게재하거나 아니면 한 장의 사진에도 전혀 주의를 기울이지 않는다.

현대의 문화 실천으로서의 포토저널리즘은 생존 본능과 호기심에 의해 환경을 시각적으로 관찰하려는 인간적 성향들의 발전된 형태이다. 이는 우리가 사는 세상을 보다 정확하게 이해하기 위해 인간사를 기록하거나, 누군가의 삶과 사건들을 기억하거나, 혹은 대중들을 조정하기 위한 덜 폭력적인(육체적이거나 직접적인 방법에 비해) 수단으로 사용될 수도 있다. 실천으로서의 영상 르포르타주는 인류의 역사 초창기부터 이러한 시각적 행동의 원형을 보여 왔으며, 그들의 흔적을 상형문자에서부터 그림이나 삽화나 조각에 이르기까지 다양한 형태로 남겨 왔다. 또한 이를 통해 우리는 중요한 기사들을 발견하게 되었으며, 보다 현실적인 섬세함이 살아 있는 예술, 사진, 영화, 텔레비전, 인공위성, 인터넷 등으로 발전시키게 되었다고 할 수 있다. 실제로 인간은 리얼리즘처럼 여겨지는 이미지들을 '자명한 사실(self-evident fact)'로 인식하던 시점에서 더욱 발전하여, 이제는 다양한 형태의 표현물로 이를 기호화하고 조절하고 있다. 또 이를 토대로 사진적 행동 역시 사실적인 시각적 기록이 될 수도 있고, 아니면 완전한 시각적 기만이나 현혹이 될 수도 있다는 인식들도 보편적인 것이 되었다(심지어는 인체를 시각적으로 탐구하는 X-레이 사진조차도 각도를 잘못 설정할 경우 그 해석이 달라지거나 오인될 수 있기 때문이다).

그렇다면 이러한 사실들이 21세기의 영상 르포르타주와 시각적 진실에 남기는 의미는 무엇인가? 그 해답을 얻기 위해서는 이 장의 도입부에서 던진 질문, 즉 문화적 실체를 중재하는 포토저널리즘의 역할을 자세히 살펴볼 필요가 있다. 따라서 여기에서는 미디어의 내용에 영향을 미치는 요소들을 개개인(individuals), 매체의 일상(media routines), 조직(organizational), 미디어 외적 요소(extramedial), 이데올로기(ideological) 등의 다섯 가지 범주로 나누어 분석한 슈메이커와 리스(1991, 1996)의 연구를 토대로, 이를 포토저널리즘 분석에 적용시켜 보기로 한다. 또한 사진가, 피사체, 관찰자, 게이트키퍼(gatekeeper), 사회, 문화, 이데올로기 등의 관점에서 포토저널리즘이 실제 적용되는 예를 검토해 볼 생각이다.

제4장부터 제8장까지 다섯 장에 걸쳐 포토저널리즘을 실제 적용하는 과정에서의 다양한 요인과 단계 등에 초점을 맞춤으로써 인간의 시각적 행동들을 분석해 보기로 한다. 단, 여기에서 한 가지 명심해야 할 점은 인간의 시각적 행동에 있어서 그 어떤 순간에도 각 개인은 관찰자가 될 수도, 관찰되는 대상이 될 수도 있다는 사실이다.

제 4 장
보는 사람의 마음 혹은 내면의 상태
The Heart of the Seer

영상 르포르타주가 효력을 발휘하기 위해 가장 중요한 것은 사람들이 무엇인가를 바라볼 수 있어야 한다는 것이다. 물론 보는 사람에는 사진가, 편집자, 독자, 사회, 피사체에 이르기까지 이미지를 만들거나, 사용하거나, 읽는 다양한 계층이 포함될 수 있다. 하지만 여기에서는 먼저 인간사의 최전선에 서서 온갖 삶과 사건들을 실시간으로 생생하게 담아내는 사진기자에게 그 초점을 맞추기로 한다. 사진기자가 타인의 삶을 촬영하는 동기는 무엇인가? 과연 어떤 유형의 사람들이 사진기자가 되는가? 그들의 가치는 어떠한 것인가? 사진기자를 윤리적이거나 비윤리적으로 만드는 요인은 무엇인가? 이 장에서는 이처럼 영상 저널리즘을 수행하는 과정에서 사진기자가 특정 피사체나 순간을 촬영하는 동기, 역할, 책임감 등에 대해 알아보도록 하자.

동료와 경쟁자들. 1997년 1월 20일, 워싱턴 DC에서 『뉴욕 타임스』의 사진기자 안드레아 모힌(Andrea Mohin)이 기자석에 앉아 빌 클린턴의 재임식 퍼레이드를 취재하고 있다. 사진기자들의 불과 20퍼센트만이 여성이라는 사실은 80퍼센트의 뉴스 이미지가 남성들의 관점에서 포착된다는 것을 의미한다. 모힌은 취임식이 시작되기 몇 시간 전부터 미리 라파예트 기자석에 도착해, 디지털 장비들이 제대로 작동되는지를 점검했다. 전화선, 컴퓨터 모뎀, 디지털 카메라 등을 통해 그녀는 뉴욕의 사진 데스크에 즉각적으로 이러한 장면들을 전송한다. 또한 이처럼 야외에서 이미지를 촬영할 경우에는 불필요한 빛이 반사되지 않게 랩탑 컴퓨터에 조명 차단막을 설치하는 것도 필수적이다. (사진: 줄리 뉴튼)

제4장

보는 사람의 마음 혹은 내면의 상태

사진기자는 신문, 잡지, 단편 뉴스영화, 텔레비전 등에서 사진이라는 매체를 통해
대중에게 뉴스를 전달하는 사람을 말한다. — NPPA(1950)

세상에서 인간이 누릴 수 있는 가장 커다란 축복을 꼽는다면
바로 무엇인가를 볼 수 있다는 점이다. 눈으로 보는 것을 그저 평범한 방식으로
말할 수도 있고, 혹은 시나 예언이나 종교 등을 통해
이를 뚜렷하고 첨예하게 바라볼 수도 있다. — 러스킨(Ruskin, 1904)

역사의 한 장면을 목격할 때에는 명석하면서도 공정해야 한다.
하지만 AP통신에서의 지난 20여 년을 돌아볼 때, 사진기자로서 기사에 개입하지 않는다는 것이 거의 불가능하다는 사실을 깨닫게 되었다. 우리는 역사를 목격할 뿐만 아니라 우리의 존재 자체가 이에 영향을 미치기 때문이다. — 아넷(Arnette, 1998)

한 세기 전, '사진기자'라는 용어가 존재하기 이전에 뉴스 사진가의 임무는 비교적 단순했다. 그저 사진을 찍는 것이었다. 뉴스 사진가가 가지고 돌아온 것(이미지)은 의심할 여지없이 명백한 시각적 사실로 받아들여졌다. 하지만 2000년 이후로 사진기자가 스스로에게 부과하는 개인적인 목표는 단순히 뉴스 기관이 부여하는 사진기자로서의 좌우명을 훨씬 뛰어넘는다. 1950년대의 사진기자는 기술적으로 완벽한 사진을 만들어내는 데 애썼지만, 21세기의 사진기자는 그 이미지(비록 기술적으로 열악하게 촬영된 비디오 사진일지라도)에 의미 있는 콘텐츠를 부여하려 노력한다.

또한 여기에서 더욱 중요한 것은 사진기자의 해석적 역할이다.

오늘날의 사진기자는 단순히 뉴스를 기록하는 것 이상의 의미를 지닌다. 그들은 카메

라와 렌즈, 감광성 필름이나 기타 재료, 예리한 관찰력 등을 사용해 장면을 시각적으로 해석하는 역할을 담당한다. 그리고 이렇게 해석된 이미지들은 독자들에게 그 사건을 생생하게 목격했을 때의 감정을 불러일으키게 만든다(코브레, 1996, p. 322).

현대의 문화적 상황에 비추어 보건대, 사진기자의 역할은 정상인을 바라보는 정신분석학적 관점을 그대로 반영하고 있다. 이러한 관점에 따르면, 정신적으로 건강한 사람은 한쪽 발을 이성적인 범주에 들여놓고 나머지 한 발은 비이성적인 범주에 들여놓은 사람을 말한다. 훌륭한 사진기자라면 객관적 리얼리티에 굳건하게 발을 들여놓은 채 인간들이 만들어내는 다양한 사건과 삶의 모습들을 가장 정확하게 기록할 수 있어야 한다. 이 경우 사진기자의 역할은 세상을 바라보는 '전문적인 목격자(professional eyewitness)'로서의 대리인이라고 할 수 있다. 또한 동시에 사진기자는 나머지 다른 발을 주관적 경험 안에 굳건하게 내딛고 있어야 한다. 열정, 헌신, 예술적 재능을 지닌 채 피사체의 최고의 모습뿐만 아니라 최악의 모습까지도 리얼하게 촬영할 수 있어야 하며, 때로는 뚜렷한 사회적 관점이나 자기희생 정신도 지니고 있어야 한다.

사진기자는 첨예한 사회적 양심을 지닌 숨은 예술가이며, 인류의 이성적인 문화 속에서 무시당하거나 억압받는 사람들의 감정 노출 혹은 모순된 삶을 파헤쳐 나간다. 사진기자는 수단과 스타일에 있어 전통적으로 파생된 '본다'는 것이나 '믿는다'는 것이라는 관습적 방법론에 의존하게 된다. 하지만 그 최종작업에 있어서는 교육받은 엘리트에게만 보여지는 사회적 모순이나 관습 타파를 뛰어넘는 '명백한 리얼리즘'을 추구할 수 있어야 한다. 또한 그 결과 우리의 일상생활에 얼룩진 유혈과 폭력, 미소, 눈물, 승리, 비탄 등을 투명한 미학적 리얼리즘(aesthetic realism)으로 표현할 수 있어야 한다. 영상 르포르타주의 관점은 예술이 아니라 리얼리즘이다. 하지만 그 과정에서 예술이 포함되며(Weber, 1974), 이러한 예술성이 포토저널리즘의 이미지를 강력하고 인상적으로 만드는 요인이기도 하다. 물론 일부 시각에서는 리얼리즘을 인식론적 주관주의로 해석할 수도 있지만, 포토저널리즘의 미학적 리얼리즘은 인간이 기록하는 현실에 가장 근접한 형태라 할 수 있다. 실제로 미학적 리얼리즘이라는 렌즈는 그 독특한 필터없이는 잃어버릴 수도 있는 생생한 명료함을 바라보는 데 커다란 도움이 된다. 따라서 사진기자는 인간사의 일상적 삶의 모습에 잠재된 "목적의식이 보다 깊어지는 순간(Mayo, 1989, p. 170, Note 2)"을 포착할 수 있어야 한다.

또한 좋은 사진기자의 심장은 끊임없이 현 상태의 부조리함을 노출시키고 탐구하는 비평가의 정신과도 맞닿아 있다. 물론 이는 다소 낭만적인 관점으로 비춰질 수도 있다. 흔히 사진기자들은 자본주의라는 경제적 논리의 희생양이 되거나, 높은 수입에 의해 과대 포장되거나, 매스 미디어 저널리즘이라는 획일화에 빠지거나, 퓰리처상이나 부와 명성에 열중하는 등 다양한 요인에 의해 잠식당할 수 있다.

하지만 올바른 사진기자들에게는 세상 자체를 보여주는 것이 이상일 수 있다. 끊임없이 부정과 부패를 노출시키거나, 일반인의 고통과 즐거움을 포착하거나, 존재의 이유를 드러낼 수 있는 삶의 모습(최악과 최선의 모습들을 포함해)을 찾아 나서는 것이 그의 이상일 수 있다. 훌륭한 저널리스트와 마찬가지로 사진기자 역시 인간을 탐구하는 최전선에서 삶의 공정성, 정의, 풍부한 식생활과 복지, 평등한 가치 등을 추구하게 된다.

따라서 이 장에서는 오늘날 사진기자의 정신에 모순과 갈등을 불러일으키는 요인들을 살펴보기로 한다. 인간적인 관찰자와 냉철한 관찰자, 감시인과 엿보는 자, 리포터와 예술가, 만담가와 사회과학자 등의 몇몇 범주에서 이를 살펴보도록 하자.

인간적인 관찰자 혹은 냉철한 관찰자

프로페셔널 사진기자들을 위한 최초의 잡지인 『뉴스 포토그래퍼』의 1996년 발행물을 살펴보면, 사진기자의 본질적인 딜레마가 다음과 같이 기술되어 있다. 사진기자는 먼저 인간적이어야 하는가? 아니면 전문적인 관찰자가 되어야 하는가?

한 기사에는 밥 돌 의원이 대통령 선거유세장에서 굴러 떨어졌던 사실과 당시 사진기자가 그를 도왔어야 마땅했는지 여부를 언급하고 있다. 그 당시 대부분의 사진기자들이 땅 위에 떨어져 허우적대는 밥 돌의 모습을 포착하기에 급급했다. 그 결과, 다음날 『워싱턴 포스트』에는 얼굴을 찡그린 채 떨어져 누운 그의 사진들이 전면을 장식하기에 이르렀다. 하지만 뉴스 분석가인 샘 도날슨(Sam Donalson), 데이비드 브링클리(David Brinkley), 조지 윌(George Will), 쿠키 로버트슨(Cokie Robertson) 등은 신문 전면에 실린 밥 돌의 사진이 그에게는 불공정한 것이라 지적하고 있다. 그는 잠깐 찌푸렸을 뿐, 곧바로 다시 일어나 냉정을 되찾았으며, 이 사건에 대해 가벼운 농담까지 했다(FOX, 1996). 따라서 공정한 관점에서 사진을 게재하자면, 두 장의 사진, 즉 그가 넘어지는 예기치 않은 장면과 그가 대통령 후보로서 곧 침착해진 장면이 나란히 실렸어야 했다. 이런 이유로 뉴스 분석가들은 실제로 밥 돌이 곧바로 일어나 자세를 취할 정도로 건강을 유지하고 있음에도 불구하고 넘어진 장면만을 실은 사진이 투표자들에게 돌의 노쇠한 나이에 대한 우려를 불러일으키게 만들었다고 주장한다. 사실 『워싱턴 포스트』에서는 두 장면을 모두 게재하기는 했지만, 밥 돌이 원래의 침착함을 찾은 사진은 불과 1.5칼럼의 크기로 실었을 뿐이다.

에이젠스 프랑스-프레스(Agence France-Presse)의 사진가 데이비드 아케(David Ake)는 당시 굴러 떨어지는 밥 돌을 부축함으로써 그가 머리를 심하게 다치는 것을 방지했다. 아케는 사람들을 돌보는 이미지를 보여줌으로써 한동안 실추되었던 사진기자들의 명예를 회복시켜 주었다. "그 자리에서는 어느 누구라도 그렇게 했을 겁니다. 그건 그리 특별한 일도 아니니까요. 단지 밥 돌 의원이 내 쪽으로 넘어졌을 뿐이지요." 반면에 『뉴스 포토그래퍼』에 따르면, 밥 돌을 부축할 만한 위치에 서 있지 않았던 로이터의 사진기자 릭 윌킹(Rick T. Wilking)은 떨어지는 장면을 본능적으로 여덟 프레임이나 포착했다. 나중에 윌킹은 "나도 모르는 사이에 무의식적으로 셔터를 눌러댔다"고 밝혔다(Hale & Church, 1996, p. 23). 하지만 두 사진가는 모두 본능적으로 반응한 것이다. 즉 한 사람은 인간적인 보조자로서, 또 한 사람은 목격자로서의 본능에 충실한 것이라 할 수 있다. 어쨌든 당시의 이러한 사진들은 1996년 선거유세의 '가장 인상 깊은 순간이자 이미지'로 기록되었다(Hale & Church, 1996, p. 23). 물론 『뉴스 포토그래퍼』 역시 밥 돌이 자신을 도와 준 사진기자에게 감사의 뜻을 전했다고 언급했을 뿐, 이 사건이나 혹은 당시 게재된 사진들에 대한 그의 반응은 싣지 않고 있다. 따라서 사건의 전모가 어찌되었든, 결국 대중들의 기억 속에는 고통스럽게 얼굴을 일그러뜨린 채 땅 위에 누운 밥 돌의 사진만이 가장 인상 깊게 남았을 것이다.

또한 이와 유사한 주제로 '도움의 손길을 뻗는 사진기자'라는 기사에서는 피사체의 목숨을 구하거나 그들에게 도움을 준 17여 명의 사진기자에 관한 기사를 다루고 있다. 이들은 '결정적 장면'을 포착하는 대신에 곤경에 빠진 피사체들을 돕는 역할을 택했는데(Hale & Church, 1996, pp. 24-25), 이러한 기사는 사진기자들이 촬영중인 피사체보다는 사진 촬영 자체에 더 깊은 관심을 갖고 있다는 비난을 반증하는 것이라 할 수 있다.

감시인 혹은 엿보는 자

『뉴스 포토그래퍼』 같은 호(1996)에는 다음과 같은 후지 필름의 광고 문구가 실려 있다.

> 세상을 바라볼 때 필름은 당신의 비전을 한층 높여 줄 것입니다. 사진기자에게는 삶의 모습들을 왜곡없이 정확하게 표현하면서도, 그 극적인 모습을 잃지 않는 것이 필수적입니다. 수많은 사진기자들이 원하는 이에 대한 해답은 바로 후지 필름에 있습니다. 그 어떠한 상황에서도 후지 컬러 슈퍼 플러스(Fujicolor Super G. Plus)는 완벽한 장면을 재현해 줄 테니까요. 어느 누구도 매일매일 일어나는 일상적인 삶의 모습을 장담할 수는 없지만, 한 가지 분명한 것은 후지 필름을 카메라에 장착한다면 당신은 진실을 재현할 수 있다는 사실입니다. 후지 필름! 바로 세상을 바라보는 새로운 방식입니다.

이 광고에는 '세상을 바라보는' 사진기자에 대한 기대치가 반영되어 있다. 즉 사진기자는 현장에서 직접 그 광경을 목격할 수 없는 누군가를 대신해 세상을 바라보게 되는데, 이러한 기대치를 충족시키기 위해 이들은 대중들이 보편적으로 인정할 수 있는 한계를 넘나들게 된다. 이를테면 스타들을 염탐하는 파파라치 역할을 하거나, 사고 발생 직후 구급차를 쫓아가거나, 경쟁자를 따돌리고 피사체의 사생활을 침해하거나, 혹은 남의 뒤뜰이나 장례식장을 내밀하게 염탐해 대중에게 공개할 수도 있다. 이러한 상황에서 사진기자들이 확신하는 것은 세상 사람들이 이를 반드시 목격해야 한다는 믿음이다. 하지만 얼음이 깨진 호수에서 동생의 시체가 끌어올려지는 장면을 보고 울부짖는 어린 아이의 얼굴은 세상 사람들이 뉴스에 실리거나 촬영되기를 원치 않는 장면일 수도 있다. 그렇다면 여기에서 다음과 같은 몇 가지 의문이 제기될 수 있다. 굳이 이렇게 고통스러운 사진을 세상 사람들이 바라볼 필요가 있는가? 또한 반복적으로 위험한 상황들을 보도함으로써 대중들의 인식에는 어떠한 영향을 미치는 것인가? 사진가나 편집자들은 관음증에 사로잡혀 독자의 흥미를 부추

기고 포상을 얻으려는 선정주의자에 불과한 것인가?

리포터 혹은 예술가

예술가는 예술적 본능에 의해 유동적인 세상에 대한 경험들을 정적이고 고정된 형태로 표현한다. 이러한 묘사를 위해 그는 세상의 모순으로부터 공통분모를 발견해야만 하며, 분산되고 모순된 요소들을 하나의 통합체로 표현할 수 있어야 한다. 모순된 요소들로부터 통일성을 발견하는 것은 인간사의 목적인 의식적 '경향(Tendenz)'을 깨닫는 과정이다. 심지어는 단순한 인식 행위, 예를 들어 얼굴을 인식할 때조차도 우리는 수많은 의미를 부여하고 발견할 필요가 있다(그렇지 못한다면 그저 혼란스러운 데이터로만 남아 있게 된다). 또한 우리가 위대한 예술작품으로서 그 진가를 인정하는 요인 중 하나인 '영속성(timelessness)' 역시 이러한 역사적인 순간에 잠재되어 있는 목적 의식적 경향의 발견이라고 할 수 있다(Mayo, 1989, p. 170, Note 2).

포토저널리즘은 일반적인 사진술에서와 마찬가지로 그 미학적 혹은 인식론적 가치에 대한 논쟁을 불러일으켜 왔다. 사진과 유사하게, 포토저널리즘 분야의 예술적 가치와 정보로서의 가치는 리얼리티의 본질이나 리얼리티를 어떻게 재현하고 묘사하는 것이 최선인가에 대한 논란과 맞물려 있다. 하지만 그 해결책은 이러한 이분법적인 특성화에서 벗어나는 것이다. 좋은 예술작품이 정보를 제공하고, 영감을 떠올리게 만들고, 사회적 반향을 불러일으키듯이, 포토저널리즘 이미지 역시 동일한 역할을 하는 예술작품이 될 수도 있기 때문이다.

예를 들어 다큐멘터리 사진가 유진 스미스(Eugene Smith)의 작품을 한번 떠올려 보자. 그의 <낙원으로의 길(Walk Through Paradise Garden)>은 자신의 아이들이 어둠 속에서 빛을 향해 걸어 나오는 장면을 촬영한 것이다. 하지만 스미스의 사진은 보는 사람들에게 단순히 현실 세계에 대한 묘사를 뛰어넘은 그 어떤 영감을 불러일으키며, 일상적인 삶에 대한 힘겨움과 몸부림에 대한 시각적 은유를 포함하고 있다. 마찬가지로 신문의 포토저널리즘 이미지 역시 독자들에게 정보를 제공하는 동시에 그들의 마음을 충분히 움직일 수 있다. 그러므로 이러한 사진은 일반성과 특수성을 모두 지닌 "삶의 한 부분에 대한 상징적 은유(Newton, 1990)"가 될 수 있다.

만담가 혹은 사회과학자

사진 다큐멘터리 작업의 핵심은 보고, 인식하고, 이야기하는 것이다. 물론 이야기한다는 것(telling)은 '눈으로 본 것'과 '인식한 것'을 완벽하게 전달하는 것은 아닐지라도 적어도 상호 커뮤니케이션하는 이야깃거리는 될 수 있다(Coles, 1997, p. 250). 또한 사진기자의 사회적 역할을 탐구할 때 민속지학자나 연구조사자로서의 저널리스트를 떠올릴 수도 있다. 사진기자의 경우 대부분의 조사자들처럼 보고서를 만드는 데 많은 시간을 할애하지는 않지만, 정보를 수집하고 이 정보를 빠르게 전달할 수 있는 특정한 형태로 보도한다는 점에서 일맥상통한다.

또 포토저널리즘은 영상인류학(visual anthropology)이라 할 수 있다. 사진기자들은 르포르타주를 통해 인류를 탐구하며, 인류를 바라보는 전문적인 관찰자가 된다. 물론 사진기자의 이런 사회과학자로서의 역할에 대해서는 일부 인류학자들이 문제를 제기할 수도 있겠지만, 필자 역시 최고의 저널리스트는 사회과학자임을 확신하고 있다. 이들은 끊임없이 관찰하고, 참여하고, 기록하고, 분석하고, 문화 속에 깊숙이 발을 담근다. 또한 사진기자들은 스스로 발견한 것을 보도하며, 이에 대한 의미를 부여하려 애쓴다. 더군다나 이들은 수많은 대중을 갖고 있으며, 보고 기억할 것에 대해 대중적인 영향력을 미칠 기회가 인류학자들보다 많은 편이다. 그 기술적 방법론의 차이를 논하자면, 조직적이면서도 장기적인 연구조사가 필요한 사회과학의 전형적인 체계를 들 수 있다. 하지만 사회과학 특유의 방대한 양의 연구조사나 과학적인 원안 등을 거친 것이 아니라 해서 데이터가 모두 무용지물이 되는 것은 아니다(Blumer, 1969). "사진기자가 신중하면서도 정직하게 특성을 탐구하는 것은 결코 쉽지 않은 일이다. 창조적이면서도 훈련된 눈으로 사물을 바라봐야 하며, 그 탐구에 대해서는 기략이 풍부한 융통성을 발휘해야 한다. 또 '발견한 것'에 대해서는 심사숙고할 필요가 있는 데다가 그 분야의 이미지뿐만 아니라 관점까지도 끊임없이 테스트하고 수정하는 즉각성도 필요하다(p. 40)."

훌륭한 사진기자가 되려면 적어도 몇 년 이상의 훈련, 노련한 실전 경험, 그 분야에 대한 풍부한 지식 등이 필요하다. 위대한 종군사진가였던 데이비드 더글라스 던컨의 사진들은 그가 해군으로 복무하면서 숙련된 눈과 전쟁에서의 풍부한 경험들이 바탕이 된 것이다. 그의 사진집은 20세기의 전쟁문화를 생생하면서도 신중하게 기록하고 있으며(1951, 1970), 1968년 공화당과 민주당의 전당대회(1969)뿐만 아니라 피카소의 삶과 작품(1958, 1961)을 기록한 사진들 역시 이러한 영상인류학의 대표적인 예라 할 수 있다.

저널리스트의 딜레마는 다음날 조간신문이 발행되거나 10시 뉴스가 보도되는 등에 맞추어 '진실을 일깨우거나 상기시켜야 한다'라는 것이다. 저널리즘을 다시 규정하자면, 그 방법론에 있어서 언어나 시각적 이미지 형태로 묘사되든지 혹은 공공연하게 인정될 만한 개인적 관점이나 최상의 가치로서의 정보로 인정되든지, 결론이나 요약이 아닌 진실을 전달하는 형태여야 한다는 것이다. 또한 저널리즘으로부터 파생되는 이익 역시 소위 '대중적인 신뢰'라 부르는 것을 잠재적으로 발생시킬 수 있거나 혹은 그 한계를 명확히 알고 있을 때 파생되는 것이다.

『사회연구의 정치학(*The Politics of Social Research*)』에서 햄머슬리(Hammersley, 1995)는 교화 모형을 예로 들어 민속지학적 연구와 사회적·정치적 실천 사이의 관계를 탐구한 바 있다. 이 패러다임에 의하면 "연구는 사회적 중재를 위한 이론적 기초를 제공하는 것"이며, 이를 통해 "어느 누구에게나 흥미롭고 합리적이며 이성적인 방식으로 사회생활이 변한다"고 간주한다. 하지만 여기에는 연구 자체의 실질적 기여에 대한 지나친 기대치가 포함되어 있다(pp. 141-144). 또한 햄머슬리는 "연구에 의해 만들어진 지식은 언제나 오류에 빠지기 쉽다"는 점을 덧붙인다. "연구를 통해 제공되는 것은 전지전능한 관점이 아니라 특정한 각도에서 바라본 관점이며, 그 적절성은 언제나 이의를 제기받을 수 있다(pp. 141-144)."

따라서 여러 면에서 사진기자는 20세기의 방대한 연구조사의 박식함으로 인한 오류에 빠질 수 있다. 하지만 사진기자는 이렇게 전지전능한 관점보다는 특정한 각도에서의 관점을 보여줄 필요가 있다. 햄머슬리(1995) 역시 "우리는 단지 그 문제에 대한 무지를 일깨우는 것을 넘어서, 인간사와 관련된 지식에 대해 좀더 가치를 부여해야 한다"고 말한 바 있다. "지식은 그것이 우리의 실제 활동 행위에 직접적이면서 막강한 영향력을 미치는지 여부를 떠나서 '인간의 삶과 밀접한 연관성을 유지할 때' 가치를 발휘하게 된다(pp. 141-144)." 또 이는 사진기자에게는 단지 보여지지 않는 것을 대중적으로 공개해 인간사와 관련된 지식을 만들어내는 것을 넘어서, 열정적인 책임감을 갖고 시각적 기록을 만들어내는 것을 의미할 수 있다. 이런 관점에서 살펴본다면, 사진을 촬영하지 않는 것은 저널리스트로서 사회적인 책임감을 회피하는 것이 된다. 예를 들어 걸프전을 취재한 사진기자 야렉(Jarecke, 1992)의 경우, 까맣게 타 버린 이라크군의 사체를 두고 "내가 이 장면을 촬영하지 않는다면 어떻게 될까"하며 끊임없이 자문했는데, 야렉에게 있어서 이렇게 끔찍한 전쟁 사진을 촬영하는 것은 세상 사람들에게 전쟁터의 실상을 보여줘야 할 부득이한 의무였다. 하지만 당시 『런던 타임스』의 편집자인 해롤드 에반스(Harold Evans, 1992)는 이 사진들을 전쟁에 대한 논의가 어느 정도 일단락되었을 때 게재하기로 결정을 내렸기 때문에, 야렉이 촬영한 사진들은 전쟁이 끝난 후 몇 달이 지나서야 게재되었다. 당시 그의 사진을 얼핏 보면 사진 속의 사체가 마치 미국이나 유럽군처럼 보였기 때문인데, 제목을 읽고 나서야 비로소 희생자가 이라크군이라는 사실을 알 수 있었다.

또한 햄머슬리(1995)는 포토저널리즘의 실천을 명확하게 만들 또다른 의견을 제시한 바 있다. "우리는 연구조사 자체가 실천 형식이라는 사실을 인식할 필요가 있다. 그 자체만으로도 연구는 세상에서 일어나는 인간사를 탐구하는 행위이며, 사회적 자료를 사용해 특정한 목표를 추구하기 때문이다(p. 141)." 포토저널리즘은 연구조사와 마찬가지로, 현대 사회 속에서 인간의 시각적 행동의 일부로서 실천 형식이 된다. 포토저널리즘 실천은 세상을 바라보는 눈을 확장시키는 것이 될 수 있다. 직접적으로 관련되어 있는 사람 외에 그 어느 누구도 사진기자를 위한 사람은 없다. 또한 여전히 그 실천의 적용에 있어서 영상 르포르타주는 '특정한 목표'를 추구하게 된다.

사회과학자이자 다큐멘터리 사진가인 콜즈(Coles)는 저널리즘, 영화, 사회과학적 연구 등에 있어서의 사진 다큐멘터리의 전형을 탐구함으로써 진술한 자기 고백적인 여정을 기술한 바 있다. 콜즈(1997)의 『다큐멘터리 작업하기(*Doing Documentary Work*)』는 영상 르포르타주의 한 형태로서 다큐멘터리 사진의 문제점들을 탐구하고 있다. 그는 자신의 경험뿐만 아니라 '탐구되는' 피사체들의 경험 그리고 제임스 에이지, 도로시 랭, 오손 웰즈, 에릭 에릭슨, 오스카 루이스(Oscar Lewis) 등의 선각자들의 폭넓은 경험들도 싣고 있다. 물론 콜즈는 사진 편집, 크롭핑, 시점, 피사체의 탐구 등과 관련된 문제점들을 이전에도 지적한 바 있지만, 이번에는 다큐멘터리의 목표가 되는 피사체에 대해 함축적인 논평을 실음으로써 이를 좀더 신중한 관점에서 살펴보고 있다.

콜즈는 다큐멘터리는 작업(work)이라기보다는 행위(doing)에 더 가깝다고 언급한다. 그에 따르면, 행위로서의 다큐멘터리의 목적은 "우리가 이 세상에 짧게 머무는 동안 타인과의 연결고리를 찾음으로써 인간의 휴머니티를 확립하고자 하는 인류의 욕망(즉 무엇인가를 알아 가거나 전달하고자 하는 욕망)을 표출하는 것(p. 145)"이다. "이러한 다큐멘터리적 충동 혹은 자극"의 대표적인 예로 콜즈는 어린아이를 들고 있다. "어린아이는 무엇인가를 열심히 잡거나, 보거나, 살피거나, 터득한 후 눈과 귀를 열어 이를 타인에게 알리고자 한다. 우리가 관심거리를 탐구하고 이를 서술하는 것 역시 유사한 표현이라고 할 수 있다." 콜즈는 정신요법과 마찬가지로 "좋은 다큐멘터리는 공동으로 수행되는 것"이라고 하며, "진실을 만드는 데 적어도 두 사람이 필요하다"는 니체의 말을 인용하고 있다. 또한 콜즈는 다큐멘터리 작업을 "관찰자에 의해 만들어지는 화법"으로 보는 동시에 리얼리티를 표현할 뿐만 아니라, 타인에게 자신의 의견을 반영함으로써 이를 불가피하게 "해석하도록 만드는 것"으로 간주하고 있다(pp. 249-252).

콜즈는 다큐멘터리의 딜레마에 대해 이렇게 언급하고 있다. "사람들이 다큐멘터리를 만드는 과정에서 상호 개인적인 관계들이 서로 강조됨으로써, 피사체의 리얼리티와 관찰자의 시점 사이에 간극이 생기게 된다." 또 오스카 루이스 역시 이를 인용하면서 때로는 '있는 그대로'의 리얼리티가 아닌 '이러한 방식으로 진행되어야 한다'라는 의견을 듣게 된다고 적고 있다. 콜즈는 신에게 가장 가깝다고 느끼는 객관성을 가지고 있을 때 "작가, 연구자의 충성은 다큐멘터리언의 주관성에서 표현된다"고 주장한다(p. 248).

또한 "사실과 허구(Facts and Fiction)"라는 장에서 콜즈는 '실제 다큐멘터리'의 내용과 '소설 속의 허구적인 삶'을 다음과 같이 비교하고 있다.

'감추어진 진실'을 관찰하고 보도한다는 것은 끊임없이 서로 다른 목소리, 비전, 의도, 관심사 등을 다양한 '기록(record)'이라는 형태로 개발하는 행위이다.

그 어떤 형태로 나타나든지 허구가 전달하는 메시지가 성공적이라면(예를 들어 톨스토이, 엘리엇, 디킨즈 등의 위대한 작가들을 살펴보건대), 오히려 실제 다큐멘터리보다 훨씬 더 생생하고 잊혀지지 않는 '강한 진실'을 독자들에게 전달할 수 있다. 또한 핍진성(verisimilitude)이나 예리하고 날카로운 묘사를 뛰어넘어, 그 진실은 독자들의 마음속으로 깊이 스며들어 등장인물에 공감이 가게 만들거나, 인식의 지평을 넓혀 주거나, 감정적이거나 도덕적인 삶의 반향을 불러일으키게 만들어 준다(p. 189).

에이지를 연상하게 하는 콜즈의 글과 형식은 주관적 인식과 '타자성'이 리얼리티 사진에 아무런 이득도 되지 않는다고 믿는, 다큐멘터리에 대해 회의적인 비평가들의 마음을 바꿀지도 모른다. 하지만 그렇다면 여기에서 또다시 다음과 같은 질문을 던질 수밖에 없다. 도대체 그 대안은 무엇인가? 다큐멘터리는 단지 그 과정이 복잡하다는 이유로 누군가를 형편없이 연관짓는 것, 누군가의 이야기를 부적절하게 하는 것, 또는 우리를 이런 것들과 연결지으려 하는 공포를 인정하는가?

콜즈에 따르면 '다큐멘터리를 행하는 자'는 "무슨 일이 일어났으며 또 그것이 무엇인지에 대한 관심을 불러일으킬 진심어린 애정과 의도를 지니고 있어야 한다. 다큐멘터리 작업은 타인에게 건네주는 일종의 애정어린 기록 형태라 할 수 있다(p. 268)." 또한 훌륭한 르포르타주는 열정적인 관심사뿐만 아니라 분노나 두려움도 표현할 수 있어야 하며, 삶의 감정적·도덕적·인식적 반향을 불러일으킬 수 있는 진실이 포함되어 있어야 한다.

윤리적 문제

결국 인간적인 관찰자와 직업적인 관찰자, 감시인과 엿보는 자, 리포터와 예술가, 만담가와 사회과학자 등의 미세한 구별은 각자 보는 사람의 마음속에서 구별되는 것이다. 그렇다면 이제 이와 관련해 다음과 같은 몇 가지 의문을 던져보도록 하자. 도대체 그들은 왜 포토저널리즘을 행하는가? 그리고 사진기자는 어떠한 방식으로 이를 진행시키는가? 실제 사람들의 삶을 연구할 때 직업적인 관찰자들이 직면하는 가장 중요한 도덕적 문제는 무엇인가(William Stott, personal communication, 1990)? 직업적인 관찰자는 매일매일 수집된 시각적 정보들을 어떻게 비교·평가하는가? 또 우리는 이러한 시각적 정보들을 모두 볼 필요가 있는가? 시각적 정보를 바라보는 것 자체가 당면한 문제점을 바라보는 것을 의미하는가? 그렇다면 이를 바라보는 데 적절하거나 부적절한 방법이 있는 것인가? 적절하게 바라본다는 것은 매너의 문제인가 아니면 윤리적 문제인가(혹은 둘 다와 관련된 것인가)? 또한 가장 기본적으로, 우리는 왜 무엇인가를 응시하는 것인가?

앞서 언급했듯이 사진적 관찰과 사냥을 위한 관찰은 유사한 측면이 있다. 피사체를 포착해 그 움직임을 정지시켜 프레임에 넣는 것 역시, 생물체를 사냥해 디스플레이용 박제를 만들거나 이를 소비하는 것과 유사할 수 있기 때문이다. 하지만 가장 중요하고 뚜렷한 차이점은 사냥에서는 생물체가 그 생명력을 잃어버리는 반면에, 사진 촬영에서는 포착된 그 순간 피사체의 생명력이 가장 생동감 있게 반영될 수 있다는 사실이다. 따라서 다음과 같은 의문들을 다시 제기할 수 있다. 이렇게 포토저널리즘을 실천하는 과정에서 그 방법론상의 문제는 과연 무엇인가? 이를 실천하는 것 자체가 내재적으로 잘못을 내포하고 있는 것인가? 포토저널리즘의 관심사에서 비춰 볼 때, 피사체는 그저 우리의 시각을 통해 수동적인 희생양으로 전락해 버리거나, 아니면 냉철한 관찰자에 의해 스스로를 표현하지 못하거나 저항할 수 없는 상태가 되는 것인가? 그렇다면 우리는 이른바 '포섭'이라는 문명화한 또다른 형식을 단순히 창조해내는 것은 아닌가?

인간적인 관찰자, 직업적인 관찰자, 감시인, 엿보는 자, 리포터, 예술가, 만담가, 사회과학자 등은 모두 무엇인가를 알아내기 위해 응시(stare)한다는 공통점을 지니고 있다. 이들은 맞은편의 누군가를 응시하면서 이러한 기회를 갖게 되고, 또 그 속에 비윤리적 과정들이 포함될 수도 있다. 반면에 이런 과정을 통해 실존주의적 논리에 의해 다른 사람을 이해하는 방법을 터득할 수도 있으며, 좀더 조심스럽게 타인을 감시하거나 혹은 시각적 변증법을 통해 제3자의 참여를 유도할 수도 있다. 또한 관찰되는 피사체 역시 어느 순간 관찰자가 되어 세상을 진솔하게 응시할 무한한 기회를 갖게 될 수 있다(Scott, 1973).

신중하게 숙고된 관찰은 무엇을, 왜, 어떻게 바라볼 것인가를 잘 검토한 것이다. 바람직한 관찰이란 상호 교환적이고 대인적이며, 공동제작 과정의 결과로 이미지 속에 리얼리티가 녹아 있는 것이라 할 수 있다. 또한 사진을 통해 중재되는 리얼리티만큼이나 바라보는 과정 자체를 중요하게 여긴다. 즉 관찰자와 피사체 모두의 권리와 책임감을 고려하는 동시에, 이들을 능동적이고 의식적으로 참여하게 만드는 셈이다. 그뿐만 아니라 바람직한 관찰은 가능하면 정직하게 상황을 바라보게 만들며, 그 과정에서 현장감과 권력이라는 리얼리티를 공유하게 만든다. 관찰자와 피사체 사이의 상호적 평등 관계와 이를 통해 중재되는 리얼리티의 기록 역시 신중하게 고려된다고 할 수 있다.

바람직한 관찰에서는 모든 관찰자가 눈에 보이는 장면을 단순히 지켜보는 것(watching)이 아니라 응시하고 기록하는 것이며, 어느 정도 피사체와의 설정을 결정할 수 있는 특권을 지니게 된다. 하지만 이 과정에서 모든 참여자들은 능동적이며 또 동시에 적극적인 관찰자가 되어야 한다. 물론 그렇다고 해서 이러한 변증법적 논리를 통해 사진가의 책임을 모두 부정하는 것은 아니다. 사진가는 전문적인 프레임을 갖춘 상태에서 의식적으로 어떠한 장면을 기록할 것인지 혹은 어떠한 비전을 기억할 것인지를 파악해야 하며, 이러한 판단이 연속적인 이미지 속에서 삶의 개인적 또는 집단적 모습을 이해하는 데 기여할 수 있어야 한다.

여기에서 프로페셔널 관찰자로서의 사진기자는 세상을 바라보는 좋은 매너에 대해 중요한 실마리를 얻게 된다. 일단 응시한다는 것 자체는 예의에서 어긋나는 것이다. 하지만 그 무례함이 관습에서 비롯된 것인지 아니면 상황에 따라 바뀔 수 있는 격세유전적인 경향인지, 이와 관련된 이슈는 다른 책에서 살펴보기로 한다. 다만 이 책에서는 신중하지 못한 프로페셔널 관찰이 그 응시 자체에 부도덕한 요소를 내재할 수 있음을 밝혀 둔다. 즉 우리가 얻고 표현하고자 하는 시각적 정보의 유형에서뿐만 아니라, 이를 진행시키는 인간적 행위와 상호작용 속에서도 비윤리적인 요소가 포함될 수 있다는 것이다. 그렇다면 여기에서 또다시 이런 질문들을 던지게 된다. 그 대안은 과연 무엇인가? 아예 모든 것을 쳐다보지 않는 것인가? 필자는 결코 그렇지 않다고 생각한다. 우리에게는 때로는 내키지 않아도 바라봐야 할 순간이 있으며, 또 때로는 시선을 외면해야 할 순간도 있다. 그리고 프로페셔널 관찰자가 아닌 관점에서 인간적인 피사체에 대해 기억해야 할 순간이 있는 것이다. 따라서 바람직한 관찰이란 좋은 대화와도 같으며, 지식을 중재하는 연속적인 과정을 통해 커뮤니케이션을 최상의 수렴 상태로 올려놓게 된다. 더군다나 바람직한 관찰은 시각적 대화라는 변증법에 우리 모두를 끊임없이 초대하고, 자극하고, 참여하게 만들어 무엇인가를 깨닫고 알아 가게 한다. 또한 이를 통해 문화를 보다 성숙하게 받아들일 수 있을 뿐만 아니라 사진기자 역시 이러한 방법론을 탐구해 가는 프로페셔널 관찰자로 인식할 수 있다. 또한 사진기자에게 절대적 객관성라는 불가능한 기대를 고집하지 않은 채 그를 최상의 이미지를 통해 심오한 지식을 전달하고자 하는 매개자로 해석할 수 있게 된다.

제 5 장
영혼을 포착하는 촬영
Stealing the Soul

제5장에서는 주로 피사체에 초점을 맞추고 있다. 게재될 사진의 피사체로 촬영될 때 그들은 과연 어떠한 감정을 느끼는가에서부터 그 사회적 권력과 관련된 신식민주의(neo-colonial) 이슈들에 대해 살펴보기로 한다. 또한 이제는 더 이상 사회가 사진 촬영을 당하거나 시각적 표현물의 피사체가 되는 것을 악의 없는 무해한 행동으로 간주하지 않는다는 것을 주요 전제로 삼고자 한다. 영상 르포르타주는 사람들의 삶에 긍정적이거나 부정적인 영향을 미칠 수 있으며, 그 영향력은 문화적 의식 속에 깊이 자리잡을 수 있다.

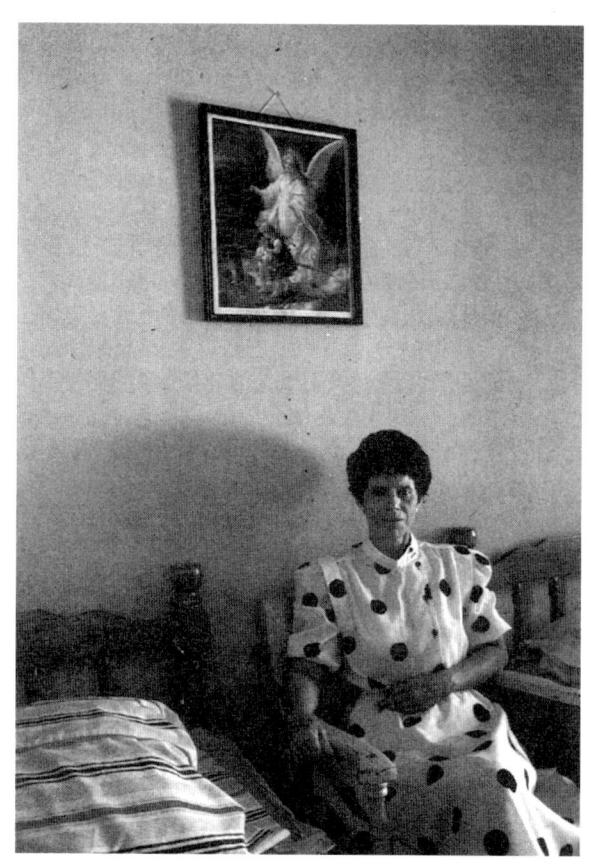

엘로이나(Eloina)와 천사. 비록 엘로이나는 사진이 영혼을 훔쳐 가는 과정이라고 믿지는 않지만 이 순간을 매우 진지하게 받아들였다. 조심스럽고 단정한 옷차림에 천사 사진 밑에서 포즈를 취한 후 카메라를 향해 호흡을 가다듬었다. 또한 사진가 역시 언제 셔터를 누를 것인지, 천사 사진을 포함시킬 것인지, 엘로이나의 그림자를 넣을 것인지 등을 선택하였다. 사진가와 피사체로서 나와 엘로이나는 공동으로 사진을 만들어내었고, 이러한 이미지는 최종 이미지 관람자의 인식에 영향을 미치게 된다. (사진: 줄리 뉴튼)

제5장

영혼을 포착하는 촬영

인류학자들은 아직도 이 세상의 일부 종족들은 사진을 찍는 행위를 영혼을 훔쳐 가는 것이라고 믿는다고 말한다. 흔히 이런 얘기들을 들어 본 적이 있겠지만, 이는 소박한 형태의 여러 문화 속에서 발생할 수 있는 신화론적 믿음이라 할 수 있다.

필자의 경우에도 고도의 감각을 지닌 인류는 이처럼 때로 우리가 잊고 지내 왔던 인간의 자연적인 본성뿐만 아니라 개개인의 이미지가 지니는 의미까지 모두 이해할 수 있으리라 믿는다. 때로는 그 속에 우리가 잘못 이해하고 있는 이미지도 있을 수 있겠지만 말이다.

먼저 본격적인 논의에 들어가기 전에

인간의 얼굴에 반사된 빛 에너지가 필름에 기록되거나 혹은 기타 유형의 흔적들이 이미지로 남게 될 경우, 그 속에 삶의 에너지 혹은 생명력이 전달된다고 말할 수 있는가? 또한 피사체가 정작 그러한 에너지가 포착되기를 원치 않는다면 어떻게 되는가? 이러한 상황은 누군가의 영혼을 훔쳐 가는 것이라 할 수 있지 않을까? 벨로프(1985)는 사진을 촬영할 때 "자아가 빠져나가는 것(p. 178)"을 두려워하는 것은 보편적 현상이라고 말한다. 물론 우리는 이 시점에서 물리적인 전이(transference)나 에너지의 유출이 어떻게 이 가상현실의 시대에 심오한 은유적 상징을 만들어내는지를 입증할 필요까지는 없다. 단지 여기에서는 적어도 현대의 이미지들이 어떠한 방식으로 우리의 영혼을 포착하는가에 대해서는 고려해 볼 필요가 있다.

이 분석을 시작하려면 먼저 '생명력(life force)' '내적 자아(inner self)' '영혼(soul)'에 대한 정의부터 살펴보는 것이 좋을 듯하다. 『인류학 사전(The Dictionary of Anthropology)』(Winick, 1956)에서는 '영혼'을 다음과 같이 정의하고 있다.

> 특히 인간 개인의 삶에 있어서의 역동적인 본질 또는 실체를 말한다. 영혼은 복합적인 양상을 띠며 육체적 행위를 통해 드러날 수 있으며, 그림자처럼 그늘져 나타나거나 혹은 영상처럼 반영될 수도 있다. 영혼을 바라보는 초기의 관념은 대개 생명력을 일으키는 인간의 그림자로 여겨졌는데, 독립적인 의지나 의식을 소유하고 있으며 인간의 존재에 영향을 미치면서 상상이나 환상을 통해 나타날 수도 있다. 누구나 삶이 지속되는 동안은 의식적인 생명력을 소유하고 있으며, 죽음에 이르러서는 소멸된다. 또한 영혼에 대한 이미지는 마치 꿈처럼 나타날 수 있기 때문에, 이는 육체로부터 분리된 것처럼 느껴지기도 한다. 하지만 생명력이 육체에 소속되어 있는 한, 이러한 영혼이나 정신 역시 이에 속해 있는 동시에 또 부분적으로는 실체가 없는 영원불멸의 것으로 여겨지기도 한다(pp. 495-496).

영혼에 대한 생각들은 윤리적·문화적·인식적·철학적 경계를 넘나든다. 또한 최근 들어서는 대중문화에서도 과거에는 주로 종교적 문화 범위에 속해 있었던 영혼에 대해서도 초점을 맞추고 있다. 진정한 자아를 확립하기 위한 심리학적인 생각들을 다룬 무어(Moore)의 「영혼의 보살핌(Care of the Soul)」(1992)에서부터 시각적 인식과 신경생리학과 의식에 관련된 노벨상 수상자들의 논의를 다룬 크리크의 「놀라운 가설: 영혼에 관한 과학적 연구(The Astonishing Hypothesis: The Scientific Search for The Soul)」에 이르기까지, 이에 관한 논문들도 다양한 방향성을 제시하고 있다.

이러한 논문들은 대개 영혼을 인간의 독특한 본질적인 정수로 파악하고 있다. 하지만 여기에서는 영혼이 영원불멸한 것인지 혹은 단지 필연적인 소멸을 거치는 신경세포에 불과한 것인지에 대한 논의는 물론 제외하기로 한다. 이 책에서의 이슈는 영상 르포르타주가 피사체의 깊은 내면적 근원에 어떠한 영향을 미치는지와 관련된 것이기 때문이다. 이 논의를 위해 영혼은 자아상(self-concept)보다는 보다 포괄적인 의미로 언급되는데, 인간이 생물체(타인이 그를 보는 방식에 의해 그 자아가 영향을 받는 생물체)로서 살아가고, 생각하고, 감정을 느끼고, 행동하게 만드는 근원으로서의 모든 것이 포함된다.

■■■

먼저 사진 촬영 자체가 불가능하던 때를 생각해 보자. 당시에는 엘리트들이 충분한 부를 축적해 초상화를 의뢰했으며, 그 내용과 개인적인 표현 스타일을 조절하기가 비교적 쉬웠다.

하지만 불과 160여 년이 흐른 지금, 우리는 사진 촬영을 일상생활의 일부로 받아들이게 되었다. 생일 파티, 결혼식, 기자회견, 교통사고, 전쟁, 일상적인 삶의 모습 등에 사진이 포함되지 않는 경우는 거의 없다. 그렇다면 이렇게 시각적 이미지들을 기록하는 방식의 커다란 변화를 통해 우리가 얻은 것과 잃은 것은 과연 무엇일까?

인류학자인 에드문트 카펜터(Edmund Carpenter, 1975)는 「자아 인식이라는 종족 테러(The Tribal Terror of Self Awareness)」에서 거울을 통해서 자신의 이미지를 한 번도 본 적이 없으며, 스틸 사진이나 필름에 대해서도 전혀 모르는 사람들로 이루어진 종족에 대한 그의 경험들을 기술하고 있다. 그에 따르면 폴라로이드를 보여주었을 때 그들은 놀라거나 두려운 반응을 보이면서 어디론가로 혼자 사라져 그 이미지를 연구하곤 했다고 한다. 카펜터는 "산업화한 인간은 이미지를 만드는 테크놀러지를 당연하게 받아들이며 이를 개인적으로 혹은 환경적으로 활용하기도 하지만, 그만큼 컴퓨터 이미지에 마비되어 있는 탓에 육안으로 보지 못하는 내면의 갈등이나 자아의 발견 등은 상실하고 있다(p. 461)"고 지적한다. 또한 그는 처음 사진을 접했던 뉴기니인들 역시 아주 빠른 속도로 이 과정에 적응하고 있다고 밝히고 있다.

앞서 언급했듯이, 우리의 논의에는 다른 대상물을 표현하는 것으로서의 '이미지'도 포함된다. 이러한 이미지들은 원시시대부터 특별한 상징물로서 자리잡아 왔는데, 인류학에서는 '이미지'를 다음과 같이 규정하고 있다.

> 악마를 쫓거나 악의 영향을 피하려는 목적에서 만들어진 상징적 재현물을 말한다. 또한 이는 흔히 최면과 관련되어 서로의 눈을 응시하는 형태에서부터 출발된다고 할 수 있다. 악을 몰아내는 주술적인 이미지는 원시문화에서 주로 존재해 왔으며, 그들은 대상을 유사하게 묘사한 그림이나 재현물이 원래의 피사체와 동등한 힘을 갖는다고 여겼다(p. 277).

반면에 벨로프(1985)는 20세기 후반의 이미지 테크놀러지에 대해 이렇게 언급하고 있다.

> 사진은 복사물의 일종이다. 비록 우리는 자신만의 영토나 공개적인 공간을 비롯해 모든 종류의 바라본다는 것에 마음을 열고 있지만, 사진 속의 우리는 전혀 다르다. 그 시각적 복사물은 영속적이고 휴대 가능하며, 뛰어난 재생력과 대중성뿐만 아니라 판매력까지 갖추고 있다(p. 216).

이러한 사진 이미지의 표현이라는 개념에 있어 보다 심층적인 분석에 들어간 이로는, 세기말의 위대한 사진가이자 미학자 알프레드 스티글리츠를 들 수 있다. 스티글리츠는 그의 '이퀴벌런트 이론(Theory of Equivalents)'을 통해 물리적 세계를 추상적 순수 개념으로 전이시켰다. 후기로 들어서면서 그는 피사체 자체보다는 형태를 통해 감정적·심리적인 의미를 전달했는데(Newhall, 1964), 자신의 생각, 희망, 열망, 절망, 두려움에 대한 등가물(equivalents)로써 수백여 장에 이르는 하늘과 구름 사진 시리즈를 촬영하였다(Rosenblum, 1984, p. 335). 뉴홀(1964)은 등가를 이루는 스티글리츠의 표현물에 대해 이렇게 적고 있다.

> 객관적으로 바라본다면 깊은 흑색조, 어렴풋하게 흔들리는 회색빛, 그리고 작열하는 듯한 백열빛 등이 어우러진 이 풍부한 계조의 사진들은 우리에게 순수 미학의 형식미를 바라보는 즐거움을 안겨 준다. 이 사진들은 추상적인 이미지로서 그 예증이 되는 중요성을 담고 있다. 하지만 역설적으로 이를 바라보는 관중들은 그 자리를 뜨기 전에 과연 무엇이 촬영되었는가를 직감적으로 알아차리게 된다. 그들은 자신의 눈으로 바라보는 형태들이 어떠한 의미를 지니는가를 깨닫게 되고, 이는 인식적인 동요나 충격으로 이어진다. 또한 동시에 이러한 미학적 아름다움이 일상적인 평범함으로부터 비롯된다는 사실에 경이로움을 표하게 된다. 그리고 이것이 바로 카메라가 지닌 권력(power of the camera)이라 할 수 있다. 스티글리츠는 친숙한 장면들을 포착해 이에 새로운 의미를 부여하고, 독창적인 개성을 불어넣어 특별한 의미로 전이시키고 있었다(p. 113).

인간을 표현하는 스티글리츠의 이론을 통해, 우리는 누군가의 사진이 등가물로 전이되거나 추상화할 수 있음을 논의하게 된다. 이를테면 형태와 모양을 통해서도 인물 피사체를 이차원적인 공간에 이미지화할 수 있으며, 이 등가물에 새로운 의미나 특별한 중요성을 부여할 수도 있다. 이때 사진은 사진가의 감정이나 피사체의 감정뿐만 아니라 이미지가 만들어지는 그 시간대의 세계나 그 순간의 상호작용 등을 나타내는 등가로서의 표현이 가능하다. 또한 스티글리츠의 이퀴벌런트 이론은 촬영할 때 사람들이 느끼는 긴장감을 설명하는 데도 도움이 된다. 이미지는 만들어지는 그 순간을 뛰어넘어 새로운 의미와 중요성이 부가되는데, 그 이미지는 인물을 묘사한 형식적 재현물인 동시에 그 사람의 인장(imprint)과도 같은 역할을 하기 때문이다. 그렇다면 이러한 이미지 등가물이 우리 마음속에서 결국 기능적 등가물로 혼돈될 수 있다는 것과 영향력을 발휘할 수 있게 되는 것은 요원한 일인가?

　이제 이 문제를 다른 관점에서 살펴보기로 하자. 먼저 사람, 순간, 사건, 장소 등의 등가물로서 사진을 촬영하는 경우를 생각해 보기로 한다. 이러한 상황에는 결혼식, 아기의 탄생, 사랑하는 사람과 더 이상 함께하지 못하는 순간 등이 있을 수 있다. 할아버지의 사진, 선조들의 초상화, 부모님이 갓 결혼했을 때의 사진 등은 적어도 우리에게는 그 순간이 다시 돌아올 수 없기에 혹은 카메라가 아니었다면 그 이미지를 더 이상 눈으로 추억할 수 없기에 더더욱 소중한 의미를 지니게 된다. 아이들의 졸업 앨범이나 사진이 특별한 의미를 지니지 않는다면 우리가 왜 매년 이를 촬영하겠는가? 또 휴가 여행에서 기념으로 사진을 남겨 놓을 이유가 무엇이겠는가? 더군다나 사진 속에 재현되는 우리의 모습이 어떠한가를 세심하게 신경쓰는 이유가 무엇이겠는가?

　실제로 다양한 문화권에 따라 달라지겠지만, 결혼 50주년의 사진을 촬영한다거나 장례식에서 고인이 마지막으로 가는 장면을 촬영하는 것은 그 이미지들이 우리에게 중요한 의미를 지니고 있기 때문이다. 그 속에는 내재된 상징적 내용들이 담겨져 있을 뿐만 아니라 우리가 투영하고 싶은 등가물이 담겨져 있다.

　우리가 사진을 촬영하거나 이를 바라보는 중요한 이유 중의 하나는 더 이상 물리적으로 존재하지 않는 누군가나 그 어떤 것에 대한 경험을 연장하고 싶기 때문이다. 등가물로서의 사진은 우리에게 과거의 경험이나 기억들뿐만 아니라 이미지를 바라보는 현재의 경험까지 상기시켜 준다. 또한 사진의 이러한 등가로서의 가치는 역동성을 지니면서, 현재의 경험과 과거의 기억들이 통합되어 새로운 의미를 만들어내기에 이른다. 심지어는 우리가 지금껏 경험하지 못한 처음 보는 사진을 바라볼 때에도 이 이미지는 의식적 혹은 무의식적 기억력을 자극해, 현재의 경험에 개인적 의미를 덧붙여 나가게 된다.

　이처럼 이미지를 바라볼 때 개인적인 기억은 대인적 경험에 통합되어 새로운 단계의 등가물을 형성하게 되고, 물리적인 세상에 대한 우리의 인지에 영향을 미치며, 또 이에 따라 우리의 행동도 이끌게 된다. 또한 이 과정은 실제 인간의 행동에 때로는 폭력적이거나 때로는 도덕적으로 이상화한 영향력을 미치게 된다고 할 수 있다. 더군다나 이처럼 등가물로서의 이미지가 미치는 효과는 피사체나 사진가에게뿐만 아니라 이 이미지를 바라보는 제3의 타인들, 즉 관중들의 관점에도 적용되는 셈이다.

영상 르포르타주와 감정

영상 르포르타주는 이를 제공하는 사람들에 따라(촬영되고 게재되는 피사체의 삶의 스토리 유형에 따라) 그 감정적 반응이 달라질 수 있다. 하지만 여전히 우리는 사진가의 행동이 사진 이미지를 통해 어떻게 대중매체에 지대한 영향을 미치는가, 혹은 서로 다른 방식으로 사람들이 촬영될 때 그들은 과연 어떠한 감정을 느끼는가에 대한 이해가 부족한 상태이다.

이러한 이슈들은 이미 영상사회과학으로 분류되는 사회심리학, 영상인류학, 영상사회학 등에서 풍부하게 다룬 바 있다. 제3장에서도 언급했듯이, 사회심리학자인 밀그램은 인간의 '사진적 행동(1977b)'에 대해 연구했는데, 연속적인 실험을 통해 카메라의 존재가 눈앞에 있을 때 흔히 친사회적인(prosocial) 행동을 보인다고 밝히고 있다(1977b). 이를테면 자선 모임에서도 카메라가 그들을 향해 있을 때에 사람들은 보다 많은 돈을 기부하거나 명예로운 행동을 하는 것으로 드러났다. 즉 사진가라는 존재가 가세할 경우, 심지어는 스냅 사진을 포착할 때조차도 피사체와 사진가는 훨씬 더 긍정적 대인관계로 들어서게 되는 셈이다(Milgram, 1977a). 또한 거리 실험을 통해 밀그램은 행인들 역시 피사체와 사진가의 공간을 조심스럽게 존중해 준다고 지적하고 있다.

사람들은 비록 자신이 피사체가 아니더라도 사진적 행위에 따라 그들의 행동을 변화시키며, 사진가와 피사체 역시 사진 촬영이 진행되는 동안만큼은 사회적인 기준을 따르는 것으로 나타났다. 이러한 사회적인 규칙은 문화, 개인적 특성, 전후 상황, 원하는 사진 촬영의 결과, 사진가의 권위 등에 따라 달라질 수도 있다.

밀그램은 또다른 연구를 통해 이러한 이슈의 직접적인 관련성을 언급하고 있는데, 그는 '권위와 복종(obedience and authority)'이라는 실험(1974)에서 다음과 같이 기술하고 있다.

> 흔히 규칙에 익숙해지면서, 권위에 순응하거나 별다른 반발심없이 무감하면서도 철저하게 행동하게 된다. 이를테면 인간은 일상적인 삶에 대해 책임을 지면서 이 권위라는 틀에서 행동하게 되는데, 이들은 명령이 내려지면 자신들의 '인식(perceptions)'을 조절한 후 실험자가 규정한 상황들을 '비평없이' 받아들이면서 거친 행동까지도 정당화시켜 나간다(p. 121).

밀그램은 전기충격을 가하는 실험에서(가해자들은 피험자들이 실제로는 전기충격을 받지 않으며, 이를 가짜로 연기하고 있다는 사실을 모른 채), 권위자의 별다른 지시가 없자 피험자가 비명을 지르더라도 전기충격을 계속 가한 점을 지적한다. 이처럼 사진 피사체 역시 사진가의 권위 속에서 그들의 행동을 조절하며, 반면에 사진기자의 경우 인류의 '목격자'라는 권위적인 역할 하에 자신이 촬영하는 피사체의 감정이나 상황에 무감하면서도 냉혹한 반응을 보일 수 있다.

감정 탐구

하지만 권위와 복종이라는 이러한 이슈는 한편으로는 사진기자와 상호작용이 이루어지는 상태에서 사람들이 어떠한 감정을 느끼는가와도 관련이 있다. 그렇다면 여기에서 우리는 그들의 감정을 어떻게 연구해야 하는가? 심리학자인 덴진(Denzin, 1984, p. 49)에 따르면 "감정(emotions)은 자아에 대한 느낌이 일시적으로 구체화한 상태로, 이로 인해 감정적·인식적·사회적 행동(사람들이 스스로에게 그렇게 명령을 내렸든지 아니면 타인에 의해 그러한 명령이 내려졌든지)을 불러일으키는 것"으로 규정된다. 따라서 감정은 "자아와의 상호작용 혹은 타인과의 상호작용이 포함된 사회적 행동"일 때 가장 극대화할 수 있다(p. 61). 흥미롭게도 덴진은 "감정의 주요 의미와 그 연구는 평범한 일반인들이 범상치 못한 성과를 얻었을 때 가장 잘 드러난다"고 말하고 있다(pp. 278-279). 물론 이에는 르포르타주의 본질도 포함되어 있는데, 이 역시 평범한 피사체가 범상치 못한 환경에 처해 있을 때 혹은 무엇인가 특별한 일을 만들었을 때의 보도(report)이기 때문이다.

이러한 '사회적 행동'은 공개적으로 '자아와 타아' 사이의 상호작용이 이루어지고 있는 동안에, 특정한 역할을 담당하고 싶은 인간적 경향이라고 볼 수 있다. 고프만(1973)은 이러한 경향을 스스로의 인상을 조절해 타인에게 보여주기 위한 '표상적 자아(presentational self)'를 만들어내는 것이라고 간주한다. 자의식과 관련된 이러한 연구 결과들은 대개 사람들이 자신에게 발생한 일이 공개적일 때 다양한 감정적 반응을 보이고 있음을 시사하고 있다. 심리학자인 아놀드 버스(Arnold Buss, 1980) 역시 자의식의 정도에 따라 개인마다 그 공개적인 반응이 다를 수 있다는 점을 이론화하고 있다. 아놀드 버스는 사회적 불안과 걱정에 초점을 맞추었는데, '예민한 공적 자의식'을 갖고 있는 사람일수록 타인의 존재 앞에서 한층 더 불편함을 느끼기 마련이라고 지적한다. 당혹스러움, 부끄러움, 관중에 대한 우려와 걱정, 수치스러움 등은 이들이 촬영을 당할 때 경험하는 개인적 감정이기도 하다. 또한 그는 인간은 누구나 은밀하거나 혹은 공공연한 행동을 보일 자아를 지니고 있다고 밝히고 있다(1980).

우리는 타인은 전혀 알지 못하는 생각, 감정, 이미지, 기억, 야망 등을 갖고 있으며, 누군가에 의해 관찰당할 때 웃거나, 울거나, 대화를 나누거나, 혹은 공격적이 될 수 있다. 더군다나 내적 자아와 외적인 타아 혹은 개인적인 감정과 공개적인 행동 사이의 뚜렷한 차이도 첨예하게 받아들이고 있다. 마치 끔찍한 저녁 식사를 마친 후에 여주인에게 아주 맛있는 식사를 했다며 감사의 말을 전하는 것처럼(p. 3).

즉 이처럼 인간은 누구나 특정한 감정을 느끼지만, 행동은 전혀 별개로 나타날 수 있기 때문에 그 감정에 대한 복합적인 연구가 이루어질 수밖에 없다.

실제로 한 사람이 다른 사람을 촬영할 때, 수많은 요인들이 피사체의 감정에 작용하게 된다. 대개 포토저널리즘을 행할 때, 때로는 사진기자의 명령이나 지시가 완전히 결여된 상황이 있을 수 있다. 예를 들어 사진기자가 거리의 폭동을 기록한다고 가정해 보자. 피사체들이 촬영당하고 있다는 사실을 전혀 모른 채 촬영을 할 경우에는, 그 행동들은 사진가의 조절 범위를 벗어난 것이다. 반면에 사진가의 명령이나 지시가 미묘하게 작용할 경우에는 그저 관찰 행위 자체만으로도 사회과학에서 말하는 '호손 효과(Hawthrone effect)'가 발생할 수 있다. 이를테면 피사체들은 그들이 촬영당하고 있다는 사실을 의식한 채 사진가의 존재 자체에 반응하면서 '사회적 행동'을 변화시키는 분발 효과가 만들어질 수 있다. 때로는 사진가의 지시사항이 정교한 힘을 발휘할 때도 있는데, 이러한 상황에서는 사진가가 피사체에게 복합적인 행동을 수행하도록 요구할 수도 있다. 예를 들어 올림픽 선수가 금메달을 따고 돌아왔을 때, 사진기자가 가족들에게 환영의 포옹 행위를 다시 한 번 더 반복하도록 부탁하는 경우이다. 이러한 사진은 다른 사진기자가 이미 포착한 연출되지 않은 장면보다 훨씬 더 강렬한 시각적 효과를 발휘할 수 있다. 물론 과거에는 이렇게 반복해서 연출되는 사진이 흔했지만, 사진기자들이 여전히 보다 인상적인 이미지를 얻고자 노력함에도 불구하고 지금은 사실상 거의 금기시되었다고 할 수 있다(personal communication, Newton, 1994-1999).

이번에는 비교적 평범한 상황에서 신문이나 잡지에 게재될 사진을 촬영할 때, 과연 사람들은 어떠한 감정을 느끼고 반응하는지를 살펴보자(Newton, 1991, 1994). 이러한 상황에서도 사람들은 흔히 카메라나 사진기자의 존재 앞에서 그들의 행동을 변화시키며, 강한 자의식을 느끼는 동시에 어느 정도의 불편함을 느끼게 된다. 사진가의 존재나 촬영 설정이 그다지 위협적이지 않음에도 불구하고, 촬영이라는 것 자체만으로도 대개는 실제 상황(행동을 변화시키거나 의식적인 행동을 할 필요가 없는)보다 훨씬 더 큰 압박감을 느끼는 것으로 드러났다. 대중매체를 통해 국제적으로 자신의 사진이 게재된다는 사실을 알고 있는 상태에서는 본능적으로 자의식이 더욱 강해지거나 그만큼 상처받기 쉬운 감정을 갖게 될 수 있다. 또한 사진기자가 사진적 행동으로 연출되지 않은 피사체의 행동을 기록할 때에도(예를 들어 매체의 영향을 받지 않는 문화권에서), 피사체의 천진난만한 행동은 '연출된 촬영'이 불러일으키는 효과보다 더 윤리적인 문제를 야기시킬 수도 있다.

이밖에도 과학적으로 진행된 한 실험에서 '피사체들은 틀에 얽매이지 않은 자유로운 지시사항보다는 직접적인 지침에 더욱 오래 반응하는 것'으로 나타났다(Newton, 1991, 1994). 또한 좀더 권위적이고 직접적인 지침보다는 자유로운 지시사항에 대해 긍정적인 느낌을 덜 받는 것으로 밝혀졌다.

물론 사진기자들은 자신은 피사체에게 촬영사항을 지시하지 않으며, 그곳에 있는 그대로의 장면(what out there)을 보고하는 것이라는 주장을 함으로써 이러한 연구에 의문을 제기할 수도 있다. 연출된 사진이나 지시된 사진은 과거와는 달리, 현대의 뉴스 사진에 있어 사실상 금지된 것이기 때문이다. 실제로 어느 누구도 로버트 케네디의 암살 사건에서 사진기자가 좀더 나은 사진을 촬영하기 위해 이를 연출하거나 지시했다고 여기지는 않는다. 하지만 매일 매일 언론에 보도되는 사진들은 대개 피사체와 사진기자 사이의 상호작용이 가미된 좀더 미세한 특성을 지니고 있다. 따라서 일부 스포트 뉴스(spot news) 장면의 경우, 사진기자의 광범위한 관찰 자체가 무언의 지시사항을 전달하는 것이 될 수 있다(Newton, field notes and photographs, 1994-1999). 일례로 우리는 보다 많은 광량을 받기 위해 피사체에게 좀더 창가 쪽으로 다가설 것을 부탁하는 사진기자를 흔히 볼 수 있다. 또한 사진기자가 피사체의 클로즈업 사진을 촬영하기 위해 보다 가까이 다가서는 공격적인 움직임을 취할 수도 있으며, '한 번만 더 포즈를 취해 줄 것'을 요구할 수도 있다. 사진기자는 빈번하게 피사체에게 '아무런 지시없음'을 암시하기도 한다. 예를 들어 사진가는 피처 스토리를 촬영하기 위해, 피사체에게 "제가 여기 있다는 사실을 잊어버리십시오. 저는 그저 벽면에 붙어 있을 겁니다"라고 얘기할 수 있다. 하지만 그의 존재가 아무런 말을 하지 않더라도, 촬영 장비 자체가 이미 상황을 변화시키고 마는 것이다.

인류학자인 미드와 뱃슨(Mead & Bateson, 1977)은 현지 촬영에서의 이러한 현상은 사진가가 카메라를 특정한 방향으로 이동시키거나 장면을 특정한 방식으로 프레임하지는 않더라도, 그저 카메라가 자동적으로 작동할 경우에도 빈번하게 일어날 수 있음을 시사하고 있다. 또한 밀그램(1977a) 역시 사람들은 카메라라는 존재 앞에서 자신들의 행동을 변화시키며, 이러한 현상은 마치 적색 불이 켜질 때 교차로를 질주하는 운전자를 적발하기 위해 부착된 감시 카메라와 유사한 효과를 만들어낸다고 적고 있다.

이 장을 마치며

사진가는 영상 르포르타주를 행함에 있어서 여러가지 장애요인에 부딪히게 된다. 대중적 이미지를 스스로 조절하려는 권위적인 정치인에서부터 전쟁, 기상 이변, 거리의 폭동, 촬영 자체를 거부하는 내밀한 공간 등과 싸워야 할 뿐만 아니라 어떠한 사진을 게재할 것인가에 대해 편집자나 취재기자와 논쟁을 벌일 수도 있다. 그렇다면 이렇게 여러 복합적인 요인에도 불구하고 굳이 피사체

제5장 영혼을 포착하는 촬영

의 감정까지 고려해야 할 이유는 무엇인가? 바로 여기에 언론, 신문, 종교의 자유 등을 보장한 '수정 헌법 제1항(First-Amendment)'의 공리주의가 적용된다. 비록 우리는 이론적으로는 누구에게나 자신의 생각을 말할 수 있는 권리가 있다고 믿고 있지만, 적어도 우리가 말하고 쓰는 것에 대해 분별력을 발휘할 필요가 있기 때문이다. 사진 피사체에도 마찬가지로 이러한 공리주의가 적용되는데, 심지어는 사진기자가 피사체의 절망적이거나 영광스러운 순간을 촬영할 법적인 권리가 있다고 하더라도, 이들은 사진 촬영에 신중한 분별력을 보여야 한다. 또한 바람직한 사진기자라면 어느 누구도 이러한 분별력에 대해 반박의 여지가 없을 것이며, 피사체에게 해악을 끼치지 않을 윤리강령과 행동지침을 준수하게 될 것이다(American Society of Media Photographers, 1998; National Press Photographers Association, 1998). 따라서 사진기자들 사이에서의 전문가다운 행동지침이 강조되는 것은 물론이고, 피사체나 보는 사람들 사이에서도 이러한 공개적인 교육이 이루어지는 것이 마땅하다.

사실 포토저널리즘의 상호작용이 늘 편안할 수만은 없다. 대개 뉴스 보도는 비탄에 잠긴 사람들에게 불가피하게 빈번히 초점을 맞추기 때문인데, 그럼에도 불구하고 우리는 그 스토리의 당사자인 피사체의 감정이나 반응의 중요성을 이해하고 인정할 수 있어야 한다. 르포르타주의 일부로서 촬영될 때 피사체들이 느끼는 감정과 반응은 그 자체만으로도 휴머니즘과 윤리적인 문제를 불러일으키기 때문이다. 또 '인간을 가장 근본적인 중심점에 올려놓는 이론'을 주창한 윤리학자 크리스티앙(Christians, 1996)의 말처럼, 이러한 이슈와 관련된 비평을 기각하는 것은 '포토저널리즘의 가장 우려스러운 점'이 되기 때문이다(p. 241).

제6장
게이트키퍼의 역할
Tending the Gate

르포르타주의 관문(gate)을 지키며 게이트키퍼의 역할을 하는 사람은 권력을 지니게 된다. 뉴스나 정보의 유출을 통제하는 게이트키퍼는 대중에게 무엇을 알릴 것인가, 어느 선의 정보가 적당할 것인가, 뉴스란 무엇인가, 대중에게 어떤 정보를 보여줄 것인가, 콘텐츠와 마케팅을 통해 여론을 어떻게 조절할 것인가 등을 결정하는 사람들을 말한다. 이들은 논란이 되는 기사를 1면에 전폭적으로 게재할 것인가 아니면 간지에 내밀하게 내보낼 것인가를 결정한다. 또한 뉴스의 자원이 믿을 만한 것인가, 광고주나 독자들의 반감을 사더라도 그 기사를 게재할 것인가, 하드 뉴스보다는 소프트 뉴스나 피처에 방송시간을 더 할애할 것인가, 소규모의 커뮤니티나 대도시의 주류 중 어느 쪽에 초점을 맞출 것인가 등등을 판단한다. 이밖에도 게이트키퍼는 '익사 장면을 다룬 사진 게재가 동일한 장소에서 또다른 희생자가 나오는 것을 막을 수 있는가 아니면 그저 비극적인 상황에 초점을 맞추어 신문을 판매하려는 것인가'에 대한 해답을 얻으려 끊임없이 노력한다. 따라서 제6장에서는 이처럼 이미지나 비디오 클립이 출판매체나 방송의 여러 관문을 거치면서 과연 어떠한 방식으로 전파되는지에 대해 살펴보기로 한다.

1996년의 선거일. 1996년 11월 5일, 정오에 열리는 사진편집회의에서 『뉴욕 타임스』 기자들이 다음날 신문에 게재될 사진을 두고 논의를 하고 있다. 사진기자인 낸시 리가 데스크에서 사진을 들어올리고 있으며, AME 그래픽스의 톰 보드킨(정면 오른쪽)은 연출되어 만들어진 사진을 폐기하는 건에 대한 의견을 제시하고 있다. 낸시 리로부터 시계 방향으로 사진 편집자인 로니 쉴레인, 아트 디렉터 짐 퀸란, 특별 프로젝트 편집자 마르곳 슬라이드, 사진 편집자 마가렛 오코너, 아트 디렉터 콜린 밀러 등이다.(사진: 줄리 뉴튼)

제 6 장

게이트키퍼의 역할

신문사진기자는 어느 누구보다도 실제인물들을 많이 접하지만,
최종적으로 무엇을 게재할 것인지를 결정하지는 않는다.
— 아이서트(Eisert, 1998)

나는 의제설정(agenda-setting)을 하지 않는다.
그곳에서 무슨 일이 일어나는가가 바로 의제가 되기 때문이다.
— 스태플턴(Stapleton, 1998)

많은 사람들이 우리를 신뢰하며 1페이지 전면에 게재된 사진을 중요하게 여긴다.
— 랄프 랭거(Ralph Langer, 1997, *The Dallas Morning News*)

현 AP통신사의 사장인 루이스 D. 보카디는
주요 목표로 뉴스 산업의 신뢰를 지키는 일을 꼽았다.
보카디는 뉴스 가치가 있는 일을 앞에 두고 동시대의 편집국과 뉴스 데스크에서
"과연 AP에서는 뭐라고 언급할까"를 물어 왔다고 말한다.
이는 뉴스 보도에 있어서 AP통신의 중요성을 입증하는 동시에
그들이 우리를 신뢰하고 있다는 증거라 할 수 있다.
— 아넷(Arnet, 1998)

매스 커뮤니케이션 이론을 형성하고 있는 주요 개념 중의 하나는 뉴스 보도의 실제적 권력은 '게이트키퍼'에게 있다는 것이다. 게이트키퍼는 언제 어디에서 무엇을 할당하고 게재할 것인지, 혹은 그 기사를 어떠한 방식으로 프레임할 것인지를 결정함으로써 정보의 유출을 통제한다. 흔히 우리는 주요 게이트키퍼로 편집자를 떠올리게 된다. 하지만 수많은 매체 비평가들은 20세기 후반 뉴스 미디어를 소유하고 있는 거대 복합기업이 실질적인 게이트키퍼로 등장하면서 편집자들은 그 권력을 잃었으며, 실익과 기업적 가치 속에 바람직한 저널

리즘의 기준이 잠식되었다며 우려를 나타내기도 한다(Herman & Chomsky, 1998; Herman & McChesney, 1997; Mcchesney, 1997, 1999; Miller, 1996; Schiller, 1996).

사실 게이트키핑에 관한 논의를 좀더 세부적으로 한다면, 수많은 사람들이 제작, 콘텐츠, 메시지의 사용 등에 다양한 영향을 미치고 있음을 알 수 있을 것이다(Shoemaker & Reese, 1996). 하지만 이 장에서는 대형 신문사에서의 전형적 게이트키퍼인 취재기자(reporter), 기사 편집자(word editor), 사진 편집자(picture editor), 디자이너(designer), 마케팅 디렉터(marketing director), 발행인(publisher) 등의 여섯 단계에서 이를 살펴보기로 한다.

기사 편집자는 뉴스와 섹션 기사들을 다루며, 편집장의 경우 전반적인 기사의 발행을 책임진다. 또 사진 편집자는 뉴스 보도의 시각적 측면을 맡는데, 사진기자에게 사건의 취재를 할당하거나, 이미지 샷을 검토하거나, 최종적으로 게재할 이미지를 결정하거나, 원본 이미지의 처리 및 보존을 총괄한다. 반면에 디자이너는 사진과 글을 동시에 검토하면서 시각적 요소와 언어적 요소 사이를 유기적으로 통합시킨다. 또한 각 단계에 있어서 대중에게 그 내용을 전달하는 관문(gate)이 열리거나 닫힐 수도 있다. 이밖에도 직급이 올라갈수록 게이트키퍼는 전체적인 기사를 두루 총괄하게 되는데, 이들은 언어와 사진이 통합된 뉴스 보도를 검토하며 사진기자와 일반 취재기자가 다룰 이슈들도 설정해 준다. 또 이 과정에서는 카피 편집자 역시 권력을 지니게 되며, 그는 헤드라인 기사를 프레임하거나, 사진을 크롭핑하거나, 뉴스 보도의 공정성과 정확성을 검토하게 된다.

사실 위의 모든 과정들은 게이트키핑 이론의 전형적 단계라 할 수 있다. 하지만 최근 들어서는 저널리스트들이 출판물의 마케팅 권력에 대해서도 더욱 깊은 관심을 기울이고 있는 실정이다. 한때는 뉴스국에서 광고부와 편집부가 분리되어 있었기 때문에 광고와 저널리즘의 분리가 이상적인 것처럼 여겨졌다. 하지만 지금은 광고부와 편집부가 상호 논의를 통해 각 신문이나 잡지의 발행부수, 이익, 언론 시장에서의 생존법 등에 대해 검토하고 있다. 또 최종적으로는 발행인 혹은 사주를 게이트키퍼로 들 수 있는데, 아메리카 온라인, 디즈니, 웨스팅하우스, 제너럴 일렉트릭 등의 국제적 복합기업이 이에 해당한다. 이러한 사주들은 대개 언론 산업이 다른 비즈니스 이익에 비해 비교적 작은 비중을 차지하고 있다(Miller, 1996).

실제로 뉴스 콘텐츠에 영향을 미치는 요인은 매우 다양하기 때문에, 이 과정에서 매일매일 '시각적 진실'을 구성하는 이미지들을 선별해 결정을 내릴 수 있어야 한다. 그렇다면 관문을 지키려는 게이트키퍼의 결정방식에 영향을 주는 요인들은 무엇인가? 이에는 사건의 바람직한 취재 방향, 뉴스로서의 가치, 편집지침, 독자들의 반응, 발행부수, 언론계에서의 생존전략, 이익뿐만 아니라 법적이거나 윤리적인 문제 등이 포함될 수 있다.

이제 사건의 촬영을 넘어서 관문을 지키는 사진 편집자의 역할을 한번 들여다보자. 관문을 지키는 일은 이미 사건 취재 이전부터 결정된 것이기도 하다. 편집자의 아이디어나 생각들은 특정한 취재로 이어지며, 사진기자는 이에 따라 촬영을 선택하게 된다.

또한 다음의 시나리오를 상상해 볼 수도 있다. 만일 대형 신문사에서 선거가 있기 몇 주 전 혹은 한 달 전부터 미리 취재에 들어간다고 가정해보자. 이 촬영 현장에는 아마 수많은 사진기자들이 동원될 것이다. 이를테면 특파원이나 통신원뿐만 아니라 프리랜서 사진가까지 동원되어 신문사 소속의 스탭 사진기자를 보충하게 되는데, 실제 선거 당일에는 모든 인원들이 총동원되며, 예측하지 못한 상황까지 포착하기 위해 필름 카메라에서부터 디지털 카메라에 이르기까지 온갖 촬영 장비들이 동원될 수 있다. 또 만일 중형 카메라를 사용하는 사진가라면, 신속하게 사진을 인화할 수 있도록 신문사 근처에 취재가 할당되기 마련이다. 물론 이 과정에서 수십 명의 사진기자가 단 몇 시간 만에 2백여 롤의 필름을 보내 오는 것도 그리 놀랄 만한 일은 아니다. 이 필름들은 현상을 거쳐 사진기자에게서 편집자에게 전달되며, 커다란 라이트 박스 앞에서 네거티브들을 길게 늘어놓은 채 최상의 프레임을 선별하게 된다. 또한 이러한 과정에서는 다음과 같은 논의가 이루어지게 된다.

"사진이 아주 좋지요! 저 표정을 한번 보세요."
"그렇군. 아주 적절한 순간에 포착한 것 같네."
"하지만 사진 속에 자네 손도 포함되어 있지 않은가? 저 사진은 게재하기가 어려울 것 같군."
"그럼 이 장면을 한번 보세요. 좋은 사진인데 편집자들이 게재하지 않으려 해요. 지나치게 예술적인 느낌이 들어서."
"이 사진을 텍사스 주에서 투표하는 카우보이로 활용할까요?"
"너무 상투적이지 않을까!"
"하지만 흥미로울 것 같지 않나요?"
"제가 이 사진을 촬영할 때 얼마나 힘들었는지 아시잖아요!"
"물론 알고 있네. 하지만 간지에 게재하는 편이 나을 듯하네. 아무래도 전면에는 눈 덮인 사진을 포함시키는 편이 좋을 듯하고."
"그럼 저 사진으로 스토리를 연결시켜 보면 어떨까요. … 한번 살펴보세요."
"그렇긴 하지만, 아무래도 사람들의 시선을 잡아끌기가 쉽지 않을텐데."

이처럼 논의는 꼬리를 물고 계속 진행되며, 선택된 사진은 스캐닝을 한 후 게이트키핑 과정을 거쳐 상위 게이트키퍼들에게 이동된다. 만일 사진가가 디지털 카메라를 사용했다면 즉석에서 그 장면은 모뎀을 통해 편집자에게 전송된다. 또 이러한 상황에서 사진기자는 편집국에 전송하기 전, 선택한 장면을 미리 적당히 편집하거나 중간 매개적인 조절을 할 수도 있다.

사진 편집자의 역할에는 사진기자에게 취재 임무를 할당하거나, 지침을 설정하거나, 게재될 사진을 선택하거나, 편집장과의 논의를 다시 거치거나, 전체적인 취재의 흐름을 조절하는 등등이 포함될 수 있다. 또한 소규모 잡지사일 경우 사진 편집자가 모든 것을 맡아하기도 하는 반면에, 대형 신문사일 경우 사진 편집자의 역할은(직급이 아주 높지 않는 한) 몇몇 임무로 제한될 수 있다. 하지만 이 과정에서 사진기자는 단순히 사진을 촬영하는 것을 뛰어넘어 편집자의 위치로 그 위상을 높일 수 있으며, 일반 취재기자와 사진기자의 커뮤니케이션이 원활하게 진행된다면 그만큼 '좋은 저널리즘'을 만들어 갈 가능성도 높아지게 된다.

때로는 수많은 편집국에서 저널리즘의 이익이 우선시되는 경우도 있지만, 이른바 뉴스라고 불리는 것에 가장 커다란 영향력을 미치는 편집자의 경우에는 그 독립성을 어느 정도는 보장받아야 한다. 이론적인 틀에서 살펴본다면, 사진 편집자들이 영상 뉴스의 관문을 지키는 방식은 언론의 사회적 책임과도 연결되어 있기 때문이다. 실제로 미디어 역사의 일부이기도 한 언론의 역사는 책, 뉴스레터, 신문, 잡지 등의 대중매체에서 출발해 방송, 영화, 인터넷으로 확장되기에 이르렀다(Media History Project, 1996). 하지만 이러한 논의에서 가장 중요한 점은 초창기의 신문들이 흔히 정치적 자유 내지는 사회적·경제적 진보의 수단으로 여겨졌다는 사실이다. 또한 기존에 이미 확립된 '권력의 질서'에 대항하는 합법적인 수단이기 때문에, 미국에서는 권리장전(Bill of Rights)을 수정한 1791년의 헌법 조항에 이러한 언론, 탄원, 집회, 종교의 자유를 보장한 내용들을 함께 포함시키고 있다.

동시대의 두 명의 편집자들

마이크로소프트 사의 그래픽 편집장이자 오랫동안 사진 편집자로 활동해 온 샌드라 아이서트(Sandra Eisert)는 "현장에서 발로 뛰는 사진기자와 책상 앞에 앉은 편집자가 어떻게 연결되는가"에 대해 다음과 같이 설명하고 있다(personal communication, 1998).

신문에 종사하는 사진기자는 어느 누구보다도 실제 인물들을 많이 접하지만, 최종적으로 무엇을 게재할 것인지를 결정하지는 않는다. 사진기자의 최대 의제는 그해의 사진 가상, 즉 POY(Photographer of the Year)에 의해 설정되며, 사진 편집자의 의제는 뉴스 편집자들이 무엇을 게재할 것인가에 따라 결정되기 때문이다. 뉴스 편집자의 의제는 저널리즘 강의를 통해 배운 뉴스의 가치(뉴스란 무엇이고, 어떠한 요소가 새롭고 기대하지 못한 효과를 만들어내며, 또 대중들은 어떤 것에 관심을 보이는지 등등)에 따라 결정된다. 따라서 우리는 죽음, 파괴, 혼란, 상해 등뿐만 아니라 행복한 뉴스들도 전하려 노력한다.

AP통신의 국제부 사진기자로 활동하는 샐리 스태플턴(Sally Stapleton)은 다음과 같은 의견을 피력하고 있다.

나는 아무런 의제도 가지고 있지 않다. 그곳에서 무슨 일이 일어나는가가 바로 의제가 되기 때문이다. 사진기자는 무의식적으로 셔터를 눌러대기 쉬우며, 그 사진의 최종 게재 여부는 언론사의 내부지침이나 독자들의 반응 여부를 고려해 편집국의 기자들이 결정하게 내버려둔다. 하지만 걸프전 때 화상으로 검게 타 버린 이라크 군인의 사진을 게재하지 않기로 결정을 내렸을 때(우리의 경쟁사에서는 이러한 사진을 게재했었다), 나는 나중에 곰곰이 생각해 본 결과 우리의 결정이 실책이었음을 깨닫게 되었다. 8년 전 우리는 뉴스로 내보내는 것에 조심스럽고 까다로웠지만, 지금은 전혀 그렇지가 않기 때문이다. 유혈이 낭자한 시신조차도 이제는 아주 흔한 것이 되어 버렸다.

아무리 끔찍한 사진일지라도 일단 사건이 일어나면 사람들은 이를 알고 싶어한다. 군인의 시신이 거리로 질질 끌려 다니던 소말리아의 사진에서도 알 수 있듯이, 이곳에서는 사진이 대중적인 여론에 즉각적인 영향을 미친다. 그들은 사건을 보고 싶어하며, 우리가 직접 그곳에서 촬영해 돌아오기를 바란다. 유럽에서와는 달리(자국의 비참한 군인 사진을 보더라도 미국에서처럼 거센 반응은 아니다), 이곳에서는 사진 자체만으로도 온갖 종류의 반응들이 불러일으켜지며, 이를 통한 대중적인 관심사와 참여가 이루어진다.

한 가지 흥미로운 것은 언론에서 주요 이슈가 되는 기사를 내보내기로 결정했을 때의 대중들의 반응이다. 만일 현장에 모든 사진기자들이 나와 있으면 그것 자체만으로도 커다란 이슈가 된다. 반면에 해외의 몇몇 특파원만을 통해 전해 온 뉴스라면, 아무리 좋은 내용의 기사를 보내 오더라도 그것은 빅 이슈가 아니기 때문에 사람들을 감동시키지 못한다.

사람들은 편집자들이 어떠한 의제를 가지고 있는가에 대해 이야기하지만, 우리에게는 단 하나의 의제도 없다.

저널리즘의 실익

자본주의 사회에서의 잠재된 이익의 가능성은 때로는 '언론의 자유'라는 취지에 입각한 편집자들의 사회적·정치적 이상화를 유린할 수 있다. 뉴스 보도는 이제 기술적으로 중재된 메시지를 통해 대규모의 사회적 상호작용을 일으키는 매스 커뮤니케이션이라는 커다란 소용돌이의 일부가 되었다. 또한 이 매스 커뮤니케이션의 리얼리티와 콘텐츠는 우리가 아무리 저널리즘의 대의명분을 믿고 싶어할지라도 정치적·사회적·경제적 동향이나 혹은 사주의 실익에 의해서도 영향을 받기 마련이다(McQuail, 1994; Shoemaker & Reese, 1996). 더군다나 자유로운 언론, 자유로운 사회의 이상과 현대 대중매체의 리얼리티 사이의 이런 간극은 지배적인 그룹의 이상을 유지하고자 하는 매체의 헤게모니 역할에 의해 더욱 벌어지게 된다(Severin & Tankard, 1997). 신중한 게이트키퍼의 의식적인 의지는 사회현상을 지탱하려는 잠재의식의 우위에 있다.

제7장
여전히 백문이 불여일견인가
Is Seeing Still Believing

마음으로 본다는 것과 가슴으로 본다는 것의 간극은 너무 좁아 마치 그 차이가 없는 것과 같다. 따라서 제7장에서는 본다는 것(seeing)의 생리학적·심리적·문화적 측면을 살펴보기로 한다. 특히 리얼리티 이미지를 받아들이는 관찰자와 독자의 인식을 토대로 이러한 문제들을 짚어 볼 것이다. 이러한 분석은 이론적으로는 20세기 시각중심주의와 시각적 인지이론과 관련된 비평들을 기초로 한다.

피처 일러스트레이션(The Feature Illustration). 『시애틀 타임스』의 사진기자 베티 유니스덴(Betty Unisden)이 팬티 스타킹과 관련된 피처 스토리를 촬영중이다. 피사체의 포즈 설정에서부터 기사거리를 묘사하는 방식에 이르기까지 피처 사진 촬영은 포토저널리즘의 윤리적인 범주 내에서 진행된다. 또한 편집자는 이러한 이미지 속에서 관중들이 읽을 수 있게 명확한 시각적 코드를 제시할 수 있어야 한다. 사진 속 피사체들이 모두 카메라를 정면으로 응시하고 있다.(사진: 줄리 뉴튼)

제7장

여전히 백문이 불여일견인가

바라보는 눈에 따라 더 멀리 그리고 더 오래 볼 수 있다.
— 『뉴욕 타임스』 티셔츠에 새겨진 문구.

마샬 맥루한(Marshall McLuhan)은 인생은 백미러를 통해 들여다보는 것과 같다고 말한 적이 있다. 우리는 결코 현재의 상태가 어떠한 것인지를 완전히 이해하지 못한다. 마치 지나쳐 온 길을 자동차 백미러를 통해 되돌아보는 것처럼, 우리가 있는 곳에서 좀더 지난 후에야 무엇이 일어났는지를 숙고할 수 있게 된다(McLuhan & Powers, 1989). 맥루한은 20세기가 아닌 19세기를 영상시대(Visual Age)로 보았으며, 오히려 20세기는 청각에 집중하는 청각시대(Acoustic Age)에 가깝다고 말한다. 지난 1백여 년간 우리는 언어와 사진이라는 이차원적 커뮤니케이션으로부터 진보해 왔으며, 관중이나 독자들은 사운드와 입체감을 실은 영화, 비디오, 디지털 매체의 형태를 통해 다차원적인 커뮤니케이션을 하고 있다.

하지만 20세기의 주요 특징적인 문화들은 여전히 시각에 집중하고 있다. 이론가들은 영상매체들이 언어매체를 압도함으로써 '회화주의적 회귀(pictorial turn)'를 하고 있다는 점에 주목한다. 포스트모더니즘 이론가들은 이러한 회귀에 보다 비판적인데, 이미지 테크놀러지의 발전을 「스펙터클의 사회(spectacle)」(Debord, 1967), 「순수한 환영으로서의 시뮬라크라」(Baudrillard,

1994), 「원형감옥(panopticon)」(Foucault, 1977) 등에서 비평하고 있다. 또한 흥미롭게도 철학적 접근법에 기초를 둔 이러한 포스트모더니즘 비평들에 이어, 아른하임(Arnheim)의 『시각적 사고(*Visual Thinking*)』(1969)와 『예술과 시지각(*Art and Visual Perception*)』(1974), 곰브리치(Gombrich)의 『예술과 환영(*Art and Illusion*)』(1961), 돈디스(Dondis)의 『비주얼 리터러시(*Visual Literacy*)』(1973), 아이빈스(Ivins)의 『사진과 시각 커뮤니케이션(*Prints and Visual Communication*)』 등 상반되는 비평론도 뒤따르고 있다. 이러한 비평들은 시각적 인지의 이해에 예술사와 심리학을 혼합하고 있으며, 시각 커뮤니케이션을 인간의 가장 독특하고 복합적인 상호작용으로 파악하고 있다. 더군다나 사진, 영화, 기타 디지털 매체(예술, 정보, 의견 등의 형태이든지)를 비롯해 영상매체의 시각적 포화도가 혼란스러울 정도로 높아지기 시작하면서, 1990년대에 이르러서는 20세기의 시각 커뮤니케이션을 보다 포괄적 관점에서 검토하려는 연구논문들이 쏟아져 나오기 시작했다. 레스터의 『시각 커뮤니케이션: 메시지를 담고 있는 이미지(*Visual Communication: Image with Messages*)』(1995)에서는 시각적 메시지를 여섯 가지 관점(개인적, 역사적, 기술적, 윤리적, 문화적, 비평적)에서 살펴보고 있다. 또한 메사리스(Messaris)의 『시각적 식자: 이미지에 대한 사고와 리얼리티(*Visual Literacy: Image Mind and Reality*)』(1994)와 『시각적 설득(*Visual Persuasion*)』(1997), 윌리엄스(Willaims)의 『시각적 식자 뛰어넘기(*Beyond Visual literacy*)』(1999), 배리(Barry)의 『시각적 사고력(*Visual Intelligence*)』(1997b) 등에서도 영상 커뮤니케이션을 구성하고 있는 복합적 요인들을 분석하는 발판을 마련하고 있다.

여기에서 한 가지 주목해야 할 점은 시각적 인지의 주관성에 대한 이해에도 불구하고, 포토저널리즘의 시각적 신뢰성에 대한 논의가 활발해졌다는 점이다. 새로운 테크놀러지의 발전은 포토저널리즘의 수행을 용이하게 만들기보다는 오히려 그 기초, 즉 시각적 진실의 추구를 위협하는 듯이 보인다. 하지만 이러한 모든 요인들이 시각적 인지이론의 발전을 촉진하였고, 최근의 시각적 관심사와 관련된 포스트모더니즘 비평들이 시각적 진실을 추구하려는 경향을 더욱 강하게 재촉하고 있다. 이를테면 영상 커뮤니케이션을 잘못 사용하기보다는 그 속의 진실을 명확하게 이해하고 적절하게 사용하려는 노력이 이어지고 있다고 볼 수 있다.

따라서 무엇보다도 중심이 되는 이슈는 바로 '시각적 진실'에 대한 이해인데, 아이빈스(1953/1978)는 이에 대해 다음과 같이 적고 있다. "19세기는 '합리적인 것이 진실'이라는 믿음에서 출발해 '사진으로 보는 것도 진실'이라는 믿음을 확장시켰다. 예를 들어 경주마가 결승점을 향해 달리는 장면이나 하늘의 구름 사진 등도 진실처럼 여겨졌다(p. 195)." 이처럼 명백하고도 뚜렷한 사진으로의 재현은 현실 세계를 반영하는 것이었으며, 이 속에 진실이 포함되어 있다고 여겨졌다. 마이브리지(Muybridge, 1887) 역시 달리는 말의 사진을 연속적으로 촬영함으로써 사진 속의 이러한 시각적 진실의 타당성을 입증한 바 있다.

아이빈스의 이러한 주장을 지난 1백여 년간의 시각적 진실에 대한 이해에 대입해 본다면, 20세기는 사진으로 보는 것이 진실이라는 믿음에서 출발해 시각적 진실처럼 보이는 수많은 장면들이 실제로는 그렇지 않다는 인식론적인 지식을 얻게 되었다고 볼 수 있다. 우리는 이제 시각적 재현에 있어 언제든지 원한다면 말을 거꾸로 달리게 할 수 있으며, 반중력 장치를 이용해 인간이 천장을 걷게 만들 수도 있다는 사실을 알게 되었다. 또한 이러한 재현상의 능력은 인지의 주관성에 대한 이해와 맞물려 시각적 진실에 대한 혼란을 불러일으켜 왔다. 따라서 수많은 연구논문이나 책들은 이미지와 리얼리티 사이의 관계, 재현되는 것과 실제 재현의 대상, 관찰이라는 방식이 실제 관찰되는 피사체에 미치는 영향 등을 분석하기에 이르렀다.

물론 혹자는 모든 진실은 축조되어지는 것이라고 말할 수 있으며, 닉 우트

(Nick Ut)가 촬영한 '네이팜탄을 피해 울부짖으며 달려가는 킴 푹(Kim Phuc)의 사진'에서처럼 명백한 진실처럼 여겨지는 이미지에서도 관찰자의 인식은 결코 객관적일 수 없다는 문제를 제기할 수도 있다. 또한 커버 스토리의 미학적 효과를 위해 피라미드 사진을 좀더 클로즈업시킨 『내셔널 지오그래픽』의 편집자 역시 매체를 통해 이렇게 시각적 진실을 변화시킨 예라 할 수 있다.

이처럼 뉴스 매체들이 공공연하게 그들의 관점에서 리얼리티를 조절함으로써 대중들로부터 배신감이나 냉소적 반응을 불러일으킬 수도 있다. '미국 시민(civics)'이라는 과목에서는 미 헌법이 제정될 당시, 언론이 제4권부로서 사회체계의 균형을 맞추는 토대 역할을 한다는 이데올로기적 기대감을 가르치고 있다. 하지만 이 헌법 제정자들은 대중에게 정보를 전달하는 과정에서의 주요 장애물들을 고려하지 못한 듯하다. 자본주의 매스 미디어의 교묘한 고안성은 시각적 표현물에 대해 순수한 믿음을 가진 대중들에게 주어지는 그 시각적 인지를 조작함으로써 오히려 그들의 시각적 자유로움을 파괴할 수도 있다 (Williams, 1999). 또 아이러니하게도 이 과정에서 대중들은 표현의 자유가 지나친 매체들이 정부에 의해 보다 엄격하게 통제되어야 한다고 생각하게 된다 (First Amendment Center, 1999).

또한 이러한 문제를 보다 복합적으로 만드는 요인으로는 뉴스 매체의 시각적 조작 여부에 대한 의견차이이다. 일례로 CBS의 경우 연말 특집 뉴스쇼를 방영하면서, 타임스 광장의 NBC방송 전광판 자리에 자사의 로고를 삽입한 바 있다. 당시 CBS 측은 프린세톤 비디오 이미지(Princeton Video Image) 사에서 개발된 새로운 디지털 이미징 기술을 사용해, 실제로는 현장에 없었던 자사 로고를 배경화면으로 집어넣음으로써 비난을 면치 못하였다. 하지만 CBS 뉴스 앵커인 단 래더(Dan Rather)가 디지털 조작이 실책이었음을 인정했음에도 불구하고, 앤드루 헤이워드 CBS 뉴스 사장은 반대의 입장을 보이고 있다. "새해가 시작되기 하루 전날, 앵커의 머리에 색종이 조각이 뿌려지는 것과 마찬가지로 이는 축제 분위기를 북돋우기 위한 그래픽일 뿐이다. 단지 세팅에 불과할 뿐, CBS의 원칙에는 위배되지 않는다(Carter, 2000, pp. C1, C2)."

그렇다면 영상 뉴스와 관련되어 보는 것, 인식하는 것, 믿는 것에 대한 우리의 입장은 무엇인가? 우리는 본다는 것의 과정을 통해 어떠한 시각적 지식을 얻게 되고, 또 이는 젖은 모래층처럼 위험한 사태로 빠지려는 '시각적 진실'이라는 개념을 끌어올릴 수 있는 것인가? 따라서 지금부터는 본다는 것에 대해 우리는 과연 어떠한 생각을 가지고 있는지 또 시각적인 인식 과정에서 우리는 무엇에 의존하는지 등에 대해 살펴보기로 한다. 필자는 '시각적 진실'에 대한 이상들을 저버리지 않은 채, 뉴스 매체들이 '타당한 합리성'과 '사진의 진실성'을 혼합해 '합당한 진실'을 추구할 수 있으리라 믿는다. 즉 뉴스 매체들이 발빠르게 뉴스 이미지에 해석적 이론을 도입해, 그 순간에 대중들이 인식할 수 있는 최상의 진실을 추구할 수 있으리라 확신한다. 물론 실제로 어떤 측면에서는 우리는 스스로의 눈도 믿지 못하는 경우가 흔하다. 하지만 비록 상황에 따라 불안정하고 변하기 쉬울지라도, 시각적 진실에 대한 이해는 끊임없이 이루어질 필요가 있다.

본다는 것은 무엇인가

본다는 것은 인간의 통합적인 감각체계의 일부로서, 이를 다른 감각과 분리시키기는 어렵다. 하지만 우리는 종종 이러한 시각적 능력을 마치 분리시킬 수 있는 것처럼 여기기도 하는데, 실제로는 거의 불가능한 일이다. 예를 들어 물리적으로 사물을 볼 수 없는 경우에도 그 사람은 마음의 눈으로 사물을 상상할 수 있다. 또한 물리적으로 사물을 식별할 수 있는 사람은 마찬가지로 마음의 눈도 늘 열어 놓고 있다. 이처럼 모든 감각체계들은 서로 연결된 채 아는 것, 느끼는 것, 이해하는 것, 기억하는 것을 형성하기 때문이다.

사실 과거에 우리는 이러한 시각화에 대해 다소 낭만적이거나 혹은 냉소적으로 표현해 왔는데, 이는 부분적으로 시각화하는 메커니즘에 대한 이해가 부족했기 때문이기도 하다. 우리는 순수하게 스스로의 절대 확실성을 믿고 있는 탓에, 눈으로 보는 것 역시 틀림없이 확실한 것으로 간주하기 쉽다. 만일 눈에 보이지 않는 것이라면 그것은 잘못된 것이거나 오류일 가능성이 높다고 여기는 것이다. 하지만 눈은 '영혼의 창(windows to the soul)'이라기보다는 오히려 두뇌에 더 직결되어 있기 때문에, 그 복합적인 과정을 쉽사리 이해하기가 어렵다. 시각적 자극 역시 우리의 생리학적인 체계에 영향을 미쳐 물리적 반응을 이끌어내는 동시에, 눈으로 보이지 않거나 통제되지 않는 것에 대한 두려움과 신비로움을 낳기도 한다.

따라서 '보는 것이 믿는 것'이라는 생각에 대한 논의는 다음의 두 가지 관점에서 이루어질 수 있다. 인지적(perceptual)/심리학적(psychological)/생리학적(physiological) 접근법에는 자극에 대한 반응, 기억, 지식 등과 관련된 심리학과 인지론이 주를 이룬다. 반면에 미학적(aesthetic)/기호학적(semiotic)/문화적(cultural) 접근법에는 미디어, 정부, 기업 등과 관련된 사회학적 분석과 실제 일상생활 속에서의 실천 등이 포함된다. 두 접근법은 모두 개인 혹은 집단적인 정체성 형성 과정에서의 시각적 역할을 이해하기 위한 것이다. 다음은 이러한 시각적 역할을 두 접근법에서 살펴본 것인데, 이에 대한 기타 정보들은 제9장에서 다시 다룰 것이다.

인지적/심리학적/생리학적 접근법 : 알고, 느끼고, 기억하는 것으로서의 보는 것

우리가 '보았다(seeing)'라고 말할 때는 대개 물리적으로 무언가를 보았을 때 혹은 그 어떤 것을 인지하거나 이해했을 때를 뜻한다. 하지만 우리가 무언가를 보았을 때 과연 무슨 일이 있어났는지를 이해하는 것은 다소 모호한 과정을 거친다. 예를 들어 어두컴컴한 방안에서 밝은 빛이 비치는 밖으로 나왔을 때 순간적으로 눈을 감아 버리는 것처럼, 그저 시각적 자극에 대한 물리적 반응만을 의미하는 것은 아니다. 그렇다면 누군가가 새로운 방식을 설명한 후 그 정보에 대해 눈을 뜨는 것과 같은, 시각적 정보에 대한 인지적 반응이란 무엇을 말하는 것인가? 적색을 보았을 때 자극받거나 흥분하는 것처럼 심리적으로 반응하는 것을 뜻하는가? 실제로 인체의 메커니즘에 대해 더 많이 알수록, 보는 것이 단순히 시각적 반응뿐만 아니라 우리 몸의 다양한 형태의 감각과도 연결되어 있음을 알 수 있다. 이를테면 시각적 자극으로 인해 마치 탄환이 땅이나 물 위를 스치며 튀는 듯한 연속적인 반응이 일어날 수 있는 것이다.

또한 '안다는 것(knowing)'에 대해 말할 때 더더욱 그 개념이 모호해질 수 있다. 진실한 것으로 입증된 정보인 '사실(fact)'에 대해 논의할 때 혹은 '본다는 것'과 연결된 유사한 인식을 말할 때, 때로는 직관적 통찰력이 발휘될 수도 있으며 오랜 시간 동안 서서히 이해하는 과정이 포함될 수도 있다.

따라서 개인마다의 다양한 변수와 차이점에 따라 시각적 자극에 반응하는 방식이 달라지며, 서로 다른 그룹들이나 문화적 영향에 따라서도 이를 해석하는 방식이 달라진다. 또한 서로 다른 상황 속에서 그 취지나 목적에 따라서도 관찰이나 인식의 결과가 달라질 수 있다. 각 개인에게 사진을 바라보도록 부탁한 후, 그 사진들을 어떻게 해석하는가를 입증했던 존 버거(John Berger)의 실험 결과를 한번 떠올려 보자. 입을 벌린 채 인형을 들고 있는 한 소녀의 사진은 어떤 사람에게는 당황해 곧 울음을 터뜨릴 것 같은 모습으로 비춰진 반면에, 다른 사람에게는 인형을 입에 대려는 모습으로 비춰질 수도 있다(Berger & Mohr, 1982, pp. 54-55).

우리가 이미지를 바라볼 때 무엇을 어떻게 아는가에 대한 이해는 이처럼 난해할 수 있다. 이미지의 모호성은 관중들의 반응에 대한 연구를 통해서도 입증된 바 있는데, 관찰자들은 그들이 본 것으로부터 의미를 구축하는 데 능동적인 참여의 모습을 보이고 있었다(Satiger, 1992). 또한 버거와 모르(1982)의 벌목꾼을 촬영한 일련의 사진들을 통해서도 이와 관련된 또다른 예를 볼 수 있다. 첫 단계는 사진기자가 무엇을 보았으며 우리가 보려는 것이 무엇인가를 결정해야 한다. 또다른 단계는 벌목꾼이 사진기자에게 보여주려 했던 것을 우리가 보는 것이다. 여전히 또다른 단계에서 우리는 벌목꾼의 아내가 무엇을 보기를 원하는가를 알게 된다. 이 모든 것이 제각각인 것처럼 보이지만, 우리는 다양한 자극이라는 게슈탈트 이론에서 이해하고자 하는 것들을 찾아내야 한다. 사진은 이처럼 전체에서부터 빼거나 더하는 과정을 거치며, 어떤 측면에서는 더욱 혼란스러울 수 있으며, 반면에 더욱 명확해질 수 있다. 또한 종종 이른바 내면의 '육안'으로 바라보기보다는 그 외적인 의미에 더 치중하는 경우도 있을 수 있다. 그렇다면 이렇게 '바라본다는 것'을 우리는 어떻게 활용할 수 있는가? '실제(real)'와 '실제처럼 보이는 가상(virtual)'을 바라볼 때 어떤 일이 일어나는가? 우리는 '아는 것'을 통해 이 두 가지를 명확하게 구별할 수 있는가?

아마도 우리가 '실제'와 '가상'의 차이를 구별하는 것보다 더욱 중요하게 인식해야 할 것은 이미지가 기억의 기초를 형성한다는 사실일 것이다. 과거 장면으로의 순간적 전환(flashback)을 통해 어머니의 얼굴이나 산기슭의 풍경을 기억할 때를 생각해 보자. 실제로 시각적 구성요소가 기억력에 영향을 미치지 않고서는 그 어떤 것도 상상하거나 기억할 수 없다. 따라서 포토저널리즘에서는 다양한 종류의 리얼리티 형태를 주입시키거나 혹은 리얼리티 이미지를 통해 장기적인 기억력의 틀을 마련함으로써, 반복적으로 우리에게 이러한 순간적 전환을 제공하고 있다.

베트남 전쟁 사진이나 가족사진첩을 한번 들여다보자. 심지어는 어린 시절의 사진을 바라볼 때에도 어린아이였을 때의 나를 생각하게 되고, 당시 무슨 일이 있었는지를 기억할 수 있게 된다. 예를 들어 필자의 경우, 어린 시절 산등

성이에 무지개가 걸려 있던 광경을 인상적으로 기억하고 있다. 산꼭대기에서 아래쪽을 내려다볼 때 발밑에 무지개가 걸려 있는 듯했고, 산기슭의 강한 바람에 푸른색 나비들의 날개가 팔랑거리고 있었다. 하지만 문제는 내가 그 무지개를 직접 목격한 것인지, 아니면 당시 안데스 산맥에서의 여행 얘기를 하면서 어머니께서 보여준 슬라이드 속 광경이었는지가 확실하지 않다는 것이다. 필자 역시, 직접 눈으로 본 것인지 이미지를 통해 기억하는 것인지의 여부가 정확하게 구별되지 않는 셈이다.

실제로 연구 결과들을 통해서도 알 수 있듯이 듣는 것보다 보는 것이 기억력에 더욱 결정적인 영향을 미치게 된다(Graber, 1990; Schultz, 1993). 우리는 굳이 이미지가 아니더라도 종이 위에 글귀나 문자 형태로 인쇄한 언어를 보거나, 혹은 비디오 스크린에 비춰진 문자들을 보게 된다. 이러한 형태 역시 시각적 자극이 될 수 있다. 물론 혹자는 이는 단지 영상 커뮤니케이션의 한 형태일 뿐이라는 주장을 할 수 있지만, 이니스(Innis, 1951), 맥루한(1964), 로간(rogan, 1986) 등은 이론적 연구를 통해 이러한 활자 형태로부터 발전된 시각적 개념들이 리얼리티를 사고하고 해석하는 서구의 관점을 이끌어 왔다고 지적한다. 맥루한(1994)은 땅의 지형(land shapes)조차도 인간의 의식에 영향을 준다고 말한다.

또한 이러한 연결고리는 리얼리티에 대한 인간의 감각과 인식을 중재하는 영상 르포르타주를 논의하는 데 중요한 역할을 한다(Berger & Luckmann, 1996/1967). 영상 르포르타주의 무엇보다 지배적인 매체는 바로 이미지(스틸 사진이나 동영상의 형태이든지)이다. 인쇄물이나 비디오에 글을 이용하여 시각적으로 설명하거나 라디오, 비디오 또는 점점 증가하고 있는 인터넷에서 마음의 눈을 글로 나타내려 할 때, 사진은 언제나 의미를 생산해내는 데 길잡이 역할을 수행해 왔다.

미학적 / 기호학적 / 문화적 접근법 : 문화와 사회로서의 바라보기

사진의 초창기부터 이미지는 개인적 정체성이나 자아상과 밀접하게 연결되어 왔다(제5장 참조). 매체 이미지와 자기정체성 사이의 관계가 더더욱 주목을 받게 되면서, 더햄(Durham, 1999) 역시 여성의 성적 정체성에 매체가 영향을 미친다는 사실을 연구한 바 있다.

하지만 영상 르포르타주와 정체성과의 관계는 어떠한가? 그 효과 또한 난해하게 정형화해 있다. 예를 들어 뉴스 사진에서 다루어지는 소수인종은 주로 범죄와 관련된 부정적인 상황과 연결되어 있는 반면에, 유명 스타들은 스포츠나 음반산업 등과 연결되어 있다. 특히 미국 흑인들의 경우, 친사회적인 역할을 하는 사진보다는 체포나 연루 등의 사진들이 반복적으로 게재됨으로써 다른 인종 그룹과 마찬가지로 미국 흑인들을 바라보는 부정적인 시각을 정형화했다는 비난이 쏟아진 바 있다. 또한 영상 르포르타주의 실제 이미지들은 기타 유형의 이미지에 비해 현실과의 뚜렷한 관계를 강조함으로써 오히려 더 해로울 수 있다는 지적도 있다. 신문이나 텔레비전 방송의 경우 그 표현 양식에 있어 사실성과 정확성을 중시하는 탓에, 허구적 인물의 묘사에서처럼 현실과의 연관성을 쉽게 제거하기가 어렵기 때문이다. 하지만 최근 들어서는 심지어 허구조차도 해로운 영향력을 정형화할 수 있다는 연구 결과들도 주목을 끌고 있다(Lester, 1996).

영상 르포르타주는 타인을 바라보는 방식과 우리 스스로를 바라보는 방식을 정당화시킨다. 즉 언론의 권위라는 명목 아래 대중들의 의식에 영향을 미치는 것으로, 이것이 진실이다, 사건의 경위는 이러하다, 사건의 정황은 이러하다, 혹은 이것이 바로 당사자들의 모습이다 등으로 '가정된 진실(assumed truth)'을 합리화시키게 된다.

이처럼 진실과 허구 사이의 혼란스러움을 더욱 복잡하게 만드는 요인은 바로 광고사진에서처럼 이미지들이 공공연하게 조작되거나 설득을 목적으로 조절된다는 것이다. 예를 들어 '실제'처럼 보이는 타이거 우즈의 골프 스윙 장면을 생각해 보자. 그가 골프채로 예술적인 샷을 날렸을 때, 혹자는 어느 누구도 저렇게 할 수는 없으며 컴퓨터로 좀더 근사하게 화면을 연출한 것일 뿐이라며 미심쩍은 반응을 보일 수 있다.

또한 다른 예로 『오스틴-아메리칸 스테이츠맨(The Austin-American Statesman)』의 각 페이지를 살펴보자. 첫번째 페이지에서는 편집자들이 전날의 주요 뉴스를 선정한 장면들이 있을 수 있다. 또 다음 페이지를 넘기면 우리는 그 외의 다양한 뉴스들을 볼 수 있으며, 여기에 에스티 로더의 화장품 광고나 여성의 속옷 광고 등도 포함되어 있다. 그렇다면 우리의 눈은 어느 이미지가 있는 사실 그대로이고 또 어느 이미지가 조절된 장면인가를 인식할 수 있을까? 어떤 사람들은 각 이미지의 서로 다른 코드를 통해 뉴스와 광고 이미지 사이를 명민하게 탐색하면서 구별할 수 있다고 주장할 수 있다. 반면에 어떤 사람들은 두 이미지 사이의 구별이 모호하기 때문에(Nicholas, 1994), 눈으로 보는 것을 의식적으로 분류하지 않고서는 식별이 불가능하다고 말할 수 있다. 그 결과는 르포르타주의 탈합법화와 점점 많아지고 있는 광고의 합법화로, 이러한 것의 궁극적인 결과는 이미지에 대한 불신이 일반화하는 것이다. 그럼에도 불구하고 사람들은 여전히 X-레이나 '마감되어 매체에 게재된 최종 이미지'를 믿는다.

또한 이미지 자체가 비이성적이어서 신뢰할 수 없는 경우도 있다. 시각적 재현이 애매모호한 다의성을 지닌 채 빈번하고 쉽게 조작될 정도로 그 가치가 저하될 경우, 어느덧 실체성은 사라지고 신뢰성마저도 상실될 수밖에 없다. 실제로 우리는 사진으로 본 것을 신뢰할 수 있다는 20세기 초의 순수한 가정으로부터 지나치게 멀리 이동해 왔으며, 이제는 더 이상 우리의 눈조차도 믿을 수 없는 상황에 이르렀다(Goldberg, 1992). 하지만 이처럼 시각적 재현에 대한 신뢰성의 상실은 우리 스스로의 정체성에 대한 신뢰성 상실뿐만 아니라 사회적 체계에 대한 신뢰성 상실과도 복합적으로 연결되어 있다.

이 과정에서의 포토저널리즘의 역할

여전히 보는 것이 믿는 것인가? 어느 시점까지는 맞는 말이기도 하다. 우리의 물리적인 특성은 감각을 통해 인식체계를 형성하는데, 보는 것 역시 이러한 감각과 직결되어 있기 때문이다. 또한 우리는 시간의 흐름에 따라 스스로의 시각을 변용하면서 특정한 이미지의 정확성 내지는 진실성을 결정하게 된다. 만일 가족 중 누군가가 사고로 사망했을 경우, 흔히 그 시신을 눈으로 확인하기 전에는 믿지 못하는 것도 이러한 맥락에서이다. 또한 연구조사에서도 사람들은 자신이 직접 본 것을 다른 방식으로 입수된 정보를 상기할 때보다 훨씬 잘 기억하는 것으로 드러났다(Graber, 1990; Schultz, 1993). 심지어는 완전히 상반된 정보일지라도, 이를테면 언어로 기술된 정확한 정보와 부정확한 이미지 정보 중에서 흔히들 이미지 정보를 더 분명하게 각인하는 것으로 나타났다. 하지만 무엇보다도 '보는 것이 믿는 것'에 대한 긍정성의 또다른 요인으로는 눈으로 보고 싶은 것을 선택하려는 경향을 들 수 있다. 즉 우리는 특정한 방식으로 보고 싶은 이미지나 사물을 선택함으로써 우리가 보는 것을 긍정적으로 신뢰하려 한다.

반면에 '보는 것이 믿는 것인가'라는 질문은 어느 시점에서는 '그렇지 않다'라는 답변을 할 수 있다. 인간은 시각적 자극에 대한 초기의 물리적 반응에서 벗어나 이성과 직관력을 발휘하기 때문인데, 진실처럼 보이는 것으로부터 끊임없이 그 타당성에 의문을 제기하게 된다. 또한 수많은 매체 이미지들이 지배하는 문화권 속에서 우리가 보는 것 모두를 신뢰하기는 어렵다. 실제로 혹자는 의식적으로 시선을 피해 눈으로 보이는 모든 것을 선별해 바라볼 수도 있다. 더군다나 창의성과 조작성이 범람하는 이미지 문화 속에서 사람들은 보이는 모든 것을 믿을 수는 없다는 생각을 직감적으로 하게 된다.

　결국 이러한 문제점의 해결을 위해서는 지난 세기 동안 우리가 거쳐 온 인지론적 변화를 이해할 필요가 있다. 우리는 '직접 눈으로 보는 것'에서부터 출발해 수많은 이미지들을 통해 세상이 어떠한가에 대해 이해하고 터득하는 시점에 이르렀다. 오늘날의 이미지들은 우리가 바라보는 세상이다. 따라서 우리가 직접 눈으로 실제 광경을 목격하더라도 선택적 인지나 환영 등이 있을 수 있으며, 또 여기에서 타인의 눈(또다른 인지론적 렌즈를 지닌)을 통해 그 문제점들이 더욱 배가될 수도 있다. 이런 이유로 전문 '관찰자(seer)'로서의 사진기자에게는 이런 문제점들이 더더욱 가중한 압력으로 다가올 수 있다. 하지만 물리적 시점에 이르러서도, 그 광경을 본 사람은 이를 목격하지 못한 타인을 위험한 낭떠러지로부터 안전한 곳으로 이끌 수 있어야 한다. 사진기자들 역시 관찰자들을 이끌어 최상의 시각적 진실을 유도한다는 점에서 유사한 권력과 책임감을 지니게 된다. 또한 각 관찰자들은 이렇게 제시된 시각적 낭떠러지를 건너뛸 것인가 혹은 '자신이 보는 것'을 있는 그대로 '믿을 것'인가 여부 등을 결정할 수 있어야 한다.

제8장
누구의 진실인가
Whose Truth

출판이나 전시를 목적으로 생산된 르포르타주 이미지의 공통적인 틀은 '알아야 할 필요성(need-to-know)'이다. 알 권리를 보장한 헌법조항에 따라 대중들이 세상사에 대해 많은 정보들을 알게 될수록 삶을 향상시킬 수 있을 뿐 아니라 사회도 진보하게 된다. 또한 독자들의 생각과 기억력은 사진과 밀접하게 연결되어 있으며, 이러한 이미지에 대한 시각적 인지는 그들의 행동을 유발시키는 장기적 효과도 지니게 된다. 이렇게 이미지의 역할이 중요하다면 과연 그 진실은 누구의 것인가라는 의문이 제기될 수 있다. 앞에서도 언급했듯이, 무엇이 진실인가를 대중에게 보여주고 결정하는 사람들은 뉴스와 정보매체의 관문을 지키는 역할을 하게 된다. 피사체, 뉴스의 자원, 사진가, 편집자, 디자이너, 발행인, 정부나 교육단체 등의 기관, 기업체를 비롯한 경제단체 등등은 이러한 게이트키퍼의 역할을 한다. 또한 관찰자들 역시 어느 정도 그들의 관문을 지키는 것으로 알려져 있다. 따라서 제8장에서는 과연 누구의 진실이 진실인가와 관련된 인지론적 과정들을 다양한 단계에서 짚어 보기로 하자. 이에는 집합적이거나 해체적 과정이 포함될 수 있으며, 또 포토저널리즘 이미지를 진실로 받아들이는 관찰자들조차도 본 것을 오랫동안 인지하거나 행동으로 그대로 옮기는 것은 아니라는 변수도 있을 수 있다. 이처럼 이 장에서는 포토저널리즘 실천이 사회적·문화적 이슈와 어떠한 관련성이 있는가도 알아볼 것이다.

시각의 순환. 여섯 살짜리 매트 뉴튼이 텍사스 주지사 마크 화이트를 촬영하려고 대기중인 사진기자들 사이에서 앞으로 빠져나와 있다(위). 화이트가 매트를 발견하고 "얘야, 카메라 사용할 줄 아니"라고 묻자, 매트는 "찰깍"하고 대답을 한다(위의 사진은 줄리 뉴튼이, 아래쪽 사진은 매트 뉴튼이 촬영한 것이다).

제8장

누구의 진실인가

> 진실은 우리를 만들고 있는 세상과의 조우 속에서
> 다시 우리가 부딪혀 가며 만드는 어떤 것이다.
> ― 맥루한(1989)

> 포토저널리즘을 평생의 업으로 삼아 온 나에게 사진은 세상과 인간의 삶 그리고
> 사회적·정치적 이슈에 대한 세상 사람들의 인지 등을 이해하는 데
> 심오한 영향을 미쳐 왔다.
> ― 채프닉(Chapnick, 1994)

앞서 이미 피사체, 사진가, 편집자, 독자, 관찰자 등을 비롯한 다양한 관점에서 이미지의 창조, 보급 및 전파, 인지 등과 관련된 리얼리티 이미지의 현대적 체계를 탐구한 바 있다. 이 장에서는 보다 광범위한 관점, 즉 '사회(society)'에 초점을 맞추기로 한다. 과연 누구의 이미지가 사진으로 만들어지고 사용되는가? 그들이 표현하는 진실은 누구의 것인가? 실제로 이러한 이슈들을 파악하는 과정에 있어서 문제는 권력의 근원이 누구에게 있는가를 아는 것이라 할 수 있다(Eldridge, 1993). 또한 토플러(Toffler, 1990)는 그의 책 『권력의 이동(*Power Shift*)』에서 정보를 조정하는 사람이 권력을 지니고 있다고 주장한 바 있는데, 이 장에서는 '권력(power)'이라는 용어를 자원을 통제하는 의미로 사용하기로 한다. 이 통제의 의미 또한 이미지를 만들거나 사용하는 각 단계에서의 교섭 내지는 중재(negotiation)를 뜻하는 것이기도 하다. 이밖에도 사회적 체계 역시 계층적이거나 비계층적일 수도 있으며, 사회적 이슈도 마찬가지로 특정하거나 전체적이거나 혹은 대인적이거나 세계적일 수도 있다. 각 중재

과정은 추후 중재를 통해 다시 조정되며, 사회적 체계의 각 단계 속에서 이미지는 잠재적 권력을 발휘하게 된다. 예를 들어 미군의 사체가 거리에 끌려 다니는 사진을 통해 자국의 시민들은 군사적 무력에 대한 분노나 반감을 표시할 수도 있으며(Mogadishu; Buell, 1999, p. 223), 1996년 오클라호마 시에서의 폭탄 테러 직후 연약한 어린아이를 구출해 오는 소방관의 사진을 통해 사건에 대한 기억을 함축적으로 특성화할 수도 있다(Buell, 1999, p. 233). 또한 각 단계에서 이미지가 유포되면서 그 권력이 해체되어, 무감각, 불신, 아노미 상태 등이 발생할 수도 있다.

이 장에서는 대중, 정부, 언론, 경제적 이익 등의 네 가지 사회적 관점에서 르포르타주 이미지가 가지고 있는 권력에 대해 살펴보기로 하자. 각 그룹은 지난 수세기 동안 그래 왔듯이, 개인적이거나 집단적인 단계에서의 상호작용에서 만들어진 시각적 코드를 사용해 권력을 발휘하거나 영향력을 미칠 수 있다. 또한 각 그룹은 자신들이 믿거나 선호하는 시각적 진실을 전달하기 위해 정교한 시각적 메시지를 구축하는 법을 터득해 왔으며, 영상 르포르타주처럼 다양한 형태의 이미지를 사용해 명백하게 혹은 암암리에 모티브를 전달하기도 한다. 그렇다면 여기에서 또한 다음과 같은 문제가 제기될 수 있다. 이미지는 단순히 축조되는 것을 넘어서, 누군가의 진실에 대한 촉매로서 작용할 수 있는가 아니면 진실을 전달하는 것조차 불가능한가? 자, 그럼 이제부터 리얼리티의 사회적 구축이론을 통해 이러한 문제들을 논의해 보기로 하자.

리얼리티의 사회적 구축이론

리얼리티의 사회적 구축이론은 우리가 세상을 만들어내며, 다시 세상이 우리를 만들어낸다는 경험과 지식의 끊임없는 변증법적 논리를 주장한다(Berger & Luckmann, 1966/1967). 맥루한은 이를 두고 다음과 같은 함축적인 말로 표현하고 있다. "진실은 우리를 만들고 있는 세상과의 조우 속에서 다시 우리가 부딪혀 가며 만드는 어떤 것"이다(McLuhan & Powers, 1989, p. xi). 이러한 이론을 포토저널리즘에 적용하자면, 이를테면 대통령의 사진이 촬영되고 그 사진이 편집되거나 게재됨으로써 대통령에 대한 이미지가 구축되는 과정을 들 수 있다.

예를 들어 프랭클린 루스벨트의 1997년 추모 사진에 대한 논의를 한번 살펴보자. 당시 영정 사진가는 루스벨트의 사진에 휠체어를 포함시키지 않았는데, 휠체어를 탄 장애인들과 시민들은 루스벨트의 인생에 있어 중요한 부분이 배제되었다고 거세게 항의했다. 하지만 문제는 대중문화에서 받아들여지는 대통령의 이미지였다. 루스벨트 시대의 언론들은 대통령의 강력한 이미지를 보호하기 위해 그의 휠체어를 탄 모습을 의도적으로 피했다. 그렇다면 과연 이 과정에서 어떠한 '진실'이 구축된 것인가? 또 '진실'은 이처럼 대통령의 강력한 역할 모델에 따라 서로 다른 형태로 고안되고 구축되는 것인가? 각 진실은 다음과 같이 서로 다른 이권 논리에 따라 다양한 권력을 함축하게 된다.

권력

시각적 재현물들이 다양한 형태로 억제되거나 표출되면서, 이미 현대 사회에서 '이미지가 가지고 있는 권력'이라는 개념은 상투적이 되어 버렸다. 20세기 초 매체이론가들은 이미지 권력의 원천을 매체 자체(영상이나 언어 중 어느 요소가 더 지배적이든지 여부에 상관없이)의 총체적인 속성 탓으로 돌렸다. 하지만 매스 커뮤니케이션 이론이 발전하면서, 이론가들은 매체 권력은 마치 마법의 탄환(magic bullet)처럼 수동적으로 기다리는 대중들에게 관통되거나 통용되는 것이 아니라는 사실을 깨닫게 되었다. 서로 다른 매체는 서로 다른 상황과 사람들 속에서 다양한 효과를 만들어내며, 그 메시지 역시 다양한 형태로 전달될 수 있다(Lasswell, 1948). 따라서 매체이론은 다양한 필요성과 욕구에 의해 대중적인 권력이 형성되는 제한된 효과에 초점을 맞추기 시작했으며, 지난 25년여간 매체이론가들은 강력한 매체의 이상과 대중들의 능동성을 동시에 고려하게 되었다(McQuail, 1994; Severin & Tankard, 1997).

이 책의 주요 관심사는 진실을 인지하는 데 영향을 미치는 영상 르포르타주가 가지고 있는 권력이다. 하지만 포토저널리즘의 영향력을 이해하는 데 있어, 주요 문제점은 르포르타주 이미지가 대중적 영역이라는 혼란스러운 소용돌이에 포함되어 있다는 것이다. 이미지의 일부는 진실을 정확하게 반영할 의도를 지닌 반면, 일부 이미지의 경우 의도적인 조작과 오인을 내포하고 있다. 또한 이러한 이미지 권력 역시 서로 다른 그룹에 의해 서로 다른 방식으로 표출된다. 예를 들어 미국 사회에서는 대중의 알 권리, 언론의 자유롭게 표현할 권리, 개인 혹은 집단의 경제적 독립성을 보장할 정부의 책임감 등을 명시하고 있지만, 이에 대한 비평적인 이론에 따르면, 이러한 그룹들과 그 권력의 표출 내지는 명시는 단지 추상적 개념에 불과할 수도 있다. 더군다나 각 그룹은 서로 연결되어 있어, 개인은 군중을 형성하면서 정부에 의해 통제되거나 언론에 의해 주시당하거나 조절될 수 있다. 또한 대중들 역시 서로를 감시하는 역할을 맡을 수 있다. 마찬가지로 기업체나 기타 경제단체 역시 각 그룹의 다양한 이익 조절과 연결되어 있으며, 이러한 복합적인 연결고리는 문화를 형성하면서 그 속에서 진실이라는 정체성에 커다란 혼란을 가중시킨다. 물론 이 과정에서 그 구별이 완전히 불가능한 것은 아니지만, 진실을 해체하려는 자와 진실을 결합시키려는 자들 사이에서 진실을 가려내는 것 자체가 힘들어져 버린다.

대중

그렇다면 대중은 누구인가? 앞서 언급했듯이, 대중 역시 다각도에서 분석해 볼 필요가 있다. 대중을 이루는 일원들은 이미지를 바라보거나 읽거나 혹은 만들어 가는 개별적 관찰자이다. 대중의 각 구성원은 피사체인 동시에 뉴스의 자원이 되며, 그들의 다양한 삶의 시나리오는 포토저널리즘 이미지의 내용을 이루게 된다. 또한 그 다양하고 무한한 요인들이 인류와 문화를 포괄적으로 형성하게 된다. 대중의 구성원은 특정한 이미지를 선택하거나, 무시하거나, 그것에 관심을 기울이는 등 편집자의 역할을 겸하며, 교육기관, 종교단체, 정부, 의학계 등등의 사회적 체계에 속하면서 우리가 살고 있는 문화를 만들어 가게 된다. 대중은 생일 파티 장면이 지역 신문에 게재되기를 원하는 소도시의 시민일 수도 있으며, 혹은 인터넷에 그날의 주식 동향이 정확하게 실리기를 바라는 대도시 시민일 수도 있다. 아니면 해변가에서 피안처를 찾는 브라질인일 수도 있으며, 발전기를 돌려 텔레비전을 보는 남아프리카인일 수도 있다.

'대중'이라는 개념을 군중이라는 측면에서 검토해 보면, 다양한 형태의 매스 미디어에 참여하고 있음을 알 수 있다. 특히 우리의 현재 논의와 관련되어서는 세상사의 이슈나 사건에 대한 대중들의 생각인 '여론'을 들 수 있다.

영상 르포르타주를 행하는 사진기자들의 주요 관심사는 '대중의 알 권리'와 관련된 것이다. 앞에서도 언급했듯이, 자유로운 언론이라는 이상을 지탱하는 주요 이론적 근거는 사람들이 세상에서 일어나는 일을 알고 싶어하며, 그들이 이러한 정보를 많이 알게 될수록 사회는 발전한다는 사실이다. 대개 사진기자들은 언어와 통계자료를 사용해 대중들이 주요한 이슈에 대해 어떻게 생각하는가를 보고한다. 종종 이들은 과학적이고 타당한 여론조사 정보를 증거로서 제시하기도 하며, 이러한 과정에서 독자나 관찰자들은 언어보다는 이미지에 더욱 시선을 집중시키며 그 기억력을 훨씬 더 오래 지속시키는 것으로 나타났다.

그렇다면 이 과정에서 이미지를 통해 불러일으켜지거나 전달되는 '진실'은 과연 '누구의 진실'인가? 또한 누가, 무엇 때문에 이러한 이미지의 내용들을 결정하는가? 포토저널리즘은 그저 여론을 반영하는 것인가 아니면 이를 형성하는 것인가 혹은 둘 다인가? 이처럼 '대중적 진실'은 연속적 연결고리를 지니고 있으며, 그 구성원만큼이나 다양할 수 있다.

언론

블랙스타 포토 에이전시(Black Star Photo Agency)의 사장이었던 해리 채프닉(Harry Chapnick)은 포토저널리즘과 여론과의 이러한 관계를 다음과 같이 명확하게 풀어 나가고 있다. "사진은 여론이라는 법정에서 증인 역할을 하는 역사의 목격자이다." 또한 『진실에 동맹이란 필요치 않다(*Truth Needs No Ally: Inside Photojournalism*)』(1994, p. 13)라는 저서를 통해 그는 "사진이 세상을 변화시킬 수 있는가"라는 질문에 다음과 같이 답하고 있다.

> "사진이 세상을 변화시킬 수 없다"라고 말하는 사람들은 그 문제를 충분히 숙고하지 않은 사람들이다. 사진은 사회적 이슈와 관련된 대중들의 인식을 변화시키고 자신들의 입장이나 취지를 반영할 수 있는 행동을 유발시키며, 사람들의 일상사와 정부의 공적인 일에도 커다란 영향을 준다. 또한 포토저널리즘을 평생의 업으로 삼아 온 나에게 사진은 세상과 인간의 삶 그리고 세상 사람들의 사회적·정치적 이슈에 대한 인식 등을 이해하는 데 매우 중요한 역할을 해 왔다고 할 수 있다(pp. 11-12).

> 사진기자는 오늘 촬영한 사진이 내일의 역사가 되는가를 늘 확신하는 것은 아니다. 또한 특정한 목적으로 게재되는 사진이 그 최초의 경계선을 넘어서 대중들의 의식에 얼마나 커다란 영향을 미치는지, 혹은 그 이미지가 세상을 좀더 나은 곳으로 만들 수 있는지 등을 정확하게 파악할 수 있는 것은 아니다(p. 13).

리프만(Lippmann, 1922)은 사람들은 자신의 머릿속에 그려지는 영상에 따라 행동한다고 말한 적이 있다. 이러한 맥락에서 포토저널리즘과 머릿속 영상과의 관련성을 탐구해 본다면, 포토저널리즘 이미지가 우리 머릿속의 영상에 어떠한 영향을 미치며, 또 그 방식은 무엇인가라는 의문이 제기될 수 있다. 또한 혹자는 의제설정이론(agenda-setting theory)을 언급하면서 '적어도 르포르타주 이미지는 우리에게 특정한 어떤 것을 연상시키며, 이를 통해 사물을 특정한 방식으로 생각하게 이끈다'고 주장할 수 있다(McCombs & Shaw, 1972, 1993). 반면에 또다른 방향에서 검토해 본다면, 영상 르포르타주로서의 포토저널리즘이 여론을 올바르게 보도할 수 있는지 아니면 그저 단지 대중적 이슈와 관련된 해프닝의 일화와 같은 증거(anecdotal evidence)만을 제시할 뿐인가에 대한 의문이 제기될 수도 있다.

실제로 대부분의 사진기자들은 자신을 선전선동의 전도자나 올트슐(Aultschull, 1984)이 언급한 권력의 중재자로 여기지는 않는다. 언론에 종사하는 이들에게 뉴스 생산의 명백한 이론적 근거는 사회적 책임이다. 즉 사회에 중요한 정보를 제공하는 감시인이자 수호자의 역할이다. 맥퀘일(McQuail, 1994)도 언급했듯이, 신문은 정치적 자유나 사회적·경제적 진보에 대한 수단으로 혹은 기존에 세워진 힘의 질서에 대한 합법적 저항수단으로 작용할 수 있다. 또한 그 사회적 책임에 있어, 보다 더 진지하고 직업의식이 투철한 사진기자도 있을 수 있다. 다음은 AP통신의 종군기자 아넷의 말이다.

> 단 한 사람의 미군이 죽임을 당할지라도 이는 국가적 분노와 비통함으로 이어지기 마련이다. 하지만 이처럼 위험하고 비참한 상황에서 스스로의 목숨을 내놓으면서까지 AP통신기자들이 뉴스를 추구하는 용기는 어디에서 비롯되는가? 지난 4년간 AP통신에서는 모두 여섯 명의 남녀 기자들이 희생당했다.
>
> 하지만 단언하건대, 오직 뉴스 기관만이 기자들에게 이렇게 위험한 임무를 일상적으로 맡길 수 있다. 그리고 이러한 확고한 책임의식이 바로 AP통신과 기타 뉴스 기관을 분리시키는 요인이기도 하다(Arnett, 1998).

AP통신의 경우, 이처럼 목격자로서 발견하는 진실에 중요한 의미를 부여한다. 사건의 목격자로서 사진기자는 정보와 증거들을 수집해 본사로 전송하며, 편집국 기자들에 의해 이미지가 선택되거나 버려져 적당한 '관문'을 지키게 된다. 또한 기타 신문이나 텔레비전 방송국의 기자들 역시 최상의 정보를 수집해 본사로 전송한 후 대량 유포를 결정하게 된다.

영상 르포르타주를 수집하는 주요 뉴스 기관으로는 로이터나 AFP(Agence France Presse), 포토저널리즘 에이전시인 매그넘(Magnum)이나 콘택트 프레스(Contact Press) 등을 들 수 있다. 또한 모든 뉴스 기관은 특정한 임무와 지침을 지니고 있으며, 이는 시각적 데이터들이 수집되고 전세계적으로 유포되는 데 중요한 영향을 미친다. 일례로 AP통신의 사진 편집자였던 샐리 스태플턴(Sally Stapleton)은 지난 수년간 AP통신에 게재되는 사진 유형이 급진적 변화를 거쳤다고 말한다. 실제로 최근 AP통신의 뉴욕 본사에는 폭력적 장면이나 가슴절제술 등의 장면들도 과거에 비해 훨씬 노골적으로 명시되고 있다(personal communication, 1998).

정부

아이러니하게도 1999년 7월 4일 밴더빌트(Vanderbilt) 대학의 제1수정헌법연구소(First Amendment Center)에서 발표한 여론조사에 따르면, 미국인들은 언론이 지나친 자유를 누려 왔다고 여기는 것으로 드러났다. 헌법조항에서도 알 수 있듯이 "미 의회는 종교의 설립과 이를 자유롭게 믿을 자유, 언론의 자유, 평화로운 집회의 자유, 부당한 압박으로부터 정부에게 탄원할 자유 등을 빼앗을 그 어떤 조항도 마련해서는 안 된다"고 명시되어 있다. 하지만 그럼에도 불구하고 미국 연방통신위원회(Federal Communications Commission)에서는 여전히 방송과 광고를 규제하거나 연령에 따른 영화 등급제를 실시하며, 교장들은 저널리스트에게 청소년에게 유해한 마약과 관련된 기사를 자제해 달라고 촉구하기도 한다. 또한 이러한 통제 및 조절은 모두 특정한 이익에 따라 결정된다. 그렇다면 도대체 누가 그 이익을 결정하는가? 이러한 문제의 복합성은 걸프전이 진행되는 동안 군부에서 언론을 통제했던 예를 들 수 있다. 당시 사진기자들에게는 미군의 사체가 담긴 관이 항공화물로 적재되는 장면을 촬영하는 것이 금지되었다. 또한 사진기자들은 전장을 조심스럽게 모니터 해야 했으며, 군인의 사체나 부상자의 사진이 대중에게 전달되는 것에 매우 신중해야 했다. 이러한 사진의 공개나 게재가 반전으로 치달을 수 있기 때문이었는데, 하지만 아이러니하게도 이라크 공격에 대한 대의명분은 바로 대중적 실익이었다.

정치가들의 유세전의 성패는 얼마나 유능한 보좌관들을 동원해 언론을 통해 여론을 조절할 수 있는가에 달려 있다. 잘 고안된 이미지 혹은 시각적 실책은 후보자의 당락을 결정하는 주요 요인이 되기도 한다. 또한 선거에서 승리한 후에도 정치가들은 끊임없이 언론을 통해 대중적 이미지를 조절하며 자신의 정책이나 입지를 확립하기도 한다.

실제로 정부는 법정에서 증거가 될 만한 사진에서부터 인공위성을 통한 감시 사진에 이르기까지, 매우 다양한 시각적 정보들에 의존한다. O. J. 심슨 재판의 경우, 수많은 사진들이 증거로 제시되었고, NASA에서는 허블 망원경을 통해 다양한 자료사진들을 확보하고 있으며, 미군의 경우 인공위성을 띄워 전세계적 감시체계를 가동시키고 있다. 하지만 이처럼 상황에 따라 그 해석과 용도가 다양할 수 있는 시각적 증거물들은 언론이라는 관문을 통과하면서, 마치 파나마 운하가 열리거나 닫힐 때처럼 정보가 유출되거나 차단된다. 결국 자유로운 사회를 표방하는 정부의 진실조차도 대중적 조작이라는 근원적 자원이 된다.

경제적 이익

언론의 역사는 사회적 책임뿐만 아니라 경제적 실익에 의해서도 그 팽팽한 줄다리기를 해 왔다. 1800년대 후반 미국의 언론들은 열악했으며, 6센트짜리 신문을 쉽게 사 볼 수 있는 소수의 엘리트나 부유한 사업가들의 선전 수단처럼 비춰지기도 했다. 단지 아주 헐값에 판매되는 비주류 신문만이 대중들의 목소리를 실을 따름이었다. 하지만 이제 우리는 열악한 언론에 의해 형성되던 여론과, 인터넷의 급성장과 문화적 혼합 그리고 언론사의 이익에 대한 대중적 인식 등으로 형성되는 여론 사이에 뚜렷한 선을 그을 수 있게 되었다(Schneider, 1999). 물론 올트슐(1984)은 현대의 언론은 경제적·정치적·사회적 권력을 지닌 자를 위한 '행위자(agent)'라고 지적한 바 있다. 하지만 언론의 근본 토대와 운영은 사회적 책임이라는 개념에 기초하며, 이러한 맥락에서 서로 다른 권력을 지닌 집단의 경제적 이익을 반영하는 것이다. 또한 '경제적 이익'과 관련된 진실은 다름 아닌 이윤에 있어서 최상의 결과를 만들어내는 정보를 제공하는 데 있다.

요약

이러한 문제와 관련된 연구논문들은 특정한 이론적 관점(즉 '누구의 진실인가'라는 측면에서)에 따라 매우 복합적이고 광범위한 양상을 띤다. 앞에서 이미 '시각적 진실'이라는 이슈를 살펴보면서 영상 르포르타주를 사회적·문화적 맥락에서의 인간의 시각적 행동으로 파악한 바 있다.

이러한 관점에서 살펴본다면, 르포르타주 이미지는 '행위자'인 동시에 '인위적 구조물(artifact)'이다. 이를테면 문화를 형성하고 변화시키고 반응을 이끌어낸다는 측면에서 행위자이며, 우리가 직접적인 시각적 증거를 갖고 있지 않은 장소, 시간(순간), 사람들에 대한 정보를 알려준다는 측면에서 인위적 구조물이라 할 수 있다.

이 관점에서 바라볼 때 포토저널리즘은 다음과 같이 인간의 시각적 행동의 의미 있는 한 형태를 형성하고 있다.

- 행동하는 사람이 피사체가 된다.
- 사진가는 바라보거나 촬영을 한다.
- 편집자는 골라내는 역할을 한다.

- 사회단체나 기관은 이미지의 내용을 통제하려 한다.
- 대중들은 보거나, 받아들이거나, 행동하거나, 거부하거나, 무시한다.
- 이에 대한 대화나 논의는 끊임없이 계속된다.

예를 들어 O. J. 심슨이 배심원들로부터 무죄 판결을 받았을 때의 영상취재 상황을 떠올려 보자. 수많은 사람들이 텔레비전 앞에서 이 순간을 생방송으로 지켜보았으며, 이 순간의 목격자가 되기 위해 심지어는 점심을 먹는 것도, 옆 사람과 대화를 나누는 것도 중단했다. 당시 사진기자들이 대중들의 반응을 다큐멘터리로 기록한 결과, 전국에서 흑인들은 환호성을 지르며 기뻐한 반면 백인들은 강한 반감과 불만을 드러냈다. 하지만 당시 여론이 공정하게 보도되려면 양측의 반응을 모두 게재하는 것이 옳았으며, 대부분의 신문사들은 실제로 그렇게 했다. 그렇지만 간혹 어떤 신문들은 특정한 관점이나 미학적 가치를 명분으로 얼마나 자주 한쪽의 기사만을 보여주고 있는가? 또 언론사들은 편파적 사진을 보여줌으로써 얼마나 자주 비난을 받는가? 영상자료로 사용되는 비디오 클립 역시 복잡한 사건들을 불과 몇 초만 보여주지 않는가? 그리고 방송국에서는 그 잠재적 효과를 위해 동일한 영상 화면을 얼마나 반복해서 보여주는가?

이러한 이슈는 다음의 윤리적 문제와도 연결된다.

- 보도하는 방식.
- 보도를 할 때 우리는 무엇을 말하는가(Newton, 1983)?

피사체이든지, 사진가이든지 혹은 관찰자이든지, 이러한 이슈와 관련된 경우에는 권력의 사용에 관한 윤리적 문제가 제기된다. 맥퀘일(1994)은 사회 전체로서의 이익에 초점을 맞춘 새로운 매체이론을 주장한 바 있는데, 그 어떠한 형태의 새로운 이론이든 '시각적 진실'의 본질과 관련된 특정한 방향성이 포함되어야 한다는 사실에는 변함이 없다.

영상 르포르타주

결론적으로 우리는 사회 속에서의 영상 르포르타주의 역할에 대해 다음과 같은 질문을 던질 수 있다.

- 포토저널리즘은 어떠한 방식으로 보도하거나, 영향력을 행사하거나 이미지를 구축하거나, 전달함으로써 다양한 '시각적 진실'에 접근하는가?
- 포토저널리즘은 시각적 본능을 지나치게 자극해, 이제는 더 이상 그 기능을 할 수 없는 경우에까지 이르게 하는가?
- 포토저널리즘은 이상적인 신화에 불과한 것인가? 그 이미지는 올바른 르포르타주를 실현하고 있는가? 아니면 단지 신문이나 방송을 보급함으로써 뉴스 기관과 사주의 이익에만 공헌하는 것인가?
- 일부 사진기자는 '시각적 진실'을 위해 기꺼이 목숨을 내놓기도 하는데, 이는 무엇을 의미하는가?

사회생태학 및 비평적/문화적 이론

전쟁에서 수척해진 포로의 사진이나 자연재해의 사진을 바라볼 때, 우리는 인간의 시각적 행동에 참여하게 된다. 루츠와 콜린스(Lutz & Collins, 1993)도 언급했듯이 이러한 이미지는 교차적 응시가 되는데, 또한 이 개념을 비평적/문화적 접근법을 넘어서 사회생태학적 구조론(sociobiological framework)에 포함시킬 수 있다. 즉 누군가가 사진을 바라볼 때 그는 그 속에서 여러가지 다양한 역할을 맡게 된다. 예를 들어 인생의 시련을 겪은 누군가의 고통스러운 모습을 엿보는 관음증적인 관찰자가 되거나, 생존을 위해 정보를 추구하는 단체의 일원이 되거나, 시각적 등가물을 통해 타인의 이미지 속에 감정이입을 하거나, 인간의 고통이나 손해를 상품화하는 소비자가 될 수도 있다. 또한 광고 수익에 따라 제작자가 흥미를 유발시키는 대로 이끌리는 독자나 관찰자가 되거나, 타인의 정형화한 모습을 바라보는 특정한 계층이나 성이나 인종적 그룹에 속하거나, 시각적 이미지를 이용해 대중적 이미지를 조절하는 정치가가 되거나, 단지 타인에게 무슨 일이 일어나는지를 목격하고 싶은 관찰자가 될 수도 있다.

하지만 그 어떠한 형태이든지, 영상 르포르타주의 이상은 세상의 다양한 정보들을 신뢰할 만한 방식으로 기록하고 표현하는 것이다. 그 일상적인 형태에 있어서 포토저널리즘은 '누군가의 진실'을 불러일으키고 전달하는 강력한 도구로 사용될 수 있으며, 혹은 진실을 억누르고 조작하는 수단으로도 사용될 수 있다. 그리고 이 속에서 '누구의 진실인가'라는 문제는 진실을 결정하는 과정과 관련된 모든 이들의 의식이 반영되는 문제라 할 수 있다.

제9장

영상생태학의 추구

Toward an Ecology of the Visual

르포르타주, 제스처, 표정, 예술, 연극, 매체, 가상현실 등을 비롯해 인간의 시각적 행동은 점차 우리의 삶을 주도하는 요인이 되고 있다. 또 최근 들어서는 사회과학이나 인문과학에서도 이러한 물리적 경험으로서의 시각적 요소들을 언어만큼이나 중요하게 인식하고 있다. 따라서 제9장에서는 영상생태학의 측면에서 이러한 시각적 행동을 인간의 포괄적 경험을 형성하는 요인으로 규정하기로 한다. 또한 동시에 심오하면서도 눈에 보이지 않는 방식으로 우리의 삶에 영향을 미치는 그 상징적 구성요소뿐만 아니라, 인간의 시각적 체계에서의 영상 르포르타주의 주요 역할에 대해서도 살펴보기로 한다.

일상적 시각체계. 뉴욕 시 록펠러 플라자에 위치한 사무실에서 AP통신의 사진 편집자들이 전세계의 기자들이 보내온 사진을 편집하고 있다. 이 장면의 시각적 요소에는 남녀 편집자, 신문 활자, 사진, 책, 옷가지, 로고 디자인, 컴퓨터 모니터, 지도, 텔레비전 화면, 사무가구, 물리적 공간, 전세계의 시각을 알리는 7개의 시계 등이 포함되어 있다. (사진: 줄리 뉴튼)

제9장

영상생태학의 추구

물리학이나 사회과학에서의 새로운 자료들을 살펴보면, 과거의 생각과는 달리 보는 것과 이해하는 것이 인간의 의식과 행동에 얼마나 복합적이고 중요한 영향을 미치는가를 새삼 느낄 수 있다. 앞서 이미 언급했듯이, 우리가 '시각적 진실'로 인식하는 모든 것들은 다양한 요인으로부터 영향을 받는다. 누가 바라보는가, 어떻게 그리고 왜 바라보는가, 누구를 혹은 무엇을 바라보는가뿐만 아니라 '관찰 행위'가 일어나는 전후 상황이나 어떠한 형태의 시각적 요소를 사용할 것인가에 대한 결정에 따라서도 그 결과가 달라질 수 있다. 또한 이는 개인, 매체, 기업체, 사회단체 등의 진실을 바라보는 기준에 따라서도 달라질 수 있다. 더군다나 영상 르포르타주는 이른바 주류 언론에 속할 수도 있고 또 비주류에 속할 수도 있으며, 몇몇 프리랜서 사진기자들은 자신만의 관점에서 이미지를 해석할 수도 있다.

그렇다면 이처럼 우리가 만들거나, 살거나, 인식하거나 의존하는 시각적 환경의 복합성을 어떠한 방식으로 이해할 수 있는가? 먼저 궁극적으로 영상이란 무엇인가를 이해하기 위해 이를 연구하는 최상의 방법은 무엇인가라는 질문부터 시작할 필요가 있다.

그런 태도로 주요한 연구문제를 프레이밍함으로써 영상을 언어를 통해 해석하고자 하는 영상의 더욱 규범적인 인식론적 언어장애를 제거하는 데 도움이 된다. 또한 영상을 연구하는 최상의 방법은 무엇인가라는 질문을 통해 우리는 영상을 그 자체로서의 체계로 파악할 수 있게 된다. 즉 언어에 의존적이거나, 언어보다 덜 정교하거나, 언어의 보충적 역할이 아닌 동등한 체계로 파악할 수 있다.

이러한 생각은 영상을 언어와의 관계로 파악하기보다는 그 자체를 이해의 대상물로 올려놓는 것이다. 이렇게 함으로써 우리는 영상을 연구할 만한 타당하고 확고한 기반을 다질 수 있게 된다. 즉 그 목표는 언어학자들의 연구경향처럼 영상을 따로 분리시키는 것이 아니라, 영상을 전면에 내세우되 영상과 기타 커뮤니케이션 요소와의 상호작용도 고려하는 것이다.

실제로 최근 10여 년에 걸쳐 영상을 연구하는 학자들이 점차 증가하는 추세에 따라, 시각적 방식 속의 영상을 총체적으로 살펴본 후 이를 실질적으로 파악하는 경향들이 늘고 있다. 하지만 우리가 미학적/기호학적/문화적 관점이나 혹은 인식적/심리학적/생리학적 관점에서 영상에 대해 접근하더라도, 사실상 이 두 관점을 서로 완전히 분리시키는 것은 불가능하다. 따라서 인간의 시각적 행동 속에서 영상의 역할을 보다 명료하게 이해하기 위해서는 이러한 문화적·물리적 프레임을 혼용하면서 그 상호작용을 파악할 필요가 있다.

영상이론에 대한 이러한 통합적 분석은 커뮤니케이션 이론의 분석과도 일관적인 맥락을 이룬다. 예를 들어 쿠퍼(Cooper, 1998)의 새로운 테크놀러지의 영향 속에서의 윤리적 이슈, 로저(Rogers, 1998)의 커뮤니케이션 연구의 두 가지 관점 분석(Anatomy of Two Subdisciplines of Communication Study), 크레이그(Craig, 1999)의 독립적인 분야로서의 커뮤니케이션 이론(Communication Theory as a Field) 등을 한번 살펴보자. 크레이그는 커뮤니케이션 이론을 사회적 커뮤니케이션의 실제라는 중심적 맥락에서 살펴보면서 이를 하나의 독립적인 분야로 다룰 것을 주장하였다. 유사하게 영상이론가들 역시 예술사, 시각적 인지이론, 인식론 등과의 상호관계를 파악하면서도 영상을 보다 분리된 하나의 통합체계로 바라보고 있다.

이 장에서는 인간의 시각적 행동을 문화적·물리적 체계가 통합된 '영상생태학'의 관점에서 탐구하기로 한다. 또한 인간의 시각적 행동들이 공개적 형태를 띠게 될수록 포토저널리즘 역시 이러한 체계 속에서 주요한 역할을 하게 된다는 점도 염두에 둔다. 영상생태학에서는 영상을 상징적으로 파악하기보다는 시각적 행동의 근본을 이루는 요소로 파악한다. 때로 몇몇 이론가들은 시각적 상징성에만 초점을 맞추어 그 시각적 코드를 탐구하기도 하는데, 이는 인간의 시각적 행위의 물리적 측면을 이해하는 데 방해 요인으로 작용할 수도 있다. 따라서 여기에서는 상징성과 근본적인 특성 모두를 균형 있게 파악하면서, 상호의존적인 체계 속에서 인간의 시각적 행동의 역할을 살펴보기로 하자. 또 이는 사회체계 속에서 영상 르포르타주의 위치를 이해하는 데도 도움이 될 것이다.

영상생태학은 공동상승의 시너지 효과를 내며, 인간의 시각적 행동과 그들의 시각적 환경 사이의 관계를 설명하는 데 도움이 된다. 생태학적으로 생각한다는 것은 시각적으로 생각하는 것이며, 무정형의 다룰 수 없는 실체나 본질을 복합적인 총체로 고려하는 것이기도 하다. 영상생태학에는 이미지가 개인이나 그들의 리얼리티에 어떠한 영향을 미치는가 그리고 각 영향력이 어떻게 전체적인 총체를 이루는가 등의 문제가 포함된다. 그렇다면 이러한 관점에서 우리는 영상을 혼란과 질서, 정체와 역동성, 예측성과 불가측성 등을 지닌 하나의 체계로 파악해야 하는가, 또 그 비현실적이고 유해한 가치 때문에 '영상폐기물(visual waste)'로 불리는 수많은 광고에 대해서는 어떻게 파악해야 하는가? 우리는 이러한 영상들을 어떠한 방법으로 다룰 수 있는가? 수없이 쏟아지는 영상들은 그 가치 여부를 떠나서 어느 정도 인간에게 재순환하면서 영향력을 발휘하는 것이 아닌가? 이러한 질문에 대한 가장 현실적인 해답으로는 '문화적 방해(culture jam)' 현상을 들 수 있다. 이를테면 유명 광고나 노래 등을 패러디하거나 뒤집기하여 유해한 주류문화에 대한 방해작업을 펼치는 것인데(Schneider, 1999), 그 예로 어린이들에게 인기 있는 조 카멜(Joe Camel) 간판 광고의 패러디를 들 수 있다. 담배 광고 속의 조 카멜은 폐암을 막는 약품이 담긴 듯한 정맥 튜브를 연결하고 있으며, 그 속에서 담배를 광고하던 대중문화의 대표적 도상인 조 카멜은 '문화적 방해꾼들'에 의해 스스로의 행동이 초래한 희생양으로 바뀌어 버렸다.

그렇다면 이러한 영상생태학의 맥락에서 또다른 예를 살펴보기로 하자. 1995년 여름, 필자는 인간의 시각적 행동의 한 현상을 관찰한 적이 있다. 당시 필자는 시각적 인지이론에 대해 디자인과 학생들에게 설명하면서, 얼굴과 꽃병이 그려진 그림을 두고 '형태-배경(figure-ground)'이론에 대해 얘기를 하고 있었다.

영사된 이미지를 가리키며, 필자는 유사한 현상들을 설명하기 시작했다. "이 그림에서 얼굴과 꽃병을 동시에 볼 수도 있고 아니면 그렇지 못할 수도 있어요. 대개 인간은 형태와 배경을 동시에 구별하지는 못한다고 합니다."

필자는 얼굴과 꽃병을 분리시키는 데 열중하는 학생들의 표정을 유심히 지켜보면서 "얼굴과 꽃병을 동시에 식별할 수 있겠어요"라는 질문을 던졌다. 하지만 학생들은 '얼굴'과 '꽃병'을 동시에 식별할 수 있다고 확신했으며 실제로도 그렇게 했다. 필자 역시도 그림을 좀더 유심히 살펴보았더라면 충분히 마찬가지의 결과를 얻을 수 있었을 것이다. 이 이야기를 듣자 심리학자인 제닝스 브라이언트(Jennings Bryant, personnal communication, 1999)는 "우리의 육안은 형태와 배경을 지나치게 빠르게 분리시킨다"는 말을 했다. "그런 다음에는 인지 과정에서 빠른 속도로 통합하기 때문에, 오히려 이 순식간에 일어난 인지적 변화를 식별하지 못하는 것일 수 있어요."

그렇다면 학생들과 필자는 이러한 시각적 인지의 단계를 어떻게 인식할 수 있었던 것일까? 여기에서 필자는 디자이너 니겔 홈스(Nigel Holmes, 1994)의 주장을 살펴보지 않을 수 없다. 그는 젊은 디자이너들이 나이든 디자이너들은 식별하기 어려운 레이어 요소들을 곧잘 구별할 수 있었다는 사실에 주목했는데, 필자의 학생들 역시 'Wired and Ray Gun'의 디자인을 별다른 어려움없이 식별할 수 있었다. 따라서 여기에 가장 합리적인 추론을 더하자면, 입체적인 이미지나 가상현실 테크놀러지가 발전하고 시각적 매개물들이 널리 유포됨에 따라, 우리의 시각적 인지능력 역시 문화적으로나 생물학적으로 발전을 거듭했다고 볼 수 있다. 하지만 여전히 이러한 인지적 발전은 영상을 단지 눈에 보이는 것, 의태나 시뮬레이션, 시각적으로 표현된 의미로만 바라보는 시각에 의해 가려져 왔다고 할 수 있다. 이런 측면에서 바라본다면 영상에 대한 분석은 문자 이전의 단계로 퇴보했다고도 할 수 있다.

1994년 로넬은 이를 두고 "세상을 경험할 수 있는 능력(experienceability)이 사라지고 있다"고 언급한 바 있다(『*Finitude's Score: Essays for the End of the Millennium*』, p. ix).

그렇다면 이를 경험적 능력의 상실로 개념화할 수 있는가? 맥루한이 옳다면, 우리는 여전히 문화적이거나 물리적 관점에서 이러한 시각적 본질을 중재하는 방식을 이해하지 못하고 있다는 것인가? 또한 인간이 이러한 시각적 능력을 발전시켜 왔다고 가정할 때, 우리의 이성적 판단은 이제 겨우 이를 의식적으로 구별할 수 있을 정도로만 발전한 것인가?

하지만 지금까지 이해하지 못했던 이러한 부분을 간과하려는 경향은 아이러니하게도 영상의 본질적이고 계몽적인 특성을 두려워하는 것이나 마찬가지이다. 이를테면 우리 스스로 '시각적 능력'의 인식을 꺼려 하고 있는 셈이라 할 수 있다. 더군다나 이러한 과정에서 가장 큰 문제점은 바로 영상을 언어체계를 분석할 때 사용하는 방식으로 탐구하려 한다는 점이다. 실제로 영상을 연구하는 수많은 학자들은 시각적 재현물을 언어를 사용해 논의하거나 개념화하는 것에 대한 어려움을 토로한다(어쩌면 그 자체가 거의 불가능한 것인지도 모른다). 우리는 지금껏 '시각'을 '언어화'해 왔는데, 그 대표적인 예로 '시각적으로 읽고 쓸 수 있다(visual literacy)'는 개념을 들 수 있다. 따라서 오늘날 영상이론가들도 이러한 관점에 초점을 맞추기 시작했으며, 이들은 시각적 메시지의 해체를 통해 언어와의 관계 속에서 영상을 파악하려는 관점이나 영상과 문화의 잠재적 영향력을 부정적으로 고려하는 관점 등을 비평하고 있다. 하지만 아이러니하게도 이러한 이론이나 논문들 역시, 비록 일러스트레이션이나 이미지가 포함되어 있기는 하지만, 여전히 언어로 표현되고 있다.

또한 우리가 때로는 총체적 맥락에서 또 때로는 실질적 맥락에서 영상을 바라볼 때, 이처럼 다양하게 쏟아진 연구논문들 속에서 과연 시각적 재현물을 탐구하는 타당한 방식을 어떻게 파악할 수 있는가?

따라서 그 목표는 인간의 시각적 행동의 상호연관적인 네트워크가 될 것이다. 예를 들어 전체적인 총체성을 유지하면서 그 작고 실질적인 부분으로의 연관성을 잃지 않는 것이라야 한다. 또한 이러한 연구 과정에 있어서 이론을 지나치게 단순화하거나 혹은 축소하는 일 없이, 오히려 포괄적인 생태학적 관점에서 그 이론의 복합성과 다양한 시각적 행동의 '상호의존성'에 초점을 맞추어야 할 것이다.

생태학적 관점을 지지하는 이론

먼저 생태학적 관점에서 영상을 연구하는 몇몇 이론들에 대해 살펴보기로 하자. 문화적·물리적 맥락에서의 상호연관성까지 고려하는 생태학적 관점으로는 생태계 이론(living-systems theory, Capra, 1996), 사회생태학(sociobiology, Orstein, 1991; Shoemaker, 1996; Wilson 1992, 1998), 비언어적 커뮤니케이션

(nonverbal communication, Knapp & Hall, 1997; J. Streeck, 1996; Wilson, 1998), 인식론적 연구(cognitive studies, Barry, 1997b; Bechara, 1997; Ledoux, 1986; Moriaty, 1996; Sperry, 1973; Williams, 1995, 1999), 매스 커뮤니케이션(mass communication, McLuhan, 1951, 1964; McLuhan & Powers, 1989), 사회구조주의(social constructionism, Berger & Lukmann, 1967), 상징적 상호작용론(symbolic interactionism, Blumer, 1969), 예술사(art history, Foster, 1998; Stafford, 1996, 1997) 등이 있다.

각 이론적 접근법은 보다 복합적이면서도 미묘한 뉘앙스를 갖고 있지만, 여기에서는 지면상 간략한 개요만을 살펴보기로 한다. 또한 각 이론들은 영상이론을 적용하는 데 있어서 "바라보기 때문에 고로 내가 존재할 수 있으며, 또 내가 존재하기 때문에 볼 수 있다(I see, therefore I am - I am, therefore, I see)"라는 명제를 반영하고 있다(Williams, 1999). 다음은 이러한 주제와 관련된 간단한 요약들이다.

생태계 이론

이 이론은 개인이나 혹은 사회 구성체 등을 복합적이고 통합적 네트워크로 파악하는 데 초점을 맞춘다. 생태계 이론의 중심 개념인 생태학은 유기체와 그 환경의 상호연관성에 집중하며, 이를 순환하는 비계층적 네트워크로 파악한다(Capra, 1996, p. 33). 유물론자인 카프라는 생태보호운동을 개인이나 사회를 비롯해 우리가 속해 있는 모든 현상이나 사실의 근본적인 상호의존성을 인식하는 관점으로 묘사하고 있다. 또한 궁극적으로 이러한 과정은 비평적이고 냉소적 본성을 지니게 된다(p. 6). 이러한 생태학의 기본 개념으로는 상호의존성, 재순환, 협동심, 융통성, 다양성, 지속력 등이 있다(p. 304).

사회생태학

사회생태학의 개척자인 윌슨(Wilson, 1998)은 이렇게 적은 바 있다. "인간의 환경을 파악하기 위해서는 유전적 특성과 문화도 모두 함께 이해할 필요가 있다. 또한 이는 과학과 인문학을 분류하듯이 별도로 분석하는 것이 아니라, 인류 진화의 과정으로서 통합적으로 인식되어야 하는 것이다(p. 163)." 제2장에서도 언급했듯이, 슈메이커(1996) 역시 "인간은 현대의 뉴스 매체를 통해 그를 둘러싼 환경을 생태학적이고 문화적으로 탐구할 필요가 있다"고 지적한 바 있다. 또한 심리학자인 올스타인(Ornstein, 1991)은 "인류는 무의식적 진화의 과정을 거쳐 이만큼 진보했다"고 언급한 적이 있는데, 그는 "이러한 진보 과정에서 의식적으로 영향력을 행사해 보다 복합적인 인지의 과정으로 들어설 수 있다"고 말한다.

인지론적 연구

영상 커뮤니케이션 이론가인 모리아티(Moriarty, 1996)는 영상 커뮤니케이션은 언어체계와 동일한 기본적 체계라고 주장하였다. 윌리엄스(1999), 배리(Barry, 1997b), 올스타인(1997)을 비롯한 이론가들은 인지 과정은 두 가지 유형의 주요한 과정을 통해 파생된다고 지적한다. 즉 우뇌(시각적·공간적 인식)와 좌뇌(언어적·논리적 인식)로부터 통합적 인지작용이 일어나는 것으로 볼 수 있다(Jaynes, 1976/1990; Sperry, 1973). 베카라(Bechara, 1997)와 르도우(LeDoux, 1986) 역시 시각적 인지가 무의식적인 흐름을 유사하게 따르고 있으며, 이성적 판단이 의식적으로 개입하기 전에 행동을 유발하거나 이끌게 된다고 주장한다. 또 윌리엄스(1999)의 경우 "이성과 직관이라는 두 가지 과정을 거쳐 사고 과정이 이루어지는데, 이 유기적 과정에서 공동상승의 시너지 효과를 이해하지 못한 탓에 현대 사회 속에서 그 이성적 능력만이 과대하게 강조되어 왔다"고 한다. 윌리엄스(1999)는 '옴니페이시즘(Omniphasism, 삶의 전 양식주의, whole way of life, 윌리엄스를 위시한 문화론자들은 문화를 예술의 영역에만 가두는 편협한 해석을 부인하고, 문화의 의미를 삶의 일상 영역으로 확대시켜야 한다고 주장했다. 원용진 저, 『대중문화의 패러다임』, p.

302-역주)'이라는 개념을 통해 이러한 인지론적 균형이론을 설명하고 있다.

> 커리큘럼에는 직관적이거나 이성적 능력이 동등하게(때로는 보완적으로) 포함되어야 하며, 이러한 전체론적 교육 모델을 통해 보다 균형잡힌 교육이 이루어질 필요가 있다. 충분한 교육을 받고 결단력을 갖춘 개인일수록, 매체의 영향력으로부터 덜 조절되며 이러한 교육적 경험을 삶의 경험에 보다 더 잘 적용시키는 것으로 나타났다. 즉 개인적 혹은 전체적인 문화체계 속에서 보다 균형감각을 유지할 수 있는 것이다(p. 164).

그의 전체론적 이론에는 꿈, 비전, 명상, 내적인 상상력뿐만 아니라 물리적 관찰도 포함된다. 또한 이러한 생각들은 매체를 통해 만들어진 이미지가 무의식적인 단계, 즉 꿈이나 명상처럼 작용할 수 있다는 사실도 뒷받침하고 있다.

배리(1997a, 1997b)는 인간은 '시각적 지성(visual intelligence)'을 소유하고 있다고 주장한 바 있는데, 이에 따라 콜라주 혹은 모자이크 패턴(브리콜라주와 같이) 같은 시각적 논리를 적용해 정보를 통합하고 이성적인 사고를 초월하는 영향력을 발휘할 수 있다고 말한다. 배리(1997b)는 다음과 같이 적고 있다.

> 우주를 지배하는 환경과 원칙이 우리의 주의를 끄는 것은 자연스러운 것이다. 이들은 인간 존재의 심오하고 깊이 있는 리듬을 동일하게 반영하고 있는 것이다. 이러한 비선형적 관계는 그래프 상에서 일직선으로 표시될 수 없다. 따라서 세상을 이해하기 위해서는 원대하고 다차원적 논리와 포괄적인 인지론적 관점이 필요하다. 그리고 이것이 바로 시각적 지성의 본질이다(p. 337).

배리는 또한 두뇌연구를 통해 시각적 정보는 대뇌의 신피질(의식적인 사고작용이 이루어지는 곳)을 우회한다고 밝힌 바 있다. 이 이론에 따르면 시각적 정보는 먼저 눈으로부터 시상으로 이동한 후 편도체(amygdala)로 곧장 옮겨져, 미처 신피질의 정보가 의식화하기도 전에 행동을 유발하게 된다고 한다. 또 이에 따라 배리(1997a)는 우리가 이성적 사고로 간주하는 것은 대부분, 이미 시각적 지성이 그 연산 과정을 마친 상태를 설명하거나 정당화하고 싶은 의식적인 경향이라는 급진적 주장을 펼친 바 있다.

비언어적 행동

윌슨(1998)은 인간의 시청각 정보에 대한 편애에 주목하면서 '시각적 비언어적 커뮤니케이션'에 대해 기술했으며(p. 152), 스트릭(Streeck, personal communication, 1996) 역시 시각적 행동을 '비언어적 행동'으로 규정하고 언어와의 관계로써 영상을 파악하려는 관점을 비평한 바 있다(스트릭은 비언어적 커뮤니케이션이라는 용어 대신에 '시각적 행동(visual behavior)'이라는 용어를 사용했다). 냅(knapp)과 홀(Hall, 1997)의 경우에는 비언어적 커뮤니케이션을 "언어가 아닌 기타 수단에 의해 영향을 받는 커뮤니케이션"으로 규정하였는데, 이에 대해서는 다소 부적절하다는 논란이 있다(p. 5). 일반적으로 비언어적 커뮤니케이션을 주장하는 이론가들은 "시각적 행동들이 연속체를 형성하고 있으며, 때로는 다른 행동과 겹쳐지는 복합성을 띤 연속체의 양상을 띠고 있다(p. 32)"는 사실을 강조하고 있다.

미디어

맥루한(1964)은 인간은 테크놀러지를 통해 확장되어 왔으며, 그 내용을 전달하는 방식이 다시 인식되는 내용에 영향을 미친다고 주장한다. 예를 들어 텔레비전의 경우, 전세계적 커뮤니케이션으로 확장된 멀티미디어로 간주될 수 있는데, 텔레비전을 통해 방송되거나 정보가 전달되는 방식이 그 정보를 인식하는 인간의 방식에 영향을 미치게 된다.

리얼리티의 사회적 구축

맥루한(1951)은 초창기 저서 『기계적 연결(*The Mechanical Bride*)』을 통해 사회구조주의적인 주제를 다루면서, 매체의 권력이 우리의 생각이나 행동에 미치는 영향력을 탐구하였다. 버거와 루크만 또한 1966년 이러한 이론을 공식화하면서 사회구조적 인식론을 주장한 바 있다. 이러한 이론의 핵심적인 내용은 진실은 인간이 세상을 살아가는 과정 속에서 구축되는 어떤 것이며, 이는 다시 그들을 구축하게 된다는 개념이다(McLuhan & Powers, 1989).

상징적 상호작용론

블루머(1969)는 인간은 타인을 향해 그리고 정보를 향해 여러가지 의미 있는 방식으로 행동하게 된다고 말한다. 그는 이러한 상호작용을 인간 행동의 핵심적인 요소로 보았으며, 이론가들이 이러한 시각적 행동의 의미를 애써 강조함으로써 오히려 물리적 현상을 시각적으로 받아들이거나 내적인 생각들을 외부로 표출하는 인간의 자연스러운 전이 활동을 방해한다고 주장하였다.

예술사

스태포드(Stafford, 1996, 1997)는 선형적 사고로 시각적 이론을 연구하는 관점들을 비평하면서, 영상이론은 전문적인 영상이론가에 의해 수행되어야 한다고 주장한다. 그는(1997) "획기적 인식론, 교수법, 체계적 조직론 등을 통해 선형적 텍스트로부터 통합적 패턴으로의 이동이 이루어져야 한다"고 말한 바 있다. "학제간(cross-disciplinary) 연구를 통해 영상에 관한 전문적 지식들이 축적되어야 한다. 또 이를 통해 시각화에 대한 문제를 풀어 나갈 수 있을 뿐만 아니라, 사회 속에서 다양한 역할을 수행하는 각 개인에게 '영상은 그 어떠한 형태든지 우리 사회에 부정적인 영향을 줄 뿐'이라는 도처에 편재해 있는 불신과 궤변을 비평할 만한 근거를 마련해 주게 된다(pp. 214-216)."

포스터(Foster, 1988) 역시 시각적 연구의 역동적 본질을 강조하면서, 영상이론가들은 끊임없이 '대안적 시각성 또는 대안적 영상연구(alternative visualities)'와 '메타 비평(critique the critique)'을 추구할 수 있어야 한다고 말한다.

다음은 이러한 영상생태학의 개념을 규정하는 데 도움이 되는 몇 가지 정의이다.

- 표상(symbolic): 기타 다른 것을 표현하는 데 사용되는 것.
- 근본적, 본질적인(primal): 최초의, 주요한, 제1의 의미를 지니는.
- 생태학(ecology): 유기체와 그를 둘러싼 환경을 고려하는 관점.
- 환경(environment): 유기체의 주위 환경으로, 여기에는 인간과 그 조직체 사이의 상호연관성이 포함된다.
- 생태적 위치(ecological niche): 유기체가 다른 유기체와의 관계에 있어서 차지하고 있는 공간, 역할, 기능.
- 행동(behavior): 상호연관성을 고려한 유기체의 관찰 가능한 집합적 반응이나 활동.
- 인식(cognition): 알거나 터득하거나 인지해 가는 과정이나 행동.

이제 앞서 제2장에서 설명한 인간은 시각적 본능을 지니고 있다는 점을 다시 살펴보기로 하자. 시각을 인식체계 속의 본능적인 한 행동으로 간주하는 관점은 인간의 포괄적인 활동체계 속에서 그 상징적 측면이 아닌 직관적 측면에 초점을 맞춘 것이다. 하지만 여기에서 상징성 역시 인간 행동의 생태학적 측면의 일부이자 근본적인 측면으로 간주할 수 있다는 논란이 있을 수 있다. 이러한 측면에서 살펴본다면 미디어 역시 근본적인 측면에 속하게 된다. 또한 인구가 증가하고 사회적 메커니즘이 확장됨에 따라 인간 행동의 다양성이 넓어지듯 인간의 행동범위가 확장되고, 상징성 역시 경험 가능한 것으로 이해될 수 있으며, 이 역시 마음을 움직이는 인간적 행동으로서의 의미를 지니게 된다. 더군다나 이런 맥락에서는 미디어 역시 우리의 일부이며, 외부에서 우리에게 작용하는 것이 아니라, 우리가 만들어내고 그를 통해 다시 반응하는 등 '우리로부터 파생되는 것'이다.

시각의 상징적 측면에 초점을 맞추게 되면, 상징을 시각적 행동의 본능으로 자연스럽게 받아들이지 않아 인간의 삶 속에서 시각의 본질적 역할을 고려하는 것이 방해될 수 있다. DNA 개척자이자 생물물리학자인 크리크(1994)의 경우, 그의 연구에서 '시각적 인지'를 '의식(consciousness)'의 주요 요소로 보았다. 실제로 우리가 아무것도 하고 있지 않는 것조차 상징성을 지니는가? 우리가 서로 다른 방식으로 사고하고 행동하는 능력은 우리에게 인간의 체계에 대해 더욱 깊이 생각하게 만들었다. 하지만 우리는 그 속에 몸을 담고 있기 때문에 그 체계에 대해 깊이 생각할 수 없다. 우리는 인간이 상징적 세계 속에서 살아간다고 생각하며, 구름을 생각하는 것만으로도 육체적으로 살아 있다는 구체적인 느낌을 받게 된다. 이처럼 여전히 우리는 몸과 마음이라는 이분법적 분리의 개념으로부터 깊은 영향을 받고 있기 때문에, 마음을 몸으로 인식할 수가 없다. 하지만 크리크는 우리가 생각하는 모든 것을 신경세포와 연관지었다. 그리고 이것이 바로 필자가 근본적인 혹은 근간을 이루는 '원초적인' 것으로 의미하는 바이다. 필자는 추상적인 것을 피하려고 애쓴다. 가능하면 언어를 사용할 때 의식적인 존재에 집중하려고 한다. 또 이는 불교에서 말하는 외적인 것이나 내적인 것은 없으며, 다만 '그 자체로 존재한다'고 말하는 것과 유사한 맥락이다. 또한 포스트모더니즘은 과학적 방법, 모더니즘, 리얼리즘, 합리적 이성 등의 엄격한 논리를 해체함으로써 이러한 생각에 집중하려 한다. 하지만 포스트모더니즘은 '개인의 주관성'이라는 소용돌이에 말려들어 그 목표를 잃어버렸다(Best & Kellner, 1991). 이 '원초적인(primal) 시각적 본능'은 인간 삶의 본질적인 부분이 될 수도 있고, 아니면 그 체계의 작은 일부분이 될 수도 있다. 포스트모더니즘은 영상의 상징성을 본능적인 부분이 아닌 의태 혹은 시뮬레이션으로 파악함으로써 초점을 잘못 맞추었다고 할 수 있다. 이른바 '상징성'은 그것이 표현하고자 하는 것만큼이나 그 자체로 존재하는 것이다. 즉 상징성 역시 다른 어떤 것과 마찬가지로 실재가 될 수 있는 것이다. 상징성은 그저 '명시(manifestation)'만을 나타내는 것이 아니라 그 자체로서도 존재하는 것이다.

예를 들어 머피 브라운의 텔레비전 속 허구 캐릭터를 한번 생각해 보도록 하자. 그녀의 가상적인 캐릭터는 미혼모를 조장한다는 사회적 비난을 받을 수 있다. 하지만 이는 1990년대 전문직 여성을 대표하는 리얼리티로서 구축된 상징성이라고 할 수 있다. 만일 브라운이 실제 인물이라면, 우리와 마찬가지로 자신의 삶과 그 방식을 개척해 가는 창조자가 된다. 그녀는 우리 삶의 체계 속에서 일부가 될 수도 있으며, 그 체계 속에서 소멸될 수도 있다. 또한 영상이 우리의 뇌를 통해 구축되는 것이라면, 뇌 역시 리얼리티가 되며, 영상 또한 리얼리티로부터 구축되어 우리의 몸과 마찬가지로 존재하는 리얼리티가 될 수 있다. 이러한 관점에서 바라본다면, 우리는 상징적인 맥락에서의 인간의 커뮤니케이션 능력에 지나치게 매달리거나 그 연관성을 애써 만들어낼 필요가 없어지게 된다. 우리는 지금까지 다른 유기체와 인간을 구별하려고 애써 왔는데, 시각적 본능을 파악함에 있어서는 오히려 이런 노력들이 계층적 사고를 불러 일으킬 수 있기 때문이다. 영상은 상징성을 지닐 뿐만 아니라 상징성 그 자체이다. 우리가 만들어낸 시각적 상징은 다른 어떤 것과 마찬가지로 그 자체로 존재하는 리얼리티이다. 이를테면 종이와 잉크 등의 유형으로 만질 수 있는 사물과 마찬가지로, 우리가 눈으로 보는 활자나 영상 역시 신경세포를 작동시키고 반응을 이끌어내고 기억하게 만드는 리얼리티가 될 수 있다. 따라서 영상의 시각적 표현물로서의 상징성에 지나치게 초점을 맞출 경우, 오히려 자연스럽게 눈앞에 존재하는 새로운 것을 경험하는 기회가 퇴색될 수 있다.

이는 앞서 언급했듯이 세상을 경험할 수 있는 능력의 상실로 이어진다. 상징적 의미에만 초점을 맞추는 것은 그 의미를 경험할 수 있는 기회를 축소시킨다. 성형수술 프로젝트로 유명한 예술가 올랭(Orlan)의 작품을 예를 들어 보면, 신체적 경험을 조합해 독특한 이미지로 만들어내고 있음을 알 수 있다(Dodd, 1998; Fulfs, 1999). 마치 성형의사가 얼굴을 고쳐 놓듯이, 디지털 테크놀러지로 피사체의 얼굴을 조합한 올랭의 퍼포먼스 아트(Synthetic Pleasures, 1996)는 타인의 의지에 의해 좌우되는 것이 아니라 자신의 의지에 따라 신체를 조합한 경험을 보여주고 있다. 올랭은 이러한 리얼리티를 통해 미적 기준에 대한 고통스러운 시각을 던지고 있는데(1999), 이를 바라보는 우리 역시 그 영상의 의미를 굳이 의식적으로 파악하지 않는 한 있는 그대로의 리얼리티로 받아들일 수 있게 된다.

■ ■ ■

6만여 년 전, 인류는 처음으로 생각을 하게 되었다. 아마 그녀(혹은 그)는 얼굴에 쏟아지는 햇볕의 따뜻함이나 나무 뒤에서 뛰어다니는 토끼를 기억할 수도 있을 것이다. 하지만 생각과 따뜻함이나 이미지에 대한 기억과 토끼를 바라본 관찰 행위 사이의 차이점을 굳이 구별하지는 않았을 것이다. 그저 생각하고, 상상하고, 행동했을 뿐이다. 그녀의 자아, 몸, 마음, 눈은 반사적인 협동 구조(tandem)를 일으키며, 정보를 아주 자연스럽게 받아들이면서 살아 있기 때문에 느끼는 즐거움으로 파악했을 것이기 때문이다.

    이 장에서는 이러한 시각적 본능과 관찰과 상상을 통해 알아 가는 시각적 인지 메커니즘에 초점을 맞추고 있다. 지난 수세기 동안 과학자, 철학자, 이론가, 신화학자, 시인, 화가 등은 '보는 것'이 무엇이며 어떠한 것인지에 대해 탐구하고 발견하고 상상해 왔다. 하지만 현재까지는 외부로부터 투영된 빛이 두뇌에서 정확하게 어떠한 작용을 일으키면서 이를 해석하게 만드는가에 대한 규명은 미흡한 상태이다. 시각적 본능은 여전히 작용하고 있으며, 외부의 자극에 대한 신체적 반응 이상을 이끌고 있다. 시각적 본능은 인간의 원초적 능력 중 하나이며, 몸을 통해 바라보는 것이다. 우리는 이러한 시각적 본능을 갖고 살아가거나 아니면 외부로부터의 시각화가 없이도 상상할 수 있으며, 보이지 않는 것으로부터 무엇인가를 만들어내거나 혹은 이렇게 만들어진 것으로부터 재구축하기도 한다.

    이 장의 중심 논제는 보는 것이 의식의 교차점에 있다는 것이다. 따라서 인간의 시각적 자극은 독특한 에너지로 반응하는 과정에서 '생각(thought)'과 만날 수도 있으며 만나지 않을 수도 있다. 또한 이러한 논제에 추론을 더하자면 생각 그 자체도 영상이 될 수 있으며, 우리가 말하는 것조차도 영상에 기초한 것이라 할 수 있다. 이를테면 빛, 소리, 움직임, 촉감, 냄새 등의 시각적 반응이 머릿속에 영상으로 형성되어 있지 않다면 언어로도 표현될 수 없기 때문이다. 두번째 추론으로는 언어와 영상 사이의 분리 역시 이성과 직관을 이해하는 이분법적인 헤게모니의 구축으로부터 비롯된 것이라 할 수 있다. 또 이러한 구축은 뚜렷하게 설명되지 않거나 통제할 수 없는 어떤 것을 불신하는 지배적인 체계나 서구 모더니즘에 의해 조장되어 온 것으로 파악할 수도 있다.

'시각(vision)'이라는 단어는 애매모호하거나 포괄적 의미로 사용될 수 있는데, 크리크에 따르면 물리적 관찰뿐만 아니라 상상을 통해 보는 것이나 통찰력 등도 포함될 수 있다. '본능' 또한 인간의 시각적 인지의 무의식적 측면을 함축하는 말이기도 하다. 따라서 시각적 본능은 외부 자극에 대한 인간의 인식능력으로 규정될 뿐만 아니라 그 안에서 또다른 새로운 자극을 만들어내는 것으로 간주될 수 있다. 이러한 관점에서 바라본다면, 피사체를 관찰하는 것은 전자기 스펙트럼의 일부인 빛을 규정하고 이러한 경험을 통해 마음의 눈으로 상상하는 것이라 할 수 있다. 육안으로 직접 살펴보지 않는 비물리적인 관찰 역시 비록 지금 당장 직접적으로 물리적 빛에 의존하는 것은 아니지만, 그 이전의 물리적 자극을 통한 경험을 기초로 한다(Gregory, 1979).

인간의 시각적 활동을 총괄적인 문화적·물리적 체계로 바라보는 이러한 영상생태학적 관점에서, 시각은 상징적이라기보다는 원초적이거나 본능적이고 또한 그 자체로서의 진보를 거치는 것이기도 하다. 다음은 로넬(Ronell)의 견해이다(1994).

    시각적 체계를 매스 미디어와 연결시켜 파시즘적 문화의 위협으로 바라보는 프랑크푸르트학파의 관점에서 살펴본다면, 텔레비전에 쉽게 동화되기는 거의 불가능하다. 물론 이러한 위협은 늘 존재해 왔지만, 내 경우에는 텔레비전에서 수신되는 비디오 이미지나 영상들이 어느 정도 미디어의 파시즘적 측면에 대한 내성을 길러 왔다고 말하고 싶다. 또한 이러한 과정 속에서 비디오 및 사이버 테크놀러지, 전자기적 재생기술, 사이버 비주얼 테크놀러지 등이 발전을 거듭했다(p. 313).

19세기와 20세기는 시각적 탐험과 그 확장의 시대라 할 수 있다. 포괄적인 의미에서 생각한다면 생각하는 것은 바라보는 것이며, 존재하기 때문에 바라볼 수 있는 것이다. 우리가 만들어내는 이미지 그리고 이에 반응하면서 신경통로를 통해 감정과 생각들을 표출하는 것은 우리의 존재에 대한 내성적 가교가 된다. 지구는 시속 1천 마일로 회전하며 그 공전에 따라 공간적으로 나선형 소용돌이가 이루어지는 탓에, 우리 몸의 세포는 끊임없이 이 유형적 회전체계를 반영하기 마련이다. 우리가 보다 순수하고 경험이 가능한 상태, 이를테면 의태나 반사적 의미가 덜한 상태를 갈망할수록, 우리의 시각적 체계는 원초적 본능이나 직감을 의식적인 수면 위로 끄집어낼 수 있게 된다. 현대 사회는 시간을 비성찰적으로 표식하는 세기로부터 또다른 계몽의 시기로 향하는 진화의 과정에 있다. 지금이 바로 포괄적이고, 인간의 활성화를 위한 잠재적인 지위로 패러다임들에 권한을 부여하는 이론의 시기이다. 따라서 19세기와 20세기의 이러한 시각적 이론의 발전을 암울한 시각에서 비판하거나 과장된 어조로 부정할 것이 아니라, 시각적 행동을 문화적·물리적 통합체계로 파악하면서 그 창의성과 발전성에 초점을 맞추어야 할 것이다.

영상생태학적 관점에서 사진기자의 역할은 무엇인가

영상 르포르타주는 생존, 정보, 표현의 욕구를 위해 주변 환경을 돌아보고 싶은 인간의 시각적 본능의 복합적인 확장 형태이다.

사진기자는 이러한 관점에서 때로는 관찰자, 감시인, 엿보는 자, 만담가, 예술가, 참여자, 영상사회과학자 등의 다양한 역할을 수행하게 된다. 사진기자는 카메라를 통해 수집한 이러한 시각적 재현물을 타인에게 유포시키거나, 스스로의 생존, 정보, 표현의 욕구를 위해 기타 용도로 사용하기도 한다. 또한 이러한 시각적 재현은 그 자체로도 물리적 리얼리티를 지니게 된다. 그렇다면 이제부터는 이러한 영상생태학의 관점에서 포토저널리즘 이미지가 만들어지고 사용되는 과정을 살펴보기로 하자.

시각적 체계 속에서 인공구조물인 영상물이 된다는 것에 대하여

몇 년 전 텍사스 주의 알링턴으로 향하는 비행기에 탑승했을 때, 필자는 앞으로 내가 보게 될 것에 대해 마음의 준비를 하게 되었다. 죽음, 인간의 고통, 전쟁 등을 비롯해 주로 사진기자의 관점에서 수상할 만한 전형적 이미지들을 떠올리게 된 셈이다. 하지만 콘택트 프레스(Contact Press)의 한 사진기자가 촬영한 '베트남전 이후의 포토저널리즘(Photojournalism Since Vietnam)'이라는 전시회를 보면서 영상의 리얼리티를 바라보는 관점에 커다란 변화가 생겼다.

갤러리에 들어서면서부터 사진들을 살펴보게 되었는데, 벽면에 걸린 대형 이미지에는 필자의 감각을 거슬리게 자극할 만한 충격적 사진들이 포함되어 있었다. 특히 필자는 다음과 같은 사진에 놀라움을 금치 못했다.

- 화상을 입은 남자의 고통스럽게 찡그린 얼굴. 치아와 눈과 두개골이 흉하게 드러나 있으며, 그의 몸은 여전히 살아 있다는 커뮤니케이션을 전달하고 있지만 이미 생명을 잃어 가고 있었다.
- 뜨거운 냄비에 한쪽 다리를 담그고 있는 여자.
- 카메라를 향해 피에 젖은 손을 내미는 남자.
- 죽어 가는 소녀의 눈동자.

한 번 본 후 다시 봐야 했고, 그런 다음에는 시선을 돌려야 했다.

폭력적인 것 그리고 인간사의 충격적 장면에 필자는 격분을 느꼈다. 이러한 감정적 반응들은 여러가지 단계로 전이되었는데, 그 사건 자체, 사진이 촬영된 과정, 관람객들에게 와인과 치즈를 제공하면서 이러한 이미지들을 갤러리 벽면에 전시해 놓았다는 사실 등등이 필자로 하여금 격렬한 분노를 일으키게 했다.

당시 전시된 사진들에는 시간, 장소, 이해할 수 없는 사진 설명 등이 붙어 있었지만 그렇지 않은 것도 있었다. 또한 필자는 이러한 과정에서 이미지보다는 언어를 읽고 있는 자신을 발견할 수 있었으며, 사진이라는 테두리 속에서 인간사의 여러 모습(비참함이라든지 영예로움 등)을 표현하고 있는 영상 자체를 어느 정도 상징적으로 받아들이고 있음을 알 수 있었다.

전시회를 살펴본 직후 사진기자인 케네스 야렉(Kenneth Jarecke, 1992)은 걸프전을 취재했을 당시의 이야기를 들려주었다. 야렉은 그의 잘 알려진 화상 입은 이라크 군인의 사진을 인화할 결심을 한 이유는 자신이 직접 본 것을 세상에 반드시 알릴 필요가 있다는 확신이 들어서였다고 말했다. 그는 이를 사진 폭력이 아닌 다큐멘터리로 촬영된 피사체를 신성화하는 이미지로 바라본다고 했다. 린드만 역시 "사진기자가 성취감을 느끼는 가장 의미 있는 순간은 단 몇 초만에 발생할 수 있으며, 이처럼 이미지에 새롭고 심오한 의미를 부여하는 순간이다(Burnham, 1990, p. 231에서 인용)"라고 언급한 바 있다.

마찬가지로 야렉의 사진(1992)과 언어는 친숙한 개인적 철학이 영상 르포르타주에 대한 심오한 이해로 전이된 경우라 할 수 있다. 전쟁, 죽음, 기아, 가난 등을 비롯해 일상적으로 위험을 취재하는 사진기자들은 비교적 편안한 문화권에 살고 있는 그곳에 있지 않은 나머지 세상 사람들처럼 '눈에서 멀어지면 마음에서도 멀어진다'라는 원칙을 적용시키기가 어렵다. 필자 역시 "다른 그 어느 누구도 아닌 사진기자가 왜 이런 일을 하는가"라는 질문을 받은 적이 있는데, 이러한 질문에 순수한 원칙만을 고집할 수는 없다. 하지만 지난 몇 년간 포토저널리즘의 근본성과 씨름을 해 온 경우라면, 이러한 모든 이슈들이 때로는 화해 불가능한 모순된 요소로 작용한다는 것을 잘 알게 된다. 따라서 필자는 '있는 그대로의 사실성(literal)과 추상성(abstract)' '동일성(identification)과 익명성(anonymity)' '실제 삶(real life)과 재현된 삶(life represented)' '죽음(death)과 죽음의 재현(representation of death)' '뉴스(news)와 예술(art)' '폭력(violation)과 신성화(sanctification)' 등의 모순된 요소들을 되짚어 보았으면 한다. 각 요소들은 이미지 속에서 상반되게 표현되면서 모두 진실을 내포할 수 있다. 다음은 이러한 용어들의 사전적 의미이다 (Webster's, 1967).

- 있는 그대로의 사실성(Literal): 사실 그대로의, 정확한 그대로를 고집하는.
- 추상성(Abstract): 구체적인 예로부터 단절되어 대상으로부터 특성을 분리시키는, 이론적인, 비인칭적인.
- 동일성(Identification): 동일함, 증명하는 것, 객관적 리얼리티를 구성하는 것.
- 익명성(Anonymity): 알려지지 않은, 이름이 없는, 그 근원이나 원천을 알 수 없는.
- 실제의(Real): 진짜의, 현실의.
- 표현적인(Representational): 기호나 이미지를 나타내는, 대표하는, 상징하거나 연출하는.
- 죽음(Death): 생물학적 기능이 영구히 소멸된 상태 혹은 삶의 끝.
- 삶(Life): 죽음과 상반되는 생명력 혹은 그 감각적 기능. 물리적이거나 정신적인 경험을 통해 개인의 실존을 구성하고 있는, 물리적 죽음을 초월하는 영적인 존재, 활기나 생동감, 움직임, 기운.
- 뉴스(News): 사건의 보도.
- 예술(Art): 미학적 대상물을 만들어내는 취미나 기호 혹은 기법, 창조적 상상력을 의식적으로 동원하는 행위, 또는 그렇게 만들어진 작품, 예술성을 터득하는 기법 혹은 기예.
- 폭력(Violation): 위반, 침해, 범죄, 불경, 모독, 더럽힘, 남용, 방해, 소동, 강탈, 약탈.
- 신성화(Sanctification): 더럽혀지지 않는 숭고하거나 엄숙한 봉헌의 목적으로 바치

는 것.

　이러한 요소들을 영상에 적용시킬 경우에는 보다 생태학적 맥락에서 분석할 필요가 있다. 야렉의 검게 그을린 이라크 군인의 사진을 예로 들자면, 이 사진은 이미 그곳에 존재하는 있는 그대로의 사실이다. 그의 사체는 현실 속의 리얼리티이며, 그 시각적 등가물 역시 동일한 맥락에서 존재한다. 또한 인간의 고통스러운 순간을 사실적으로 포착하기 위해서는 이를 동일하게 입증할 만한 섬세한 묘사가 필요하다. 하지만 우리는 그의 이름조차도 알지 못하며, 전쟁을 통해 그의 몸은 사체가 되었고, 시각적 등가물을 만들어내는 르포르타주 과정을 통해 그 이미지는 상징적 도상이 되었다.

　사체는 그저 죽은 후의 인간 형태를 보여주는 것이지만(죽음의 순간에 초점을 맞춘), 그 이미지는 살아 있는 사람들에게 고통과 두려움을 전달하게 된다. 따라서 우리는 이미지를 바라보며 다음과 같은 논의에 부딪힐 수 있다.

　이 이미지는 르포르타주로 촬영된 것이지만 이를 예술적으로 승화시킬 수 있다.

　폭력은? 죽음 자체가 폭력이다.

　사진을 촬영하는 것 자체가 폭력이다.

　이를 게재하고 전시하는 것도 폭력이다.

　이러한 이미지를 응시하거나 강의나 에세이에서 언급하는 것도 폭력이다.

　하지만 사진은 우리에게 살아 있다는 가치를 기억하게 만들며, 그런 의미에서 이는 신성화에 가깝다고 할 수 있다.

　사진 자체가 폭력이든지 아니면 신성화에 가까운 의미이든지, 바라보는 행위 역시 눈으로 그리고 마음으로 관찰하는 것이다(이 과정에서 선의의 관찰자가 될 수도 혹은 관음증적인 관찰자가 될 수도 있다). 한때 살아 있었던 누군가의 죽음을 이미지로 만들거나 사용하거나 편집하거나 바라보거나 저장하는 방식이나 혹은 이러한 과정을 거쳐 우리가 느끼고 행동하는 방식(단순한 호기심으로 바라보든지, 냉혹한 시선으로 바라보든지, 그저 그냥 바라보는 것이든 지)은 사진 자체의 폭력성과 신성화를 결정하게 만드는 요인이기도 하다.

그렇다면 이러한 사진이 폭력적이면서도 신성화의 의미를 동시에 지닐 수 있는가? 영상의 생태학적 관점에서 생각해 본다면 충분히 가능한 것이기도 하다. 일단 군인의 사체 사진은 폭력적으로 다가올 수 있지만, 그 게재 의도에 따라 신성화의 의미를 지닐 수도 있는 것이기 때문이다.

사람들은 이러한 사진이 게재되는 것의 부적절성에 대해 동의한다. 이를테면 이 사진의 게재를 결정했던 에반스(Evans, 1992)조차도 자신이 "걸프전을 지지했기 때문에 그의 죽음에 대한 일종의 도의적 책임을 느끼고 있다"라고 말한 바 있다.

하지만 이러한 사진이 게재된 것은 적절성에 대한 고려 때문이기도 하다. 먼저 사진기자는 빛과 필름을 이용해 카메라 렌즈로 사체를 기록했다. 그렇다면 당시 이 장면 외에 촬영이 필요한 또다른 적절한 장면이 있었는가? 이에 대해 사진기자들은 이슈가 될 만한 다른 장면은 없었으며 적재적소에서 촬영된 것이라고 가정할 수 있다. 그렇지만 또다른 관점에서 살펴본다면 사진을 촬영하는 것 자체가 인간에 대한 또다른 폭력일 수도 있다.

그렇다면 생태학적 순환고리를 거듭하면서 다음 단계를 생각해 보기로 하자. 뉴스 사진이 만들어지는 과정에서 중동으로부터 날아온 필름은 현상되고 디지털화해 서구 세계로 전송된다. 컴퓨터 화면상에서 이 이미지는 픽셀화한 형태를 띠게 된다. 또한 편집자는 이 사진을 게재할 것인가의 여부를 결정하며, 사진이 지나치게 충격적일 경우에는 추후 논의를 거쳐 그 게재 시기를 다시 결정하게 된다. 그리고 몇 달 후 이 군인의 사체 사진은 전세계가 볼 수 있도록 유포되기 시작한다.

영국인들이 바라본 후에는 미국인들이 바라볼 수 있으며, 그런 다음에는 이 사진이 기타 잡지나 신문에 다시 유포되기 시작한다. 또한 이 흑백이나 4색

잉크 도트로 인쇄된 이미지는 고통, 비참함, 경멸, 혐오감 등을 불러일으키거나 그저 한 번 살펴본 후 쓰레기통으로 던져지거나 쓰레기를 포장하기 위해 사용될 수도 있다.

게다가 후에 이 사진은 사진집으로 발간되거나 전시회에 사용될 수도 있는데, 전시 팸플릿의 표지로 사용되는 사진의 적절성에 대해서도 의문이 제기될 수 있다. 아트 갤러리에서 와인과 다과를 곁들인 오프닝 행사를 거친 후, 폭력적이거나 충격적인 사진들이 난해하면서도 그럴듯한 담론을 곁들여 가며 전시될 수도 있으며, 오프닝 심포지엄이나 강의 시간에 인용될 수도 있다.

그리고 이 사진은 인간의 폭력적 삶의 한 형태로 남아 있거나, 삶의 소중함을 일깨우는 영상으로서 존중될 수도 있다. 하지만 이것으로 모든 생태학적 순환이 끝나는 것은 아니다. 보여지지 않는 것도 폭력일 수 있다는 이슈가 제기될 수도 있다. 전쟁터에서의 죽음 등이 기타 일상사와 마찬가지로 조명되지 않은 채 아무도 바라봐 주지 않는다면, 처음부터 그 존재적 의미가 소멸된 것이나 마찬가지이기 때문이다.

또한 이러한 사진을 바라보는 장소의 적절성도 문제가 될 수 있을까? 일각에서 살펴보면 아트 갤러리는 신문이나 잡지에서보다 이러한 사진을 전시하는 데 더 적절한 장소일 수도 있다. 관람객들은 대개 갤러리 벽면에 전시된 사진을 존중하며, 이를 숙고하는 데 더 많은 시간을 할애하는 편이기 때문이다. 더군다나 때로는 갤러리에 전시된 이미지들은 실물 크기만큼 대형이기 때문에 그 리얼리티로 규정됨을 회피하기가 어려울 수도 있다. 또 전시회의 팸플릿에 실린 홍보용 사진들 역시 관람자의 이목을 진지한 방식으로 이미지에 집중하게 만들기도 한다.

하지만 또다른 시각에서는 오히려 신문이나 잡지가 더욱 적절할 수도 있다. 신문이나 잡지 이미지는 우리가 커피를 마시며 지켜보는가 여부에 상관없이 혹은 원하든 원치 않든지 여부에 상관없이, 불특정 다수가 바라볼 수 있는 매체이기 때문이다. 적어도 이러한 매체를 통해 사진이 게재된다면 보다 많은 사람들이 세상사에 대해 알게 될 가능성이 커지게 된다.

또 사진 자체는 신문에 실리든지 갤러리에 전시되든지 인간의 폭력적인 삶의 형태를 영상으로 전이시킨 후 소멸되거나 보관될 수도 있다.

하지만 이 모든 과정 속에서 피사체인 사람 자체는 이러한 시각적 영상을 제공하는 리얼리티이다. 그 이미지가 지면에 게재되든지 갤러리에 전시되는지 여부에 상관없이 폭력성을 띨 수도 있으며 정당화할 수도 있다. 따라서 우리가 진지한 관찰자로서 바라본다면 이미지는 신성화에 가까운 정당성을 얻게 되고, 또 관음증적인 관찰자가 되어 호기심 있게 엿본다면 폭력이 될 수도 있다. 그렇다면 이처럼 관찰자(사진가, 편집자, 큐레이터, 독자이든지)가 바라보는 방식 그 자체만으로도 폭력과 신성화로 나누어질 수 있는 요인은 무엇인가? 폭력과 신성화와 관련된 이러한 권력은 추론적으로는 한때는 살아 있던 누군가의 본질이 사진이라는 매체를 통해 전달되고 있기 때문이라 할 수 있다.

사진은 이처럼 피사체의 무형의 존재감이나 정신을 담은 것일 수 있다. 엘리자베스 바렛(Elizabeth Barret) 역시, "사진 속에서 우리는 영원히 내포되어 있는 누군가의 흔적 혹은 그림자를 발견할 수 있다"고 언급한 바 있다. 바렛은 사진 속의 이러한 존재감과 신성화의 의미가 "고귀한 예술작품을 만들어 내는 것보다는 인물사진을 촬영하는 데 몰두하도록 만들었다"고 말하기도 한다(Mary Russell Mitford에게 보내는 편지 중에서, 1962년 Gernsheim이 인용, p. 28). 게른샤임은 이밖에도 "삶의 친숙한 실제 이미지들 역시 이러한 권력을 만들어내는 주된 요인일 수 있다"고 주장한 바 있다.

콘택트 프레스의 전시회는 인간과 그 개인적 삶을 존중하는 오랜 신념이 포토저널리즘에 있어서는 이미지의 존중으로까지 이어져야 한다는 사실을 필자로 하여금 다시 한 번 생각하게 만든다. 필자는 폭력적이거나 잔인한 사진도 바라볼 필요가 있다는 데는 동의하지만, 죽어 가거나 죽은 사람의 사진이 포토저널리즘이라는 명목으로 일상적으로 게재되는 것에 대해서는 이의를 제기한다. 필자 역시 텍사스 알링턴을 떠나면서 사진기자는 늘 살아 있는 관중들과의 커뮤니케이션을 잃지 않은 채 이미지를 촬영하고 게재하고 전시할 필요성이 있음을 깨닫게 되었다고 할 수 있다.

또 한 가지 제기될 수 있는 비평적 이슈는 포토저널리즘의 과정에서 삼차원적인 유형의 실체가 이차원적인 등가물로 전환되면서 그 반복적인 재생이 가능해졌다는 점이다. 따라서 사진이 반복해서 인쇄되는 한, 그 폭력적인 희생으로서의 기록은 끊임없이 잊혀지지 않을 수 있다.

이제 생태학적 관점에서 살펴본 순환고리는 어느 정도 일단락되었다고 할 수 있다. 물론 죽음을 담은 영상들은 죽음에 대한 냉소적 반응을 불러일으킬 수도 있으며, 삶을 존중하는 커뮤니케이션을 불러일으킨다기보다는 분노 혹은 생명에 대한 경시 풍조를 낳을 수도 있다. 반면에 삶 그 자체에 대한 인식을 되돌아보게 만들 수도 있다.

현대 미디어 비평의 공통적인 주제 중 하나로는 영상의 오용과 테크놀러지의 남용 때문에 이미지의 진실성이 상실되어 가고 있으며, 이젠 더 이상 사람들이 자신의 눈을 믿지 않게 되어 버렸다는 점을 들 수 있다. 하지만 이 장에서 초점을 맞추고 있는 것은 이러한 신뢰성의 상실이라기보다는 인간의 잔혹성을 영상 르포르타주가 어느 정도 취사선택할 수 있는가의 여부이다. 우리가 이미지를 믿지 못한다면 그 메시지를 바라보지 않는 것도 사실이지만, 문제는 영상에 대한 올바른 방향성이 부재할수록 인간의 단절성이 확산된다는 것이다. 굶어 죽는 아이들의 사진을 바라본 후 아무것도 하지 않은 채 그저 폐기해 버린다면? 아이러니하게도 우리는 전시회에서 이러한 사진들을 흘끗 본 후 안타까움을 토로하다가 그대로 걸어 나가 버릴 수 있다. 또한 인간사에 일어나는 모든 일들은 픽셀과 도트로 변환된 후 뉴스라 불려지고, 콘테스트를 통해 보상되기도 한다. 더군다나 우리는 갤러리에 이 사진들을 전시해 놓고 예술이라고 부르거나, 스크린을 통해 영사하면서 학문적 연구자료로도 사용할 수 있다.

하지만 이러한 과정을 통해 인간의 구체적인 실체가 영상으로 전환된 이미지는 우리의 눈을 통해 서너 차례 이상 잔혹성을 띠게 된다.

그렇다면 이러한 문제들의 가장 현실적 대안은 보는 사람들이 영상 르포르타주의 과정이 아니라면 알지 못할 타인과의 연결성을 스스로 선택하는 것이라 할 수 있다.

고통받거나 죽어 가는 피사체의 이미지를 바라볼 때, 관찰자는 자신 앞에 놓인 삶의 순간을 숙고할 수 있어야 한다. 또한 활자, 시간, 기억 등의 전후 문맥에서 탈피한 채 이미지가 그대로 말하도록 내버려둘 필요가 있다. 다른 사람에 의해 포획되어 사진 속에 보존되고, 반영되고 붙들린 인간의 영혼이 그들을 붙잡고 있는 이미지로부터 벗어나 밖으로 소리 높여 말하고 생생하게 튀어나오도록 하라.

여기에서 사진의 사전적 정의를 다시 한 번 되짚어 볼 필요가 있다. 사진은 "빛이나 기타 방사 에너지의 작용에 의해 감광물질 표면에 이미지를 기록하는 과정 혹은 그 기법의 산물(Webster's, 1979)"이다.

하지만 이러한 사전적 정의에만 지나치게 몰두해 생태학적 연결고리를 파악하지 못한다면, 즉 고통받거나 죽어 가는 피사체를 바라볼 때 우리가 이를 외면함으로써 인간애를 저버린다면 피사체를 향한 또다른 폭력으로 작용할 수 있다. 하지만 이미지를 통해 타인과의 연관성을 유지하고 감정이입을 할 수 있다면, 이는 신성화의 의미로 승화할 수 있다. 또한 이와 관련된 이슈는 적절한 것이 되며, 이러한 연관성을 통해 어떠한 행동이 최선인지를 파악하게 된다. 그리고 바로 이 속에 시각적 진실의 무게, 진실을 바라보는 무게(burden of viewing truth)가 실려 있다고 할 수 있다.

이 장을 마치며

리얼리티를 중재하는 포토저널리즘의 역할은 현대의 혼란스러운 시각적 소용돌이 속에서 쉽게 망각될 수 있다. 따라서 영상생태학적 관점에서 인간의 시각적 활동체계의 상호의존성을 파악한다면, 이러한 행동들을 분석하는 데 도움이 된다. 실제로 인간은 그들의 가장 강력한 감각인 '시각(vision)'을 사용해 복합적인 진보를 거듭해 왔다. 그리고 그 방대한 시각적 체계 속에서 포토저널리즘의 역할은 관찰자에게 적절한 방향성을 제시하면서 시각적 진실을 수호하고 인간 사이의 연관성을 용이하게 만드는 것이라 할 수 있다. 다음 장에서는 이러한 맥락에서 영상 르포르타주를 보다 심층적으로 분석해 보기로 하자.

제10장

영상의 해석

Translating the Visual

영상 커뮤니케이션을 분석함에 있어 주요 장애물은 언어만으로 표현하기에는 다소 부족하다는 점이다. 따라서 제10장에서는 연속체로서의 인간의 시각적 행동을 살펴봄으로써(특히 포토저널리즘의 전형적 행동과 관련된 유형학을 통해), 시각적 상호작용에 대한 논의를 활발히 진행시켜 볼 생각이다. 유형학 역시 시각적 상징물과 함께 언어를 사용하지만, 이러한 전이 또한 시각적 상호작용의 이해를 용이하게 돕는 것이기도 하다. 이제 이러한 유형학을 통해 영상의 생태학적 해석을 한 번 더 들여다보기로 하자.

영상 다큐멘터리 혹은 영상 훔쳐보기? 티아 마리아는 가구점 정문 앞에서 오후 나절을 보내며 손님들에게 환영의 인사를 건넨다. 멕시코 북부에서 오랫동안 다큐멘터리 작업에 몰두하면서 필자는 주로 차가운 음료수를 사 오는 길에 이런 티아 마리아와 마주칠 기회가 잦았다. 한 번은 그녀가 의자에 앉아 있는 장면을 방해받지 않게 촬영할 수 있었는데, 평소 이런 장면들을 자주 보아 왔던 터라 이 순간을 가장 특징적 장면으로 파악하고 있었다. 하지만 티아 마리아에게 이 사진을 보여주었을 때 그녀는 집에서 신는 신발, 돌돌 말려 내려간 스타킹, 쓰레기통, 바느질 장면 등을 부정적인 요소로 꼽았다. 필자 역시도 사진을 가만히 들여다보니, 위쪽에서부터 위압적으로 그녀를 촬영하고 있다는 것을 깨달을 수 있었다. 이런 이유로 티아 마리아 자신이 보여주고 싶은 이미지를 촬영할 것을 제안했고, 그 결과는 188쪽의 인물사진으로 완성되었다. (사진: 줄리 뉴튼)

제10장

영상의 해석

다음의 장면을 한번 생각해 보자.

멕시코의 한 작은 마을, 매일 오후 무렵이 되면 가게 정문 앞에 티아 마리아(Tia Maria)라는 나이가 지긋한 한 여성이 앉아 있다. 그녀는 늘 같은 시각에 똑같은 의자에 앉아 바느질을 하면서 가게로 들어오는 손님들에게 인사를 건넨다.

또 매일 오후만 되면 한 사진가는 소다수를 사 오는 길에 이곳을 지나치곤 한다. 사진가는 두 달 전부터 이곳에 살았으며, 그녀와의 대화와 서로간에 쌓여진 신뢰를 통해 가끔씩 스냅 사진을 촬영할 수 있었다.

어느 날 사진가는 티아 마리아의 자연스러운 일상을 포착하였고, 이 순간이 그녀의 특징적 이미지를 가장 잘 표현하는 것이라 생각했다.

그리고 며칠 후 사진가는 그녀에게 현상된 사진을 건넨다. 하지만 예상과는 달리 티아 마리아는 썩 기분이 좋지 않은 듯하다.

"하지만 매일 이렇게 앉아 계시잖아요. 자연스럽게 계시는 모습을 좋아하리라 생각했어요"라며 사진가는 그녀의 피사체인 티아 마리아에게 말한다.

사진가가 이야기를 건네자, 그녀는 약간 찌푸린 표정이 된다.

시각적 포용 혹은 시각적 연출? 티아 마리아는 좀더 자신감 있고 편안한 포즈로 촬영되기를 원했다. 그녀는 가족이 운영하는 가구점의 소파에 앉아 포즈를 취했는데, 이런 장면이 그녀를 훨씬 더 잘 반영하는 것이라 여겼다. 처음의 바느질 장면보다는 가게를 이끌고 있는 가장으로서 이미지가 더 잘 살아나고 있다. 또한 이 사진을 처음 촬영한 사진과 비교해 볼 때 시점 역시 변화되었는데, 눈높이가 거의 티아 마리아에게 맞춰져 있어 평등한 상호작용이 이루어진 듯한 느낌이다. 하지만 이를 첫번째 사진과 마찬가지로 영상 다큐멘터리라고 부를 수 있을까? 그렇다면 티아 마리아와 사진가인 필자 사이에 시각적 포용관계가 이루어진 것인가? 아니면 단지 피사체의 의식적인 포즈를 담은 시각적 연출이라고 할 수 있는 것일까? 위의 사진은 이 세 가지에 모두 해당된다. 적어도 이 사진은 티아 마리아가 보여주기를 원하는 장면을 다큐멘터리 촬영하였을 뿐만 아니라, 이는 내가 평소 알지 못하던 그녀의 개인적 특성의 일부이기 때문이다.

"그렇지만 그냥 집에서 신는 신발에 스타킹은 말려 내려가 있어요. 더군다나 구부정하게 바느질을 하고 있고 옷도 별로인 데다가 쓰레기통 옆에 앉아 있기까지 하잖아요."

사진가는 고개를 끄덕이다가 새삼스럽게 피사체를 촬영한 시점까지 눈에 들어오기 시작한다. 위에서부터 내려다보며 촬영한 다소 위압적인 시점이다.

"그렇다면 어떻게 찍히고 싶으세요?"

"말쑥한 옷을 입고 머리도 손질하고 쓰레기통 옆이 아닌 다른 곳에서 촬영하고 싶어요."

"네, 알았어요. 그럼 목요일 2시에 만나서 촬영하기로 해요. 원하시는 대로 사진을 찍어 드릴게요."

마침내 화요일이 되었고, 두 사람은 다시 만났다. 이번에 티아 마리아는 정성껏 치장한 차림이었는데, 머리도 손질하고 화장까지 했으며 새 옷에 새 스타킹과 구두를 신었다. 그녀는 커다란 소파에 앉아 턱을 약간 치켜들었고, 카메라를 정면으로 응시했다. 이번에 사진가는 그녀와 눈높이를 맞추어 평등한 위치에서 상호 시각적 교환을 할 수 있었다.

그 결과는 188쪽에 실려 있는 사진이다. 첫번째 사진과는 확연히 다른 모습으로, 동일한 피사체이면서 다른 사람이기도 하다. 그리고 두번째 촬영에서 티아 마리아는 아주 만족스러운 표정이었다.

그렇다면 이러한 촬영 과정 속에서 과연 어떠한 일이 일어난 것이며, 이 사진들은 무엇을 의미하는 것인가? 첫번째 사진에서는 흔히 사진가가 영상 다큐멘터리를 촬영하면서 사실적 장면을 정확하게 포착하였다고 말할 수 있을 것이다. 또한 인류학자의 전지전능한 관점에서 상상되는 피사체의 이미지를 그대로 포착한 것일 수도 있다. 반면에 두번째 사진에서는 피사체는 자신의 이미지를 좀더 권위 있게 연출했으며, 사진가와의 시각적 포용도 기꺼이 받아들였다. 그렇다면 여기에서 두 사람은 공모를 통해 사실이 아닌 시각적 연출의 순간을 구축한 것인가? 하지만 다큐멘터리 이론가인 윌리엄 스토트(1973)는 두번째 사진 역시 첫번째 사진과 마찬가지로 진실을 말하고 있다고 주장한다. 그에 따르면 두번째 사진에서는 누군가 다른 사람이 바라보는 관점이 아닌 그녀 자신이 보여주기를 원하는 자아가 포함되어 있기 때문이다. 그렇지만 이러한 관점에서 만일 두 사진이 모두 진실이라면 촬영하는 동안 공공연하게 연출되는 사진을 우리는 어떻게 논의할 것이며, 또 어떻게 파악할 수 있는가? 따라서 이러한 논의에 있어 우리에게 필요한 것은 단절적 언어라기보다는 시각적이고 연상적인 유형학(typology)이라 할 수 있다.

이 장에서는 인간의 시각적 행동을 분석하기 위해 유형학을 활용하기로 한다. 유형학을 통해 포토저널리즘, 다큐멘터리 사진, 영상사회학 등에서 발생하는 시각적 행동의 유형을 살펴봄으로써 시각적 상호작용의 기준뿐만 아니라 실질적인 이슈까지도 파악해 본다.

이처럼 유형학을 활용하는 첫번째 목표는 시각적이며 언어적인 단축키를 사용함으로써 시각적 행동의 분석을 보다 용이하게 만들기 위한 것이다. 또한 두번째 목표로는 시각적 상호작용을 단지 재현상의 문제를 넘어선 복합적인 인간의 행동으로 바라보며 이를 좀더 심도 있게 논의하기 위한 것을 들 수 있다. 따라서 유형학에서는 인간의 시각적 행동을 시각적 포용(visual embrace)에서부터 시각적 자멸(visual suicide)에 이르기까지 다양한 커뮤니케이션의 연속적 행동들로 파악하게 된다.

유형학은 전체적이고 광범위한 체계 속에서 일부를 형성하고 있는 특정한 시각적 행동을 연구함으로써 영상생태학이 어떻게 발전해 왔는지를 입증하고 있다. 또한 그 영상생태학의 과정 속에서 가장 보편적인 시각적 상호작용의 한 형태인 포토저널리즘은 친근하게 다가올 수도 있으며, 혹은 비인간적인 냉혹함으로 다가올 수도 있다.

여기에서 한 가지 주목해야 할 점은 관찰자와 관찰되는 대상 사이의 이러한 리얼리티 이미지들이 일상생활 속(대중매체나 영상학을 통해서도)에서 매일 일어나고 만들어진다는 점이다. 우리가 영상의 의미나 그 리얼리티에 동의하든지 혹은 그렇지 않든지 여부에 상관없이, 누가 어떠한 목적으로 관찰하고 그 권력이 어떤 것인지에 관계없이, 인간의 시각적 행위와 상호작용은 끊임없이 계속된다. 더군다나 때로는 사진, 비디오 테이프, 필름, 디지털 이미지 등의 명백한 유형의 증거물로 제시되기도 하고, 또 때로는 인간 사이의 상호작용처럼 만질 수 없는 무형의 형태로 존재하기도 한다(Snyder & Allen, 1982; Wagner, 1979). 또한 이러한 시각적 증거물들은 가족 앨범, 뉴스 매체, 영화, 학문적 자료 등으로 수집되거나, 편집되거나, 보존되거나 폐기될 수 있다. 하지만 그 과정 속에서 선택된 이미지들은 보는 사람이나 관찰자들에게 상호작용을 일으키면서 다양한 영상 커뮤니케이션의 단계를 거치게 된다. 그리고 원본 이미지의 상호작용은 대중들에 의해 단계별로 분산될 수도 있으며, 그들 역시 개인적이거나 대인적인 반응을 거칠 수 있다. 따라서 여기에서 바로 유형학을 통해 인간의 시각적 행동을 단지 표현물 이상의 것으로 바라보며 그 독특한 정체성과 파생 효과를 지닌 상호작용의 형태로 파악해야 하는 근거가 생기는 것이다.

인간의 시각적 행동

인간의 시각적 행동이라는 개념은 이 책의 기초를 다루는 의미로, 이미 제2장과 제3장에서도 살펴보았으며, 제9장에서도 영상생태학적 관점에서 분석한 바 있다. 이 장에서도 마찬가지로 다시 한 번 더 시각적 행동에 대한 분석에 초점을 맞추기로 한다.

인간의 '시각적 행동'이라는 표현은 여러가지 이유에서 논란이 되어 왔다. 흔히 다른 생물체와의 차별성을 위해 '시각적(visual)'보다는 '비언어적'

이라는 표현이, '행동'보다는 '커뮤니케이션'이 타당하다며 이의를 제기하는 경우도 있을 수 있다. 하지만 필자는 이미 '인간'이라는 표현에 이러한 시각적 행동의 유형이 제한된다고 생각한다.

비록 몇몇 다른 생물체의 시각적 행동 역시 인간의 특성을 닮아 있기도 하지만(침팬지의 경우, 인물사진 찍을 때의 포즈를 의식적으로 흉내낼 수 있다), 포토저널리즘에서의 초점은 '인간'의 행위에 맞춰져 있기 때문이다(Patterson & Cohn). 물론 '비언어적 행동'이나 '비언어적 커뮤니케이션'이라는 표현 역시 커뮤니케이션 이론에 자주 사용되는 용어인 것도 사실이다. 하지만 제2장과 제9장에서 행동연구가인 유르겐 스트릭(personal communication, 1994)도 언급했듯이, 인간의 시각적 행동을 비언어적 행동으로 대체하면 그 초점이 '시각'에 맞춰지기보다는 '언어와 상반되는 부정적 관계'로 규정되기 쉽다. 유사하게 '시각적 행동'을 '이미지 행위(image act)'로 대체하는 것 역시 표현적 문제에 국한되며, '시각적 행동'을 '영상 커뮤니케이션'으로 대체하는 것 또한 행동에 초점이 맞춰지기보다는 그 의미에 초점을 맞추는 것이라 할 수 있다. 인간의 시각적 행동은 외적이거나 내적으로 나타날 수 있다. 예를 들어 사진 등을 통해 외적인 시각적 행동이 표출될 수 있으며, 꿈이나 상상 등을 통해 내적인 시각적 행동이 일어날 수 있다. 내적인 시각화의 경우, 외적인 표출이 없다면 타인에게는 관찰되지 않을 수도 있는데, 이러한 과정에서의 커뮤니케이션 역시 시각적 행동의 한 형태라 할 수 있다.

앞서 도판 1에서도 살펴보았듯이, 사진 촬영 과정은 피사체와 사진가 사이의 상호작용을 통해 이루어지며, 그 이미지의 관찰 과정 역시 피사체, 사진가, 관중 사이의 상호작용으로 이루어진다. 따라서 시간, 장소, 문화, 매체 등의 다각도에서 이에 관한 비평적 관점이 이루어질 필요가 있다.

정체성

필자는 이에 관한 논의를 자아와 타자와 관련된 탈근대성에 대한 논쟁을 벗어난 관점에서 진행시키고 싶지만, 인간의 시각적 행동은 불가피하게 관찰자와 관찰되는 대상을 수반하게 된다. 하지만 관찰자나 관찰되는 대상은 생산자와 소비자 혹은 대상과 관중처럼 "분리된 개체라기보다는 생산자인 동시에 소비자인 이중적 자아(dual self)에 더 가깝다(Bakewell, 1998, p. 28)." 또한 이를 늘 상반되는 관계로 바라보기보다는 상호 연관적인 관계로 파악할 필요가 있다. 이렇게 행위자(actor)인 동시에 대상자(object)로서의 자아 개념(Cooley, 1902/1956; Mead, 1913, 1934)은 인간사와 그 속에서의 행위를 탐구한 블루머(1969)의 상징적 상호작용론에서 잘 드러난다. 블루머는 상징적 상호작용론을 통해 다음과 같은 세 가지 전제를 들고 있다.

사람들은 의미를 지닌 사물(things)을 향해 행동하며, 이러한 의미는 사회적 상호작용으로부터 파생된 것이다. 또한 그 의미 역시 우연히 마주치게 되는 사물을 해석하는 과정에 의해 중재되기 마련이다. 블루머의 이론에 따르면 '사물'에는 사람들이 마주칠 수 있는 모든 것, 즉 생물이거나 무생물이거나 개념적이거나 구조적인 모든 것이 포함될 수 있다. 또한 시각적 행동과 관련되어 이러한 사물에는 사진가, 피사체, 편집자, 사진, 관찰자, 매체 등등이 포함될 수 있다.

이러한 논의와 관련되어 블루머(1969)는 사회적 상호작용은 그 자체로서의 중요성을 지닌다고 언급한 바 있다. 그는 사회적 상호작용의 과정은 단순히 행동을 표출하거나 표현하는 수단으로서 작용한다기보다는 "인간의 행동 그 자체를 형성한다"고 말한다(p. 8). 그에 따르면 개개인 간의 상호작용은 본질적인 것이며, 행동은 단지 상호작용의 표출을 넘어서 중요한 의미를 지니는 것이다. 비록 블루머는 관찰자의 외부에 존재하는 객관적인 경험적 세계를 인정하고 있지만, 리얼리티 세계는 인간의 경험 속에서만 존재하며 우리가 볼 수 있는 형태로 존재하는 것이라고 여긴다. "흔히 결론짓듯이 리얼리티가 경험적 세계로부터 상상적 이미지나 개념의 세계로 옮겨가는 것은 아니다. 경험적 세계가 이미지나 개념상으로만 인간에게 존재한다고 잘못 생각할 경우, 경험적 세계와는 분리된 독립적 이미지나 개념 속에서 리얼리티를 추구하는 오류를 범하게 된다(p. 22)."

블루머의 이러한 생각들은 사진가와 피사체 사이의 상호작용을 본질적인 실체로 해석하는 현재의 논의에도 그대로 적용될 수 있다. 스틸 사진이나 동영상은 상호작용의 기초를 형성하며, 관찰자나 관중들은 시각적 행동 속에서 대상자이자 동시에 행위자가 될 수 있다. 또한 이러한 관점은 커뮤니케이션 이론이나 인류학의 이론적인 경향과도 맞물려 있다. 커뮤니케이션 이론가인 캐리(Carey, 1988)는 "커뮤니케이션 매체들은 제도적 의지와 목적을 지니고 있을 뿐만 아니라 그 자체로도 삶의 형태들을 반영하고 있다"고 말한 바 있다. "우리의 생각, 행동, 사회적 관계 속에서의 모순을 축소형으로 보여주는 것이다(p. 9)." 캐리는 테크놀러지 자체는 '우리가 입증하기를 원하는 예측과 포부를 문화적으로 표현한 것'으로 간주하며 "문화는 인간이 경험 속에서 발견하는 것(p. 44)"이라고 여긴다. "이른바 문화를 연구하는 것은 커뮤니케이션을 연구하는 것이라 말할 수 있다. 이러한 관점에서 바라본다면, 우리가 경험한 것은 이와 관련된 이해로 이어지면서 단계별로 분산되거나 유포될 수 있다(p. 44)." 인간의 영상 커뮤니케이션을 문화와는 분리될 수 없는 삶의 한 형태로 바라보는 이러한 관점은 인간체계의 상호작용이라는 범주 안에서 시각적 행동을 단순한 표현 이상의 것으로 간주하는 것이다. 또한 생태학적 해석 속에서 시각적 행동을 분석하는 것이라 할 수 있다.

커뮤니케이션을 이해하는 이 새로운 관점은 영상사회학의 최근 경향과도 일맥상통한다. 루비(1997)는 영상인류학은 "문화이론과 커뮤니케이션 이론의 이로운 관점을 흡수해 시각 세계의 모든 것을 다룰 수 있어야 한다(p. 3)"고 언급한 바 있다. 마찬가지로 맥도우걸(MacDougall, 1997) 역시 "언어로 해석하는 인류학의 지배적 관점을 중단한 채 비언어적 수단에 의해 접근하는 인류학적 지식들을 재고할 필요가 있다(p. 292)"고 말하고 있다. 맥도우걸(1997)은 또한 "단어와 문장에 기초한 인류학적 관점으로부터 이미지와 연속 화면에 기초한 인류학적 관점으로 이동함으로써 영상인류학에 대한 지적인 토대를 구축할 필요가 있다(p. 292)"고 주장한다.

포토저널리즘은 영상인류학의 한 형태이다. 사진기자는 르포르타주를 통해 인류를 연구하며, 이들은 전문 관찰자의 입장을 지닌다. 물론 인류학자 중에서는 저널리스트가 모두 사회과학자는 아니며, 올바른 방향을 지닌 저널리스트만이 진정한 의미의 사회과학자라 할 수 있다는 주장을 펼치는 이도 있을 것이다. 하지만 앞서 제4장에서도 언급했듯이, 사진기자는 그 본질적인 특성상 관찰하고, 참여하고, 기록하고, 분석하고, 그가 관찰한 문화 속에 발을 담글 수밖에 없다. 또한 그들이 발견한 것을 보도하며 끊임없이 관찰 행위를 계속하게 된다.

사실 언어에서 영상으로 그 초점을 옮기면서 영상학의 지적 토대를 구축하는 것은 결코 쉽지만은 않다. 사회학자들은 시각적 분석보다는 언어적 분석에 능통해 있으며, 영상을 방법론이나 행동 자체로 바라보기보다는 재현 수단으로 간주하는 경향이 계속 이어져 왔기 때문이다. 더군다나 대부분의 커뮤니케이션 학자들 역시 주로 언어적 커뮤니케이션에 집중해 온 데다가, 대중매체들이 언어보다는 시각을 향해 그 초점을 이동시키는 것 또한 테크놀러지를 통해 언어 위주의 매체가 영상 위주의 매체로 이동한 탓으로 생각하기 때문이다.

필자 역시 저널리즘 학술 세미나에 참석했다가 이러한 관점들을 접한 적이 있었다. 학술적 논의 과정에서 누군가가 신문이나 잡지 편집자와 저널리스트들이 지나치게 사진 위주의 보도에 치중한다는 이의를 제기한 적이 있다. 그는 대중매체들이 지나치게 사진이나 그래픽을 사용한다고 지적하면서, 심지어는 언어를 사용해야 할 곳에서까지 서체 디자인을 고려한다고 언급했다. 아마 그에게는 사진이 그 자체로 기사를 전달하는 강력한 수단이라기보다는 단지 기사를 해설하고 시선을 사로잡는 수단으로 여겨졌던 모양이다. 또 실제로 영상저널리즘, 영상인류학, 영상사회학 등의 분야에서도 이와같이 인간의 행동과 지식의 구축에 있어서 영상의 역할에 대한 중요성을 완전히 이해하지 못한 경우에는 어쩐지 그 학술적인 주변부에 머물러 있는 느낌을 줄 때가 많다.

간략히 말하자면, 인간의 시각적 행동은 내적이거나 외적인 활동 영역에 포함된 것으로, '본다는 것' 자체에 의존하게 된다. 제스처, 예술적 표현, 사진적 행위, 상상 등을 비롯해 다양한 인간 활동들은 재현적 수단이라는 문제와 맞물려 그 중요성이 가려졌다고 할 수 있다. 하지만 시각적 활동은 인간의 삶의 본질적인 토대이며, 나중에 재현이나 명시 등이 문제가 되더라도 자체만으로도 중요성을 지니는 것이다. 또한 우리가 대개 표현상의 의미나 문제를 거론할 경우에도 이는 시각적 행동으로서의 '발현'으로 간주할 수 있다. 비록 영상이 재현적 수단으로 읽힐지라도 이러한 과정 역시, 관람자나 독자가 일정한 패턴 속에서 상호작용을 통해 해석하는 인간의 시각적 행동의 한 형태이다. 따라서 여기에서 중요한 점은 시각적 행동이 어떻게 표현되는가라는 문제가 아니라 그 행동 자체가 어떠한 의미를 지니는가이다. 표현은 인간의 시각적 행동의 하위 형태일 뿐이다. 따라서 리얼리티를 재현하는 문제에 있어서도 우리는 장황한 언어화라는 지적인 올가미에서 벗어날 필요가 있으며, 대신 시각적 행동을 그 자체로서 의미를 지닌 상호작용으로 파악할 수 있어야 한다.

이러한 관점에 대해 필자는 제2장과 제3장에서 언급된 영상이론과 사진미학의 관점들을 다시 살펴볼 것을 권장한다.

제10장 영상의 해석

시각적 등가물

제5장에서도 살펴보았듯이, 스티글리츠의 이퀴벌런트 이론은 20세기 초 사진가와 영상미학자들에게 자신의 생각과 개념들을 이미지로 전이하고 표현하는 토대가 되어 왔다. "가장 중요한 것은 대상을 완벽하게 기록할 수 있는 순간을 포착하는 것이다. 이를테면 사진 속에는 이를 바라보는 사람들로 하여금 무엇을 표현하고자 한 것인지를 명확하게 이해할 수 있는 등가물이 포함되어 있어야 한다(Stieglitz, in Norman, 1973, p. 161)." 스티글리츠는 이미 이렇게 "자신 속에 존재하는 감정과 생각의 등가물로서의 하늘과 구름을 촬영한 바 있다(Calloway & Hamilton, pp. 24-25)."

스티글리츠의 이퀴벌런트 이론은 제5장에서도 언급했듯이, 이미지를 의미를 전달하는 등가물로서 바라보는 것이지만, 이러한 이론을 인간의 시각적 행동에도 적용시킬 수 있다. 예를 들자면, 사람들 사이의 상호작용에 의해 만들어진 사진을 그들의 커뮤니케이션의 등가물로서 개념화할 수 있다. 스티글리츠의 구름 사진과 마찬가지로, 이러한 '등가물'은 추상성과 리얼리티로서의 성질을 동시에 지니며, 암시적이거나 해석적일 수 있다. 실제로 스티글리츠에게 있어서 이러한 사진 커뮤니케이션은 단지 물질 세계를 기록하거나 묘사하는 것만이 아닌 것으로 이해될 수 있다. 왜냐하면 그는 사진을 통해 "삶의 비전을 담으려 했으며, 이를 가장 잘 묘사할 만한 등가물들을 물색했기 때문이다(Stieglitz, Calloway & Hamilton, p. 23)."

따라서 누군가의 사진은 그 혹은 그녀의 등가물이 될 수 있으며, 이미지를 통해 그 사람들을 표현할 뿐만 아니라 여기에 특정한 의미까지 부여하게 된다(Newhall, 1964). 또한 이 등가물은 변증법적 담론이나 대중적 해석 단계를 거쳐 새로운 의미를 형성하며, 보는 사람으로 하여금 등가물에 대한 또다른 상호작용을 불러일으키게 만든다. 사진은 사진가의 감정이나 피사체의 감정 혹은 이미지가 만들어지는 그 순간의 역동성이 담긴 등가물로 작용할 수 있으며, 아니면 보는 사람들의 인식을 자극하는 촉매로서의 역할을 할 수도 있다. 즉 누군가를 촬영한 사진은 상징적 상호작용론에 의해 의미를 지니는 사물로 규정되는 동시에, 그 자체로서 시간적·공간적 움직임을 지니는 것으로 파악될 수 있다. 또 이렇게 해석한다면, 사진적 등가물은 단순한 재현이나 묘사를 넘어서 본질적 특성을 지니게 되며 사진의 모호성이나 의미는 부수적 관심사가 된다. 여기에서 더욱 중요한 것은 사람들 사이에서 상호작용이 발생하였고, 그 상호작용에 대한 새로운 토대가 바로 사진이라는 등가물을 통해 형성되었다는 점이다. 그리고 이 등가물은 피사체, 사진가, 편집자, 사회학자, 일반 관중, 매체 관찰자 등과의 상호작용을 통해 또다른 전후맥락을 형성하면서 제각기 보는 사람들로 하여금 그들의 개성, 경험, 문화적 틀에 따라 또다른 상호작용을 불러일으키게 된다.

    이퀴벌런트 이론에 시각적 행동을 적용시킴으로써 우리는 재현보다는 휴머니즘에 보다 초점을 맞추게 되었다. 사실 과거의 전형적인 영상 비평이론들은 개인적 행동이나 경험을 지나치게 추상적으로 파악하고 있어서, 우리가 이해하기를 원하는 '인간(특히 우리 자신을 포함해)'과 '문화'의 연결고리를 단절시킬 수 있다(Denzin, 1995). 따라서 여기에 상징적 상호작용론에 유형학까지 덧붙임으로써, 시각적 행동을 상호작용이라는 인위적 구조물을 통해 은유적으로 혹은 '상징적'으로 해석하는 것이 아니라 인간의 시각적 상호작용의 연속적 복합체로서 파악할 수 있게 된다(Christians, 1996, p. 243).

시각적 행동과 관련된 유형학

이러한 연구에 있어 가장 큰 문제점은 시각적 행동을 구체적인 매체로 전이시키기가 어렵다는 점이다. 비록 전이라는 것이 인간 행위의 상호작용에서 올 수 있는 것이라지만, 지금까지 우리가 알았던 것보다 더욱 명확하게 시각적 행위를 분석하는 이차원적 의미를 얻을 수 있는 그 무엇인가가 있다는 것이다. 서로 다른 언어를 말하는 두 사람이 의사소통에 있어서 기본적인 제스처를 사용하듯이, 그 변환은 다소 생소하고 거칠 수 있지만 시각적 행동을 포괄적으로 분석하는 출발점이 된다.

앞서 언급했듯이, 유형학은 사진적 커뮤니케이션 모델에 기초하고 있다(도판 1을 참조할 것). 기본적 요소로는 카메라를 향해 빛이 반사됨으로써 규정되는 개체이자 촬영 대상자인 피사체, 시각적 상호작용을 기록하는 개체로 규정되는 사진가, 시간적·공간적 혹은 개인적 상호작용을 수반하는 촬영 상황 등을 들 수 있다. 각 개체는 그 사람의 개성, 경험, 문화적 영향 등에 따라 상황을 판단하며, 다양한 권력을 지닌 채 사진 촬영에 참여하게 된다. 여기에서 권력이란 사진적 이벤트가 일어나는 동안 한 사람이 미칠 수 있는 영향력의 수준을 말하는 것이다. 사진적 이벤트는 순간적으로 찍히는 단 몇 초간의 무의식적 촬영에서부터 장시간 상호작용이 확장되는 시각적 연출에 이르기까지 매우 다양할 수 있다. 사진의 주요 목표는 사진을 만들어내는 것이다. 즉 '본다는 것'의 메커니즘을 사용해 상호작용의 일부를 기록하거나, 사진적 등가물을 싣거나, 연속적 관찰을 통해 또다른 상호작용을 기록하거나, 아니면 사진가의 독특한 분석 형태를 이에 포함시킬 수도 있다.

도판 2의 유형학은 주로 이러한 사진을 바탕으로 한 이벤트 과정을 토대로 하고 있다. 이를테면 관찰자는 어떠한 방식으로 접근해 피사체와 상호작용을 일으키는가, 피사체는 어떠한 방식으로 접근해 관찰자와 상호작용을 일으키는가 등과 관련된 것이다. 또한 이러한 행위 과정 속에는 인간의 시각적 행동이 연속적으로 포함되어 있으며, 이는 시각적 상징이나 언어적 정의로 변환될 수 있다. 예를 들어 피사체와 사진가가 서로의 상호작용을 포용하거나 친근감을 느끼면서 서로의 관계를 받아들인다면, 여기에는 '시각적 포용(visual embrace)'

이라는 등가물이 형성된 것이다. 아니면 시각적 선사(visual gift), 시각적 조우(visual encounter), 시각적 인용(visual quote), 시각적 도큐먼트(visual document), 시각적 연출(visual theater), 시각적 진부함(visual cliche), 시각적 허위(visual lie), 시각적 훔쳐보기(visual theft), 시각적 침해(visual intrusion), 시각적 공격(visual assault), 시각적 강탈(visual rape), 시각적 살해(visual murder), 시각적 자멸(visual suicide) 등이 있을 수 있다. 하지만 각 범주들은 상호 배타적 성격을 띠는 것이 아니며, 단지 서로 다른 시점과 출발점으로부터의 상호작용을 분석하는 데 사용된다. 또한 이러한 범주나 분류가 절대적인 것도 아니며, 용어나 상징적 기호물을 통해 시각적 행동의 반영이나 시너지 효과 등을 좀더 쉽게 분석하기 위한 것이다. 더군다나 각 카테고리가 일정한 패턴으로 열거되어 있기는 하지만, 인간의 시각적 행동은 선형을 띠는 경우는 거의 드물며, 밀물과 썰물 혹은 뫼비우스의 띠처럼 역동적인 비선형 패턴을 지니는 것으로 간주한다. 또 필자 역시 인간의 상호작용을 유형학으로 변환시키는 과정에서 부분적으로는 감정적 뉘앙스를 싣고 있음을 밝혀 둔다.

유형학은 속속들이 그 범주를 분석하는 데 사용된다기보다는 인간 행동의 다양성을 규명하는 기초로 사용된다. 예를 들어 『내 마음의 예술(Art on My Mind: Visual Politics)』(1995)에서 벨 혹스(Bell Hooks)는 '흑인 남성의 몸'이라는 사회적 표현물을 비평하는 데 있어 '시각적 헤게모니' '혁신적 영상 미학' '시각적 발명' '시각적 여행' 등의 용어를 사용한 바 있다. 하지만 여기에서 늘 명심해야 할 점은 인간의 시각적 행위는 사람들 사이의 본질적이고 구체화한 행위 결과에 영향을 미치며, 이는 흔히 학자들이 분석하는 것과는 달리 재현적 틀을 넘어서 존재한다는 것이다.

유형학의 범위

유형학을 적용함에 있어서 각 용어상의 정의는 다음의 몇 가지 특징적 관점을 지닌다. 또한 이러한 관점들은 사진 촬영이나 관찰에도 적용될 수 있다.

시점(Perspective): 사진가나 피사체 혹은 관람자 등을 비롯해 누구의 시점으로부터 시각적 행동을 분석할 것인가? 피사체의 시점에서 바라본다면 이러한 행동은 시각적 포용이나 선사를 비롯한 자발적인 순응일 수도 있으며, 아니면 시각적 공격이나 강탈 등을 비롯한 비자발적인 순응일 수도 있다. 또한 사진가의 시점에서 바라본다면 이는 시각적 포용에서처럼 피사체를 개방적으로 받아들이는 것일 수 있으며, 혹은 공격적이거나 약탈적으로 촬영을 감행하는 공격적 행동일 수도 있다.

방향성(Direction): 시각적 행동의 방향성은 무엇인가? 즉 어디에서부터 어디로 혹은 누구에게서 누구로 이러한 행동이 일어나는 것인가? 방향성은 개인 안에서 생기는 것이거나 대인적이거나 혹은 대중적일 수도 있다. 만일 시각적 행동이 피사체를 향한 것이라면 이는 침해일 수도, 인용일 수도, 혹은 시각적 살해일 수도 있다. 아니면 피사체로부터 사진가에게로 향한 것이라면 시각적 허위나 연출이 될 수도 있으며, 피사체와 관람자 사이의 동등한 방향성이 유지된다면 시각적 포용에 가까울 수 있다. 반면에 관람자로부터 발생하는 것이라면 시각적 조우나 침해가 될 수 있으며, 피사체 자체로 향한 것이라면 시각적 자멸이 될 수 있다. 또한 피사체로부터 사회로 향한 경우에는 시각적 선사나 시각적 진부함이 될 수도 있는데, 이러한 방향성은 상호 교환적이며 서로의 합의에 의한 상호적인 포용이나 연출이 될 수도 있다.

강도 및 효력(Intensity): 시각적 행위를 불러일으키는 능력을 말하며, 관찰자나 관찰 대상자에게 그 효력이 어느 정도의 강도를 지니는지를 나타낸다. 이 시각적 행위의 효력은 사진적 등가물의 내용으로부터 행위를 유발시키는 것에 그 초점을 이동시킨 것이다. 예를 들어 스티글리츠의 구름 사진은 표현적 내용에 있어서는 낮은 강도를 지니지만, 수많은 관람자들에게는 행동학적으로 강렬한 반응을 불러일으킨다.

영상 저널리즘의 이해

Embrace	Collaborative communication	**Lie**	Conscious untruth
Gift	Welcome transaction	**Intrusion**	Invasive presence
Encounter	Casual observation	**Theft**	Taking without will or knowledge
Quote	Exact representation	**Assault**	Intentional harm
Document	Authentic evidence	**Rape**	Personal violation
Cliché	Stereotype or trite image	**Murder**	Annihilation
Theater	Performance or ritual	**Suicide**	Self annihilation

도판 2 시각적 행동을 분석한 유형학 모델

하지만 위에서 언급한 유형학의 특징적 관점은 단지 편리하게 시각적 행위를 분석하기 위한 지침서일 뿐이다. 인간의 시각적 상호작용이나 행위, 시점, 방향성, 효력 등은 마치 뫼비우스의 띠처럼 그 커뮤니케이션을 따라 유동적으로 이동하는 것이기 때문이다.

도판 2는 시각적 형태와 언어적 형태로 단순화한 유형학 모델을 나타내고 있다. 다양한 관점에서 각 시각적 행위들이 어떻게 분석되는지를 한번 살펴보기 바란다.

시각적 포옹(visual embrace): 협력적인 커뮤니케이션.
시각적 선사(visual gift): 기꺼이 환영하는 시각적 거래.
시각적 조우(visual encounter): 우연한 관찰.
시각적 인용(visual quote): 정확한 표현.
시각적 도큐먼트(visual document): 미학적 증거물.
시각적 진부함(visual cliche): 평범하거나 상투적인 전형.
시각적 연출(visual theater): 퍼포먼스나 연기.
시각적 허위(visual lie): 의식적인 거짓.
시각적 침해(visual intrusion): 인격의 침해.
시각적 훔쳐보기(visual theft): 피사체가 알아차리지 못하거나 혹은 그 의지에 상반되는 시각적 행위.
시각적 공격(visual assault): 의도적인 해악.
시각적 강탈(visual rape): 개인적인 폭력.
시각적 살해(visual murder): 전멸 혹은 폐지.
시각적 자멸(visual suicide): 자아의 상실과 자멸.

몇몇의 경우, 유형학 모델은 필자의 시각적 상호작용으로부터 응용된 것이기도 하며, 또 일부 예에서는 다른 연구자료들을 참고로 인용한 것이기도 하다. 따라서 그 반응과 해석은 독자에 따라 다를 수도 있다는 점을 밝혀 둔다.

시각적 포옹은 관찰자와 관찰 대상 사이의 협력적인 상호작용을 말한다.

큐레이터인 로이 플루킨저(Roy Flukinger, personal communication, 1987)는 거리 사진가인 에이브 보나(Ave Bonar)의 예를 들면서 그녀가 누군가를 촬영할 때 피사체의 눈을 바라본다는 점을 지적한다. 이는 일종의 시각적 포용의 과정으로, 시선이 마주치는 짧은 순간에 동의와 상호작용을 얻어낸다는 것이다. 이러한 예에서도 알 수 있듯이 시각적 반응의 시점과 방향성은 상호적이며, 그 효력이나 강도는 연결고리에 따라 다양하게 변화할 수 있다. 일례로 사진기자인 에디 아담스(Eddie Adams)가 베트남전에서 촬영을 거부했던 공포에 질린 한 해군의 모습을 떠올려 보자(Kobre, 1996). 우리는 당시의 시각적 긴장감과 상호작용의 강도를 단지 상상만 할 수 있을 따름이다. 이 장면에서 아담스는 사진 촬영을 하지 않기로 결정했으며, 그 시각적 등가물을 오직 자신의 기억 속에서만 유지하기로 했다. 하지만 그가 만일 사진 촬영을 했더라면 그 이미지는 필자를 비롯한 수많은 독자들에게 아주 오랫동안 멈춰 서서 그 어린 해군의 눈동자를 들여다볼 수밖에 없을 정도로 강렬한 시각적 효력을 전달했을 것이다. 또한 이 과정에서 사진가는 오히려 공포에 질린 어린 해군과의 시각적 포용을 거절한 채, 상호작용이 아닌 시각적 조우에 치중함으로써, 순간적으로 무감각하게 셔터를 눌러댈 수도 있었을 것이다.

시각적 선사는 기꺼이 시각적 거래를 받아들이는 것을 의미한다. 한 사람으로부터 다른 사람에게로 자발적인 시각적 행동이 전이되는 것인데, 기꺼이 관찰 대상이 되어 순응하는 경우를 들 수 있다. 이 시점에서 피사체는 '주는 사람(giver)'이 되며, 사진가는 그 이미지를 받아들이는 입장에 서게 된다. 또한 시각적 선사의 경우에도 그 의미에 따라 강도나 효력은 다양하게 달라질 수 있다. 아담스의 어린 해군의 사진에서처럼, 시각적 선사는 해군의 눈동자가 기꺼이 아담스와 마주친 것을 들 수 있다. 반면에 아담스 입장에서 본 시각적 선사는 해군의 눈동자를 쳐다보았지만 공포에 질린 그 눈동자를 촬영하기를 거부한 것을 들 수 있다. 이처럼 시각적 선사는 관찰되는 누군가에게 긍정적 효력을 발휘하는 데 주로 사용된다. 시각적 선사의 또다른 예로는 사진가인 마크 굿리치(Mark Goodrich, personal communication, 1995년 4월)의 다큐멘터리 사진을 들 수 있다. 그는 할아버지가 사망한 후 이발소에서 일하는 생전 모습이 담긴 다큐멘터리 사진을 가족들에게 보여주었는데, 이 경우 굿리치의 촬영 경험에는 할아버지가 손자에게 물려준 시각적 선사가 포함되어 있다. 또한 동시에 손자가 가족들에게 기꺼이 보여주는 시각적 선사뿐만 아니라 피사체와 사진가 그리고 가족간의 상호작용이 모두 포함되어 있다. 굿리치가 촬영한 사진의 경우, 할아버지가 일하는 모습의 비교적 온화한 반응을 비롯해 할아버지의 죽음을 깊이 슬퍼하면서 애도하는 가족들의 강렬한 반응에 이르기까지, 여러가지의 강도와 효력이 발휘될 수 있다.

시각적 조우는 관찰자와 관찰 대상 사이의 순간적 상호작용을 나타내며, 단순히 또는 우연히 발생한 시각적 행위일 수도 있다. 예를 들어 퍼레이드를 지켜보는 군중이나 혹은 누군가가 우산을 펴는 장면 등을 촬영하는 것은 시각적 조우일 수 있다. 이밖에도 시선을 마주치는 일 없이 신문에서 누군가의 사진을 힐끗 본 후 별다른 반응을 보이지 않는 것 역시 시각적 조우가 된다. 이러한 경우의 시각적 조우는 상호작용을 거치지 않으며, 단지 사진가나 관찰자의 관점에서만 형성된다. 시각적 조우가 비록 낮은 강도의 행동과 관련되어 있기는 하지만, 잭 루비가 리 하비 오스왈드를 권총 살해하는 장면에서처럼 때로는 순간적으로 폭력이 될 수도 있다.

시각적 인용은 정확하면서도 사실적인 기록을 의미한다. '인용'이라는 용어에서 알 수 있듯이, 사진가는 가능하면 촬영 순간을 최소한만 조절하며 인식과 커뮤니케이션의 주관적 특성을 배제하려 애쓴다. 사진가 론 슐만(Ron Shulman)은 순간을 정확하게 커뮤니케이션하려는 의도를 지닌 포토저널리즘 이미지를 설명하는 데 '영화 인용(film quote)'이라는 표현을 사용하기도 했다(personal communication, 1995년 4월). 이러한 상황에서 시각적 행동은 사진가로부터 피사체에 초점이 맞춰지기 마련이다. 하지만 이미지를 관찰하는 관중들 역시 자신이 바라본 것으로부터 시각적 인용이 가능한가? 여기에서 만일 관찰자가 시각적 등가물을 정확하게 기억하려 애쓴다면, 관찰자 역시 시각적 인용을 추구하고 있다고 말할 수 있을 것이다. 또한 그 강도는 인용의 내용이나 전후 맥락에 따라 달라질 수 있다. 예를 들어 에디 아담스가 촬영한 베트콩을 권총으로 즉결 살해하는 장면은 사실적이지만 그 강도에 있어서는 격렬한 반응을 불러일으키게 만든다. 반면에 꽃을 촬영한 사진은 별다른 반응을 불러일으키지 않으며, 연인이 보내온 꽃을 든 여자의 사진은 높은 강도의 반응을 불러일으킬 수 있다.

　　시각적 도큐먼트는 증거물로서 사용될 수 있는 시각적 행동을 뜻한다. 시각적 도큐먼트는 시각적 인용이나 시각적 조우처럼 시작될 수도 있지만, 그 시점에 있어서는 달라진다. 예를 들어 O. J. 심슨의 구두 사진(사건 현장에서 발견됐던 구두 자국이 심슨의 구두와 동일하다는 입증 사진)은 이 사건이 아니라면 별 다른 주목을 받지 못했을 것이다. 이처럼 시각적 도큐먼트에 대한 반응은 그 시점과 정황에 따라 달라질 수 있다. 방향성(direction) 역시 보는 사람들로 하여금 이러한 증거로서의 사진에 대한 서로 다른 반응을 불러일으키게 만드는 요인이기도 하다. 증거 사진이 합리적이고 이성적인 방식으로 나열된다면 그 강도나 효력은 낮을 수 있지만, 반면에 선동적이고 자극적이라면 훨씬 격렬한 반응을 불러일으키기 때문이다. 일례로 찰스 무어(Chareles Moore)의 인권운동 사진은 시각적 인용에서부터 출발해 의회에서 「인권선언문」(1964)의 통과를 촉구하게 만든 강렬한 시각적 도큐먼트로 사용된 예라 할 수 있다.

　　시각적 연출은 사진가와 피사체가 의식적으로 혹은 무의식적으로 의식이나 퍼포먼스처럼 상호작용을 가장하는 것과 관련된다. 비교적 무의식적으로 행하는 시각적 연출로는 결혼식의 스냅 사진이나 시위 장면이나 장례식 사진 등을 예로 들 수 있다. 반면에 비교적 의식적인 시각적 연출로는 포즈를 취한 캔디드 웨딩 사진(시각적 도큐먼트도 될 수 있는)이나 아베든(1985)이 촬영한 포트레이트 형식의 <침묵 속의 연출(silent theater)> 등을 들 수 있다. 실제로 사진기자의 존재 자체만으로도 촬영 현장에는 이러한 시각적 연출의 적법성이 부여되며, 시간이 흐를수록 사진가 역시 시각적 연출의 일부가 되어 가기 마련이다(Newton, 1984). 때로 시각적 연출은 시각적 인용처럼 가장되어 나타나기도 하지만, 이미지를 기록하는 과정에서 시각적 행동을 재현할 것이 요구된다는 점에서 확연히 구별된다. 또한 시각적 연출은 일상적으로 인용되기도 하는데, 일례로 1970년대 '포즈를 취한/포즈를 취하지 않은 포트레이트(Posed/Unposed Portrait)'라는 강의에서는 학생들로 하여금 포즈를 취한 피사체를 마치 포즈를 취하지 않은 것처럼 가장 자연스럽게 연출하는 법을 가르친 바 있다. 물론 포토저널리즘에 있어서 피처 사진이나 일러스트레이션 사진을 제외하고는 이러한 관행이 사라졌지만, 시각적 연출 역시 중요한 기능을 담당하고 있다. 콜리어(Collier, 1967)의 경우 페루의 한 모자 제조업자를 예로 들고 있는데, 이 모자 제조업자는 사진에서 그 공정이 잘못 기록된 것을 파악한 후 다시 신중하게 모자 만드는 공정을 정확하게 재현하였다. 따라서 이러한 상황에서는 오히려 시각적 연출이 시각적 도큐먼트에 더 가깝다고 말할 수 있으며, 상호작용 역시 올바른 방향성을 띠고 있다고 할 수 있을 것이다. 또한 시각적 연출의 목적에 따라 이로 인한 효력이나 강도 역시 달라질 수 있다.

시각적 진부함은 전형적이거나 고리타분한 시각적 행동을 말하며, 포토저널리즘의 가장 상투적 예로는 강아지에게 키스하는 어린아이 사진을 들 수 있다. 하지만 그중에서 무엇보다도 안타까운 점은 끔찍하고 충격적인 수많은 장면들 역시 어느 사이에 상투적으로 변해 버렸다는 점이다. 예를 들어 카메라를 향해 애원하는 눈동자를 보내는 굶어 죽어 가는 아이의 사진은 너무 자주 접하게 되는 이미지라 보는 사람들로 하여금 그저 그날의 뉴스거리로 힐끗 보도록 만들 정도이다. 물론 시각적 진부함 역시 여러 강도로 나타날 수 있다. 이를테면 피사체에게는 격렬한 반응을 불러일으키는 묘지에서 비탄에 잠긴 장면 역시 보는 사람들에게 시각적 상투성으로만 작용한다면 아무런 효력도 불러일으키지 못한다.

시각적 허위는 관찰자나 관찰 대상 혹은 두 사람 모두가 시각적 행위를 조절하는 것으로, 시각적 등가물을 사용해 마치 이를 진실인 것처럼 가장하는 것을 뜻한다. 예를 들어 연출된 사진의 경우, 사진가가 '있는 그대로의 순간'을 포착한 것처럼 가장한다면 시각적 허위에 해당한다. 시각적 허위에 있어 초기의 상호작용은 시각적 연출이나 시각적 도큐먼트와 유사할 수도 있지만, 그 시각적 등가물이 '사실'을 가장한다는 점에서 허위로 받아들여질 수밖에 없다.

시각적 침해는 누군가를 원치 않는 상황에 강제로 밀어 넣는 것으로, 유명 인사들을 추적하는 타블로이드 언론의 집요한 카메라 추적 등이 그 대표적 예라 할 수 있다. 또한 장례식장에서 지나치게 가까이서 상주나 조문객의 슬픔을 기록한다든가, 아니면 망원렌즈를 사용해 개인의 사생활을 침해하는 것도 이에 해당한다. 이러한 시각적 침해의 경우, 법원에서도 사생활 보호권을 들어 그 촬영을 제한하는 판례가 점차 증가하는 추세이다(Sherer, 1990). 반면에 영상사회학자의 시점에서 바라본다면, 비록 그들의 존재 자체가 촬영 대상인 공동체에는 침해가 될 수 있더라도 이를 시각적 침해로 바라보는 경우는 드물다.

시각적 훔쳐보기는 피사체의 의지에 반해 혹은 피사체가 알아차리지 못하는 사이 시각적 행동이 일어나는 것을 말한다. 예를 들어 앤 공주의 치맛자락이 바람에 날려 그녀의 속옷이 드러나는 것을 아무런 동의없이 촬영한 사진 등이 이에 해당한다. 또한 전혀 촬영을 하고 싶지 않으며 촬영 자체가 영혼을 빼앗기는 것이라고 믿는 아메리칸 원주민을 강압적으로 촬영한 경우나, 거리에서 쓰레기통을 뒤지는 누군가를 허락없이 촬영한 경우도 포함된다.

시각적 공격은 해를 가할 의도를 지닌 채 시각적 행동을 자행한 경우로, 보다 폭력적 침해라 할 수 있다. 사진가가 이미 이러한 촬영의 해악성을 충분히 인식하고 있음에도 불구하고 강제로 촬영을 감행한 경우이다. 혹은 피해자를 도울 수 있는 상황을 냉혹하게 방조한 경우도 시각적 공격의 한 예라 할 수 있다. 예를 들어 사진기자가 사고 현장을 처음으로 목격했지만, 이를 돕지 않고 방조한 채 사진부터 찍었다면 이는 시각적 공격에 해당하게 된다. 관찰자 역시 마찬가지로 누군가를 해할 의도를 강하게 지닌 사진을 바라보게 된다면 이 또한 시각적 공격이 될 수 있다. 유사하게 멕시코 거리에서 더러운 맨발로 돌아다니는 어린아이를 아무런 시각적 상호작용도 없이 냉담하게 포착하였고 이를 그저 동정거리로만 게재했다면, 사진가는 아이를 시각적으로 공격한 것이라 간주할 수 있다. 또한 피사체의 의사와는 무관하게 불리한 스틸 사진이나 동영상 등을 함부로 촬영해 유포하는 경우 역시 시각적 공격의 대표적인 예라 할 수 있다.

시각적 강탈은 관찰 과정 자체를 통해 피사체를 모독하거나 더럽히는 것을 뜻한다. 네이거(Nagar, 1990)는 이 용어를 베일이 강제로 벗겨진 채 그들의 의지에 반해 촬영을 강요당한 회교도 여성들의 사진에 인용하고 있는데, 당시의 회교도 여성들에게는 이러한 촬영 자체가 사적인 권리의 침해인 동시에 모욕으로 여겨졌다. 또한 비행기 사고로 딸을 잃은 사실을 알게 된 어머니의 히스테릭한 상태를 함부로 촬영한 사진 역시 시각적 강탈에 해당한다. 나중에 그녀는 이 사진을 두고 "카메라에 의해 폭행당했다"고 진술한 바 있다(Deppa, Russell, Hayes, Flocke, 1993). 필자 역시 '강탈'이라는 단어를 사용하는 데 조심스러웠다. 물리적 강간을 암시할 정도로 그 폭력성이 강했기 때문이다. 하지만 사적 권리의 강제적이고 강압적 침해를 일컫는 데 '강탈'이라는 용어가 가장 적절하다는 판단이 들어서 이를 사용했다.

시각적 살해는 정신적으로나 혹은 물리적으로도 죽임을 당하거나 전멸된 상태를 일컫는다. 손택(1973)은 카메라는 강탈뿐만 아니라 침해, 위반, 침입,

왜곡, 착취 등을 할 수 있으며, "극한적 은유에 이르게 되면 암살까지도 자행할 수 있다(pp. 13-15)"고 말한다. "사람들을 촬영하는 것은 이들을 침해하는 것이다. 그들이 결코 돌아보지 못한 혹은 스스로도 인식하지 못하는 자신의 모습들을 공개함으로써, 그들은 상징적 대상물이 된다. 카메라는 권총과 마찬가지로 사람들을 살해할 수 있으며, 그 '암묵적 살해'는 경악할 만한 충격으로 이어진다(pp. 13-15)." 시각적 살해의 경우 관찰자의 행위는 피사체의 존엄성을 바닥까지 끌어내리면서 육체적인 실체 외에는 아무것도 남기지 않거나 혹은 비참한 동정의 대상으로 추락시킬 수 있다. 이러한 맥락에서 피사체를 시각적으로 인용하는 관찰자는 그 정체성을 치명적인 위협으로 몰고 가게 된다. 그 한 예로 수잔 미즐즈는 "복면을 쓰지 않은 산다니스타스는 결코 촬영하지 않았다. 만일 그들을 촬영한다면 증거로서 사용될 뿐만 아니라 그들의 모습이 드러남으로써 정체가 밝혀지고 죽임을 당할 수 있기 때문이다"라고 강조하고 있다.

시각적 자멸은 카메라 앞에서 정신적으로나 물리적으로도 스스로 소멸하는 것을 일컫는다. 물리적 측면의 시각적 자멸로는 불교의 한 수도승이 사진가 앞에서 분신하는 장면을 들 수 있으며, 정신적 자멸의 예로는 유명인사가 사진가 앞에서 난처해하며 당황하는 장면을 들 수 있다. 또한 시각적 자멸은 개인적 자멸이나 자기소멸적 개념을 내포하고 있지만, 여기에는 또 타인의 시각적 참여도 있을 수 있다.

앞에서 언급한 용어와 이를 설명하는 예들은 인간의 시각적 행동을 분석하는 데 사용되는 유형학의 한 방법이라고 볼 수 있다.

유형학의 적용

이제 티아 마리아를 촬영한 사진으로 돌아가서 유형학이 실제로 어떻게 적용되는지를 살펴보기로 하자. 필자의 관점에서 바라보면 티아 마리아의 스냅 사진을 촬영한 이유는, 그녀의 일상적인 행동 패턴을 늘 보아 왔기 때문에 피사체가 별다른 거부감없이 시각적 포용을 하거나 이를 영상 다큐멘터리로 받아들일 것이라는 생각 때문이었다. 하지만 그녀에게 사진을 보여주기 전까지는 필자 역시도 그녀를 내려다보는 위압적인 시점이었다는 사실을 깨닫지 못하고 있었다. 그렇다면 그 많은 순간들 중에 하필이면 왜 필자는 그 순간을 선택했을까? 이를 티아 마리아의 관점에서 바라본다면, 사진가가 영상 다큐멘터리를 촬영하는 방식은 '시각적 포용'이라기보다는 '시각적 침해' 혹은 '시각적 훔쳐보기'가 될 수 있다.

이러한 이유로 다시 한 번 더 사진을 촬영하는 과정에서 그녀는 사진가의 시각적 상투성을 배제한 채, 대신에 그녀가 보여주기를 바라는 방식으로 시각적 다큐멘터리를 만들었다. 흔히 첫번째 사진이 영상 다큐멘터리로서의 진실을 내포하고 있다고 여기기 쉽지만, 그녀가 알지 못하는 사이에 촬영된 이 사진은 '관찰자-관찰 대상 사이의 연속체'를 이루고 있다기보다는 일방적 시점으로 촬영된 것이라 할 수 있다. 또한 그 시점 역시 다소 오만한 것이기도 하다. 더군다나 사진가가 실제 피사체보다 그(혹은 그녀)를 더 잘 꿰뚫어볼 수 있다는 가정 자체가 일종의 시각적 공격일 수 있으며, 적어도 자만에 가까운 시점이라고 할 수 있을 것이다. 하지만 아무리 그렇다 하더라도 두번째 사진은 영상 다큐멘터리라기보다는 시각적 연출에 더 근접한 것이 아닌가? 사실 두번째 사진은 영상 다큐멘터리와 시각적 연출의 속성을 모두 지니고 있다. 적어도 두번째 사진에서 티아 마리아는 자신이 보여줄 수 있는 최선의 자아를 보여주었으며, 이는 사진가가 짐작하거나 선택한 다큐멘터리의 관점이 아니다. 또한 두번째 사진에서는 그 시각적 행동의 방향성이 사진가로부터 피사체에게로 옮겨가 있으며, 이에 따라 보는 사람들은 피사체와의 상호작용을 하게 된다. 그리고 보다 균형잡히고 평등한 커뮤니케이션이 발생하였으며, 피사체는 이를 진정한 인물사진으로 파악하는 데다가 기꺼이 시각적 포용의 반응까지 보이고 있다.

이 인물사진을 바라보는 강도나 효력 역시 다양하다. 첫번째 사진은 티아마리아 당사자를 제외하고는 보는 사람들에게 부드럽고 잔잔한 흥미로움을 유발시킬 수 있으며, 두번째 사진에서는 그녀의 평소와는 다른 모습에 대한 주변의 놀라움까지 포함해 보다 강력하고 위엄이 살아 있는 반응이 유발될 수도 있다. 이러한 시각적 약호를 분석하자면 다음과 같다.

A = 사진가
B = 피사체
E1 = 원본 이미지의 시각적 등가물
> = 관찰 행위
V = 관람자/관찰자
따라서 A > B = E1
V > B(E1을 통해) = E2

만일 A와 B 사이에 기꺼이 시각적 상호작용이 이루어진다면 이는 시각적 포용으로서 E1을 받아들이게 된다.
또한 이러한 과정에서 V 역시 E1을 바라볼 때 훨씬 더 시각적 포용을 받아들일 수 있게 된다.

아이콘을 사용하자면 A●B일수록 E1을 통해 V●B가 되면 새로운 E2를 만들어내게 된다.

다시 한 번 강조하지만, 이러한 유형학의 목표는 인간의 시각적 행위의 복합성을 보다 쉽게 분석하기 위한 것이다.

이 장을 마치며(논의)

인간의 시각적 행동에 대한 이론적 탐구는 잠재된 물리적 폭력성에 비하면 무의미한 것처럼 비춰질 수도 있다. 아이러니하게도 테크놀로지의 진보를 앞세운 커뮤니케이션의 발달은 어떤 측면에서는 예측 불가능한 시각적 방식으로 인간성 말살을 가속화시켰다고 볼 수도 있다. 오늘날 전 지구적으로 사회는 문명화했지만 여전히 여성에 대한 차별, 인종차별, 헤게모니와 시각적 시스템의 냉혹한 침해를 통한 소외받는 피지배 계층의 억압 등이 존재한다. 그렇다면 이러한 부분들이 개선되기 전까지는 그 이미지들을 아예 쳐다보지도 말아야 하는 것일까? 아니다. 아무리 영상물이 무수하게 쏟아지더라도 시각적 행위가 개인과 사회에 미치는 파급 효과를 제대로 인식할 수 있다면, 인간의 상호작용과 관련된 관심사와 그 속에서의 시각적 행동을 보다 정확하게 파악할 수 있게 된 것이다.

따라서 시각적 행위를 올바르게 인식하고자 하는 사진기자들은 자신들이 무엇을 하고 있으며, 왜 포토저널리즘을 행하고 있는지에 대한 의문을 품을 수 있어야 한다. 또한 빛이 반사되는 필름에 피사체를 기록하는 것이 장기적으로는 어떠한 효과를 파급시키는지 혹은 그들의 사적 권리를 고려하지 않은 채 피상적으로 타인을 관찰하는 것이 무엇을 의미하는지 등을 파악할 수 있어야 한다. 소위 문명화한 사회에서 물리적 행위를 대체할 만한 시각적 행위를 통해 우리는 삶을 감정적으로 살고 있지 않은가? 또한 시각적 행동은 실제로 인간의 상호작용을 독자적으로 표현한 형태인가? 하지만 어느 누구도(아무리 의도 자체가 좋은 것이라 할지라도), 시각적 행동이 불러일으키는 상호작용의 오류를 피하기는 어렵다. 우리는 어떠한 형태로든지 늘 이런 저런 상호작용을 거쳐 타인에게 피해를 줄 수도 있기 때문이다. 하지만 유형학을 통해 이를 탐구하는 것은 인간의 시각적 상호작용을 새로운 각도에서 올바로 이해하는 데 도움이 된다.

실제로 대중매체든지 혹은 개인적 과정이든지 커뮤니케이션의 중심에는 무엇보다도 대인 커뮤니케이션(interpersonal communication)이 우선한다. 이러한 대인 커뮤니케이션의 중심에는 이에 참여한 모든 사람들의 자아가 포함되어 있다. 이 장에서는 이러한 점들을 염두에 둔 채 새로운 방식으로 인간의 시각적 행동과 다양한 강도로 파생되는 상호작용의 의미를 분석해 보았다. 시각적 행동은 특징적인 시점, 방향성, 강도 및 효력을 지니면서 다양하게 분산될 수 있으며, 그 과정에서 원래의 시각적 행동에서 벗어난 함축적 의미가 파생될 수도 있다. 따라서 우리가 인간의 시각적 행동의 미묘한 특성과 강한 권력을 보다 신중하게 이해할 수 있다면, 우리를 둘러싼 시각적 상호작용의 이해에 더욱 근접할 수 있게 될 것이다.

제11장

실제 피사체를 둘러싼 문제점들

The Problem of Real People

포토저널리즘 이미지의 독특한 특성은 바로 우리 외부에 존재하는 실제 사람들을 촬영한 사진이라는 점이다. 우리가 그들을 알 수 있는 유일한 방법은 다름 아닌 이러한 이미지를 통해서이다. 또한 여전히 사진을 통해 느끼는 유대감은 보편적이어서, 대중매체를 통해 사진(특히 커뮤니케이션의 전형적인 패턴을 형성하고 있는 포토저널리즘 이미지)을 바라보는 관찰자 혹은 독자들이 가지고 있는 인식의 기초에는 이러한 상호관계가 형성되어 있다. 따라서 매체 이미지를 통해 대중사회의 일부가 된 피사체를 제대로 이해하는 유일한 방법은, 때로는 친근한 개인적 관계로 다가오기도 하고 또 때로는 피사체와 사진가 사이의 공적 관계나 대중매체 속에서의 개인으로 다가오기도 하는 이러한 상호관계를 다각도로 탐구하는 것이라 할 수 있다.

제11장에서는 사진을 통해 '인간'과 연결되는 포토저널리즘의 기량을 들여다보는 동시에, 시각적 행동이라는 유형학을 사용해 '실제 인물과 매체에 재현된 이미지'라는 모호하면서도 복합적인 관계를 연구해 보기로 한다.

공포의 순간. 1972년 6월 8일, 베트남의 한 마을에서 AP통신의 닉 우트 기자가 전쟁터로부터 멀리 떨어진 미국인들을 충격으로 몰아넣을 만한 공포의 순간을 기록했다(Leekley & Leekley, 1982, p. 88). 네이팜탄에 상처를 입고 공포에 질려 벌거벗은 채로 남베트남 도로 한복판을 달려가는 9살짜리 킴 푹이 포함된 이 사진은, 당시 전쟁에 대한 숱한 회의와 격렬한 비난을 불러일으킨 바 있다.

제11장

실제 피사체를 둘러싼 문제점들

베트남전의 퇴역군인 옆에서 흐느끼고 서 있는 33세의 킴 푹은 포토저널리즘의 살아 있는 상징이다. 전쟁의 유산, 인간의 인내심, 미국인들의 수치스러움을 내포하고 있을 뿐만 아니라, 그 개인적 이미지가 매스 커뮤니케이션과 이루는 상호작용이 너무 친숙해 모두가 그녀를 알고 있는 듯이 느껴진다. 킴 푹의 사진은 전세계로 유포되어 퓰리처상까지 수상했으며, 전쟁사, 포토저널리즘, 미디어 연구 등에 영구히 인용되거나 보존되고 있다. 그렇다면 이처럼 누군가의 사진이 매체를 통해 유포될 경우, 과연 어느 정도까지 대중적 관계를 형성할 수 있는 것인가? 또한 이러한 매스 미디어 이미지 속에서 대인적 상호작용이란 무엇을 의미하는 것인가? 이 장에서는 이처럼 포토저널리즘 이미지 속에서 개인의 이미지가 어떻게 등가물을 형성하는가, 또 대중들 사이에서 대인적 관계는 어떠한 방식으로 형성되는가 등에 대해 알아보기로 하자.

또한 여기에서 우리의 논의는 다시 자아와 대상물을 통합하는 상징적 상호작용론을 통해, '집단적 대인관계(mass-interpersonal relationship)'를 풀어가는데 초점을 맞추게 된다. 또한 사진적 등가물 이론을 통해 물리적 이미지와 그 표현성 사이의 독특한 연결성도 짚어 볼 생각이다. 이러한 이론들은 모두 새로운 방식으로 개인 사이에서 커뮤니케이션하는 인간의 인식능력에 초점을 맞추고 있다.

    이 장에서는 매스 미디어 이미지 속에서의 '실제 인물'이라는 주제를 탐구하기 위해, 역사적으로 중요한 의미를 담은 영상 르포르타주를 자료로 사용하였다. 그 중심 논쟁은 물리적이거나 재현적인 경계선을 넘어 영상 커뮤니케이션 형태로 존재하는 대인적 혹은 대중적 관계이다. 물론 이러한 분석에 있어서 일각에서는 준사회적 관계(parasocial relationship)나 비평적 상호작용을 거론할 수도 있지만, 대인적 상호작용 및 관계를 복합적인 연속체(때로는 깊숙이 감정이입을 해 격렬한 반응을 보이거나 또 때로는 냉담한 반응을 보일 수도 있는)로 파악하는 편이 보다 실질적으로 도움이 되리라 여겨진다. 도판 1의 사진적 상호작용 모델과 도판 2의 시각적 행동의 유형학 모델을 적용시킴으로써, 킴 폭과 대중과의 관계는 보다 명료해질 수 있기 때문이다. 또한 이 장에서는 이러한 유형의 커뮤니케이션을 인간의 상호작용의 상품화나 표현 형태와 관련된 인간의 진보 능력 혹은 두 가지 모두에서 특성화시킨 관점들도 살펴보기로 한다.

이론적 근거

    앞서 언급했듯이, 이 분야의 이론적인 또다른 접근법으로는 '준사회적 관계'와 관련된 시점들을 들 수 있다. 준사회적 관계는 매체 페르소나와의 일방적 관계로 규정되며, 종종 관찰자와 허구 속 매체 캐릭터나 인물 사이의 상호작용으로 분류되기도 한다.

    예를 들어 다음의 장면을 한번 생각해 보자. 몇 년 전 머피 브라운(캔디스 버겐 분)의 시트콤 캐릭터는 사회적 논란의 대상이 된 바 있다. 이 시트콤은 독신 여성으로 임신을 한 브라운이라는 여주인공이 아들을 낳게 되면서 겪는 에 피소드를 그린 내용이었는데, 당시 댄 퀘일 부통령은 이 드라마가 텔레비전 캐릭터를 통해 미혼모를 조장하고 미국 가족의 가치를 하락시킨다고 비난한 바 있다. 더군다나 이 사건이 뉴스와 잡지의 헤드라인으로 장식되면서, 캔디스 버겐은 텔레비전 속에서 시청자들을 향해 이는 단지 다양한 가족의 일부를 보여주는 것일 뿐이라고 해명하기에 이르렀다. 그녀는 드라마 속 캐릭터는 전통적인 아버지-어머니-아이 체계의 핵가족과는 다른 실제 예일 수 있으며, 비록 퀘일의 이상적인 핵가족과는 다른 허구일지라도 그 캐릭터는 '실제의 삶' 속에서도 충분히 가능한 것이라고 덧붙였다. 따라서 당시 이러한 '텔레비전 속 캐릭터'가 '실제의 삶'에 미치는 영향이 뜨거운 논란이 되기도 했었다.

하지만 이러한 이미지 논란은 실제 사람들과 사건들을 다루는 영상 르포르타주에서 빈번하게 적용되고 있다. 이를테면 반복적 영상 게재나 특별한 내용을 담은 영상을 통해서 대중들의 의식에 스며들게 되는 셈인데, 그 대표적 예로는 미국의 대공황시대에 이주민 가족의 곤경을 상징화한 플로렌스 톰슨의 경우를 들 수 있다.

톰슨은 도로시 랭이 촬영한 사진 속에서 세 명의 아이들을 데리고 근심 어린 표정을 짓고 있었으며, 그로부터 60여 년이 지난 지금도 '이주민 어머니(Migrant Mother)'로 알려져 있는 이 사진은 여전히 공황시대를 상징하는 도상으로 인식되고 있다. 물론 사진 속의 실제 인물인 플로렌스 톰슨은 이미 사망했지만, 한때 그녀는 자신의 이미지가 언론에 의해 잘못 사용되었다고 주장한 적이 있다. 톰슨은 자신은 임시 천막에 거주하는 이주 노동자가 아니며, 허락없이 수많은 이미지가 반복 게재되었지만 거의 보상도 받지 못했다고 말한 바 있다(Livingston, 1980). 그렇지만 이런 그녀의 주장과는 달리, 여전히 임시 천막에서의 그녀의 근심어린 표정은 역사적 리얼리티를 구축하면서 대중의 눈과 기억 속에서 공황시대의 상징적 도상으로 자리잡고 있다.

사회적 도상화의 또다른 예로는 1996년 오클라호마 시의 폭탄 테러와 관련된 구출 장면을 들 수 있다. 당시 생사의 기로를 헤매는 어린아이를 구출해 나오는 소방관의 사진은 신문과 잡지에 전면 커버로 장식되었고, 사진 편집자 역시 "이 사건의 이미지가 불러일으킬 파생 효과"를 어느 정도 예측할 수 있었다(Newton, 1994-1999). 이러한 이유로 유니폼을 입은 소방관의 모습은 무자비한 폭력으로부터 연약한 어린아이를 구출해내는 이미지로 각인되었으며, 마찬가지로 대중의 눈과 마음에 테러로부터 시민을 보호하는 이미지로 상징화했다.

이처럼 전세계의 관찰자와 독자들은 먼 곳에서 발생한 비극적 사건들도 집에서 일상적으로 바라보며 느낄 수 있고, 또 이를 상징적 이미지로 도상화할 수도 있다. 물론 일각에서는 이러한 사진들을 얼핏 바라본 후 그저 냉담한 시선으로 훑어 내릴 수도 있을 것이다. 하지만 필자의 경우, 어머니의 근심어린 표정과 이와는 대조적으로 천진난만한 표정으로 웃고 있는 밝은 눈동자의 아이를 찬찬히 살펴보는 순간, 저절로 눈물이 흘러내리는 걸 알 수 있었다. 이처럼 아이, 소방관, 어머니 등의 이미지는 대중매체 속에서 충분히 상호작용을 일으키면서 슬픔을 공유하게 만들 수 있다. 또한 폭탄 테러가 있은 지 며칠 후 테러에 반대하는 티셔츠에 이 사진이 단순한 형태로 도안되어 새겨진 것 역시, 대중들의 인식에 이 비극적 이미지가 어떻게 특성화했는지를 파악할 수 있는 또다른 예라 할 수 있다. 티셔츠에 새겨진 이미지의 경우, 포토저널리즘 이미지가 슬픔을 공유한 채 광범위한 반향을 불러일으키면서 급속도로 상품화한 예라 할 수 있다.

상징적 상호작용론

상징적 상호작용론(Blumer, 1969)은 '집단적 대인관계'라는 개념을 살펴보는 데 유용한 틀이 되어 준다. 블루머는 상징적 상호작용론을 통해 개인과 사회와의 관계를 분석하는 조지 허버트 미드(George Herbert Mead)의 이론을 촉진시키기도 했는데, 그의 세 가지 기본 전제는 다음과 같다.

(a) 각 개인은 "이미지가 그들을 향해 전달하는 의미를 기초해 행동한다", (b) 그 의미는 사회적 상호작용으로부터 파생된 것이다, (c) 또한 이러한 의미는 그가 마주치는 시각적 경험을 다루는 '해석적 과정'을 통해 다양한 갈래로 수정될 수도 있다(Blumer, 1969, p. 2). 또 블루머는 이처럼 인간이 스스로 시각적 행동을 결정하고 의미를 부여하는 과정을 이해하기 위해 사회적 구조를 넘어서 각 개인의 자아에 초점을 맞출 필요가 있다고 언급한 바 있다.

> 사회학을 연구하는 학생들은 사회 구조나 조직체라는 범주에 내재된 편견이 인간, 개인, 사회의 집단적 행동 등의 해석 과정에 어떠한 영향을 미치는지에 의문을 품어야 한다. 또한 이러한 의문은 과연 인간을 있는 그대로 인식하는 것을 배제한 채 사회나 사회적 행동을 성공적으로 분석할 수 있는가로 이어질 수 있어야 한다. 결국 인간이 직면하고 있는 상황에 대한 다각도의 해석들을 통해 개별적이거나 혹은 집단적 행동을 형성하고 있는 개개인까지도 분석해 볼 필요가 있다(p. 89).

이러한 분석에 있어 대중매체와 대중에 초점을 맞추는 학자들의 관점은 '구조적 카테고리'를 고려하는 것으로 간주될 수 있는데, 오히려 인간이 자연스럽게 관여하고 있는 상황들을 해석하고 또 이에 따라 행동하려는 과정을 방해할 수도 있다. 예를 들어 신문 속 사진을 들여다보는 개인을 생각해 보자. 그는 단순히 매체로서의 매스 미디어에 반응할 뿐만 아니라 이미지의 내용과 그로부터 전달되는 의미 그리고 맥락을 자연스럽게 파악한다. 하지만 각 개인은 매스 미디어의 일부일 수도 있고, 혹은 그렇지 않을 수도 있다. 이를테면 전체적인 대중적 반응으로부터 벗어나 개별적 반응을 보일 수도 있는 것이다. 이에 관해 블루머(1969)는 다음과 같이 적고 있다.

> 인간은 문화나 사회 구조 혹은 이와 유사한 것을 향해 행동하는 것이 아니라, 단지 상황에 따라 행동하는 것이다. 사회 조직체는 그저 사람들이 행동하는 상황에 어느 정도

개입하거나 혹은 그 상황을 해석하는 과정에 고정된 상징물을 제공할 수 있을 따름이다(p. 88).

이에 따르면 관람자는 이미지 속의 상황을 향해 반응하며, 보이는 상황에 따라 행동하게 된다. 그 속에서 사회 조직체 역시 그들이 반응하는 상황이 되거나 혹은 상황의 일부를 형성하는(이미지를 바라보면서 해석하게 만드는 데 영향을 주는) 매체가 될 수도 있다.

블루머(1969)는 이와같이 개별적인 관점으로부터 상호작용의 해석 과정을 바라볼 것을 강조한다.

대중적인 맥락에서 혹은 적당히 떨어진 거리에서 소위 '객관성'을 유지한 채 상황을 해석하면서 행동이라는 역할은 떠맡기를 거절하는 것은, 오히려 주관주의라는 오류에 빠질 위험을 더욱 크게 만든다. '있는 그대로의 상황을 받아들이며 기존의 시각적 경험들을 대입해 행동을 유발하는 경우'와는 달리, 객관적 관찰자들은 그 해석의 과정에서 오히려 추측이나 주관성을 대입하게 될 수도 있다(p. 86).

실제로 매스 커뮤니케이션 연구의 대부분은 '개인이 상황을 개별적으로 해석'하는 이러한 과정을 이해하기보다는 '독자적 추론을 덧붙인 집단적 해석'에 치중하고 있다. 비록 블루머가 30여 년 전에 그의 이론을 구체화했지만, 학술적 비평, 포스트모더니즘, 페미니즘 등에 개별적인 관점까지 부여해 그가 생각하는 바를 현대의 이론가들이 초점을 맞추고 있는 질적 연구로 이어지게 만들었다고 할 수 있다.

특히 '의미의 원천(source of meaning)'이라는 블루머(1969)의 논의와 관련되어, 그는 "의미는 단순히 사물의 내재된 의미를 조합하는 것만을 일컫는 것이 아니다"라고 언급한 바 있다. "더군다나 인간 내부의 심리적 요소들이 조합되어 만들어지는 것도 아니다(p. 4)." 상징적 상호작용론에서 바라본다면 "의미는 사람들 사이의 상호작용으로부터 파생되는 것"이다(p. 5). 의미는 인간의 상호작용의 과정에서 만들어지는 산물이다(p. 5). 또한 이미지의 의미를 이미지와 관찰자 사이의 상호작용 과정을 통해 만들어지는 것으로 보는 이러한 관점은, 현대의 대중 수용자이론과도 일맥상통한다(Staiger, 1992). 그렇다면 우리는 이러한 시각적 의미를 이미지화한 피사체와 이를 바라보는 관찰자 사이의 상호작용 과정에서 만들어지는 것이라고 간주할 수 있는가? 또한 스틸 사진이나 동영상으로 만들어지는 누군가의 시각적 이미지를 그 사람의 등가물로 파악할 수 있는 데다가, 또 이를 바라보고 해석하는 관찰자에게도 실질적 등가물로서의 역할을 한다고 볼 수 있는 것인가? 만일 그렇다면 이러한 관점은 이미지화한 피사체와 수많은 대중 사이에 강렬한 감정적 유대감이 어떻게 형성되는가뿐만 아니라, 이미지화한 피사체와 대중으로 드러나지 않은 채 숨어 있는 개별적인 관찰자 사이의 감정적 상호작용까지도 이해하는 데 유용한 도움이 되어 줄 것이다.

시각적 등가론

시각적 등가론으로 다시 돌아가자면, 이 이론은 형태, 추상적 생각, 감정 등과 관련된 재현의 문제와 관련지을 수 있다. 스티글리츠(Newhall, 1964)는 이 이론을 주장하면서 사진(이를테면 구름 사진)이 그의 감정을 전달해 주는 등가물이라고 언급한 바 있다. 스티글리츠는 구름 사진을 응시하는 동안 만들어지는 사진적 등가물을 통해, 관람자들로 하여금 사진을 바라보면서 의미 있는 반응을 보이도록 자극했다(Calloway & Hamilton, n.d.). 이에 따르면 관람자와 이미지의 상호작용이 일어나는 순간에 물리적 구름 이미지는 실질적 등가물로 작용하게 된다. 또한 마찬가지로 이러한 관점을 구름 사진이 아닌 인간에게 적용시키자면, 우리는 누군가의 사진을 바라보면서 시각적 등가물을 얻게 되고, 그 잠재성을 통해 관찰자가 이미지를 바라보는 상호작용으로 이어지면서 실질적 등가물로서 작용하게 된다.

이러한 논점을 뒷받침할 만한 근거로는 시각적 인지이론을 들 수 있는데, 이에 따르면 인간의 두뇌는 눈을 통해 이미지를 받아들이면서 경험적 증거를 제공받게 되고, 이는 물리적 실체처럼 반응을 불러일으키게 된다. 예를 들어 유리벽을 쌓은 낭떠러지 끝에 아기를 놓았을 때, 아기는 시각화를 통해 본능적으로 위협을 느끼고 유리벽 밖으로 기어나가지 않는다. 카펜터(Carpenter, 1975)는 이러한 반응을 언급하면서 사람들 역시 사진을 보면서 결코 보지 못했던 두려움을 느끼게 되고, 이에 따라 자기 보호적 제스처나 반응을 취하게 된다고 말한다. 이를테면 다른 사람의 자아를 통해 자기 자신의 모습을 이입하는 셈이다. 비록 사람들은 사진을 통해 물리적 실체에 빠르게 반응하고 대중사회 속에서 매일 흔하게 이미지를 접하고 살아가지만, 이러한 이미지가 개별적으로 혹은 집단적으로 우리 기억의 일부가 되어 시각적 반응이라는 등가물을 만들어내는 것은 불가피하다고 할 수 있다. 하지만 앞서 언급했듯이, 시각적 이미지가 주는 의미가 사회적 상호작용을 통해서만 구축되는 것이라면, 사진 이미지를 통해 상호작용을 하면서 우리가 구축하는 것은 의미가 아닌 것이 되어 버린다. 따라서 우리는 물리적 특징을 지닌 인간이 구축하는 상호작용을 파악할 필요가 있는데, 이미지화 속의 실제 인물은 단지 빛의 반사를 통해 시각적으로 기록될 뿐만 아니라 매체의 특성화, 인간의 객관화, 메시지 해석의 모호성 등을 거쳐 의미 있는 이미지 형태가 된다. 따라서 이러한 문제를 논의함에 있어서 직접적인 면대면 커뮤니케이션도 고려해야 할 뿐만 아니라, 상호작용을 통해 그(혹은 그녀)가 객관화하는 과정과 이에 따라 공유된 의미가 또다른 다양한 이슈를 불러일으키는 것도 살펴볼 필요가 있다. 이미지화한 피사체를 시각적 등가물의 실체로 파악하는 이러한 관점은, 특히 대중매체와 영상매체가 범람하는 사회 속에서 인간의 커뮤니케이션 본질과 관련된 통찰력을 지니려는 관찰자들에게 의미 있는 등가물을 제공하게 된다.

매스 커뮤니케이션을 대인 커뮤니케이션으로 이해하는 주요 핵심은 다름 아닌 '대중 혹은 집단성(mass)'을 '이미지화한 타아에 반응하는 자아를 지닌 개인들'로 파악하는 것이다(Blumer, 1969, p. 83). 또한 이러한 자아는 마치 자신들이 이미지 속의 피사체와 일대일로 대면하듯이 이미지 속에서 개인적 자아를 인식하는 것과 관련된 것이라 할 수 있다. 블루머는 "인간은 자아를 지니고 있으며, 타인에게 이를 표현하기 위해 행동을 한다"고 언급한 바 있다. 따라서 우리가 네이팜탄을 피해 달아나는 아홉 살짜리 킴 푹의 사진을 보았을 때, 발가벗은 채 공포에 질려 달아나는 모습에서 가슴 한구석에 안타까움과 연민이 일어나게 되고, 또 사진 속 피사체에게 감정이입을 할 수 있는 것이다. 그리고 그 다음에는 '보는 사람'과 '피사체인 아이' 사이에서 대인적 상호작용이 일어나게 되고, 이때 비로소 사진가의 시각적 행위는 대중매체를 통해 관찰자의 시각적 인지와 반응 그리고 행동으로 이어지게 된다. 또한 이는 집단적 대인관계로 이어지게 되는데, 여기에서는 먼저 이와 관련된 매스 커뮤니케이션과 대인 커뮤니케이션의 정의부터 살펴보기로 하자.

매스 커뮤니케이션

맥퀘일은 『매스 커뮤니케이션 이론(*Mass Communication Theory*)』(1994)에서 매스 커뮤니케이션은 결코 단순하지 않은 복잡성을 내포하고 있다고 언급한 바 있다. 우리의 논의를 보다 용이하게 만들기 위해 이와 관련된 생각부터 살펴보기로 하자. "매스 커뮤니케이션은 처음에는 리얼리티라기보다는 생각(idea)에 더 가깝다(p. 11)." 매스 커뮤니케이션은 신문, 방송, 레코드 뮤직, 전자매체, 영화, 대중에게 전달되는 마법의 탄환과 같은 메시지 등의 전송(transmission)를 일컫는 데 주로 사용되지만, 이 용어는 시각적 이미지에 반응하고, 공유하고, 상호작용을 하는 능동적인 대중을 포함시키고 있어야 한다. '매스 커뮤니케이션'은 '매스 미디어'와 동의어가 아니다. "매스 미디어는 매스 커뮤니케이션을 가능하게 만드는 조직화한 테크놀러지일 뿐이다." 또한 맥퀘일은 이와 관련해 다음과 같이 적고 있다.

> 대중적 메시지를 유포하려는 목적을 가지고 대중에게 다가서는 매체들은 개별적 비평, 매체가 지지하는 메시지, 자비로운 연민에의 호소, 상황설명이 부재된 광고 등과 같은 다양한 형태의 정보와 문화를 전달하게 된다. 이러한 경향은 특히 커뮤니케이션 테크놀러지가 발전하면서 공적인 것과 사적인 것 혹은 집단적 커뮤니케이션과 개별적 커뮤니케이션이라는 네트워크의 경계선이 점차 흐릿해진 것과도 관련이 있다(pp. 10-11).

더욱이 맥퀘일은 매스 커뮤니케이션을 통한 "일상으로부터의 경험은 극단적이라 할 만큼 다양하다(p. 11)"고 강조했다.

대인 커뮤니케이션

제3장에서도 살펴보았듯이, 사진가와 피사체는 사진 촬영의 순간부터 대인적 관계로 들어가게 된다. '대인간 기만 이론(interpersonal deception theory)'에서 불러와 버군(Buller & Burgoon, 1996)은 대인 커뮤니케이션과 관련된 유용한 정의를 내린 바 있다. 또한 롤로프와 밀러(Roloff & Miller, 1987) 그리고 불러와 버군(1996)은 대인 커뮤니케이션을 "두 사람 혹은 그 이상의 역동적 메시지 교환(p. 205)"으로 기술하고 있다. 커뮤니케이션은 다자간의 상호 교환이거나, 양자간의 직접적인 교환이거나, 혹은 중재되지 않은 개별성을 띨 수도 있는데, 불러와 버군의 경우 커뮤니케이션 포맷을 비교하는 기준을 '양자간의 직접적인 대면적 교환'으로 삼았다. "커뮤니케이션이 두 사람을 넘어서 확장될 경우나 직접적인 중재의 과정을 넘어설 경우, 이는 덜 대인적이고 덜 상호작용적인 경향을 띠게 된다(p. 205)." 또한 불러와 버군에 따르면, 대인 커뮤니케이션은 다음의 여섯 가지 요인에 의해 특성화한다.

■ 송신자(sender)와 수용자(receiver)의 능동적 참여.

- 역동성.
- 다차원적, 다각적이며 다중적 모델.
- 전략과 비전략.
- 인식과 행동이라는 두 요인으로부터의 지배성.
- 커뮤니케이터의 판단과 메시지의 신뢰성(pp. 206-207).

이처럼 대중적 접근법과 대인적 접근법 모두를 커뮤니케이션 연구에 적용할 경우, 우리는 중첩되는 부분을 구별할 수 있게 된다. 거브너(Gerbner, 1967, in McQuail, 1994, p. 10)는 이 양자가 모두 포함된 "메시지를 지닌 사회적 상호작용"을 커뮤니케이션이라고 규정한 바 있다. 물론 이론가들은 대개 '대인 커뮤니케이션'을 양자간과 연관시키고, '매스 커뮤니케이션'을 사회와 연관시켜 규정하고 있지만, 그 경계선이 점차 모호해지는 것도 사실이다(McQuail 1994). 또한 사람들이 테크놀러지 매체를 통해 상호작용하는 시간이 많아지고 반면에 대인적으로 상호작용하는 시간은 적어질수록, 이러한 상호작용을 규정하는 새로운 용어가 필요하게 된다.

킴 푹의 사례

다시 킴 푹의 사진으로 돌아가자면, 1978년 6월 8일 AP통신의 종군기자 닉 우트는 "전쟁터로부터 멀리 떨어져 있던 미국인들을 충격으로 몰아넣기에 충분히 끔찍한 전쟁의 순간"을 기록하였다(Leekley & Leekley).

네이팜탄을 피해 베트남의 도로 한복판을 벌거벗은 채 울부짖으며 달려가는 아홉 살짜리 판 티 킴 푹의 사진은 이미 수많은 사람들에게 충격을 던져 주는 동시에 그들의 마음을 깊이 움직인 바 있다.

34년 후, 『뉴욕 타임스』의 기자는 이 사진을 두고 베트남전으로 얼룩진 '고통스러운 기억'이라 적었으며(Schiolino, 1996, p. A1, 사진 설명), 그 사진의 파급 효과는 오랜 세월이 지난 후에도 여전히 강렬하게 각인되어 있다. 당시 네이팜탄을 투하하도록 명령받았던 한 하사관에 따르면 "1996년 11월 11일 재향군인의 날 행사에서 성인이 된 킴 푹을 만난 퇴역군인들이 회한의 눈물을 흘렸다"고 한다(p. A8). 또한 워싱턴 DC에서 진행된 재향군인의 날 행사에서는 AP통신의 데니스 쿡 기자가 킴 푹의 사진을 다시 촬영하였고, 이는 1972년 당시의 사진과 함께 『뉴욕 타임스』(Schiolino, 1996)와 『오스틴-아메리칸 스테이츠맨』(Gearan, 1997)을 비롯한 미국 내의 각종 신문에 게재되기도 했다. 따라서 이 사진들을 바라본 관찰자나 독자들은 베트남전 당시의 킴 푹의 시각적 등가물뿐만 아니라 그후 그녀의 생존과 삶이 어떠했는지에 대한 또다른 시각적 등가물을 인식할 수 있었다.

킴 푹은 "자신의 경험을 보다 많은 사람들과 공유해 그들의 삶이 더욱 나아지기를 바란다"는 베트남전과 관련된 솔직한 심경을 밝힌 바 있다. "그 장면 뒤에는 수천만의 사람들이 있었는데, 그들은 저보다도 훨씬 더 고통스러웠을 겁니다. 아마 그들은 죽었거나 아니면 신체 중 일부를 잃었을 테지요. 그들의 삶은 완전히 파괴되었고, 이젠 어느 누구도 그런 사진을 다시 찍게 되기를 바라진 않을 겁니다(Schiolino, 1996, p. A8)." 고통스러운 이 어린 소녀의 사진은 킴 푹 자신과 그녀를 알지 못하던 수많은 대중들 사이에서 새로운 관계를 형성하게 만들었을 뿐만 아니라, 보는 사람들의 마음속에 베트남전과 관련된 개인적, 이데올로기적, 정치적 감정을 유발시키는 영상 다큐멘터리가 되었다. 또한 이 사진은 피사체인 특정한 사람과 그녀의 개인적 경험(물리적·정신적 고통)이라는 시각적 등가물로, 수많은 사람들에게 베트남전과 전쟁으로 인해 고통받는 사람들에 대한 행동을 촉구하게 만들었다.

커뮤니케이션은 대인적인가

킴 푹의 사진을 통해 발생한 커뮤니케이션은 양자간에 직접 이루어지는 대인 커뮤니케이션의 전형과는 확실히 구별될 수 있다. 하지만 커뮤니케이션은 "양자간 메시지의 역동적 교환(Buller & Burgoon, 1996, p. 205)"으로 규정될 수 있기 때문에, 이러한 이슈에 접근하는 한 가지 방법은 몸짓, 특히 얼굴 표정을 복합적 삶의 등가물로 대치하는 것이다. 그렇다면 이러한 경우, 얼굴과 얼굴(면대면)이 물리적으로 대치되어 대인적 관계를 형성할 수 있는 것인가? 이처럼 몸과 몸 혹은 얼굴과 얼굴의 단순하면서도 직접적 교환은 신체적 근접성이라는 관점에서 바라볼 때 인간이 경험할 수 있는 커뮤니케이션에 가장 가까운 것인가? 만일 그렇다면 커뮤니케이션은 개인 사이에서 그 의미를 공유한다기보다는 근접학에 의해 그 범위가 제한되게 된다. 더군다나 사진매체를 통한 커뮤니케이션은 면대면 커뮤니케이션에서보다 훨씬 덜 대인적이고 덜 상호작용적인 경향을 띠게 된다. 또 여기에 기술적 중재까지 개입될 수도 있다. 하지만 개인과 또다른 개인과의 커뮤니케이션 혹은 타인의 시각적 등가물과의 상호작용이라는 측면에서는 이 역시도 대인적이다.

    킴 푹의 사진에서 벌거벗은 채 심하게 화상을 입은 몸은 보는 사람들로 하여금 비명을 지르는 그녀의 입, 벌거벗은 상태, 도망치는 모습과 직접적으로 커뮤니케이션하는 것을 가능하게 만들었을 뿐만 아니라, 배경의 네이팜탄 연기로부터 달아나는 다른 사람들에 대한 상황까지도 짐작하게 만들었다. 이처럼 전후 맥락을 고려한 메시지는 사진가와 킴 푹 사이에서 발생하는 대면적 상호작용으로도 충분히 묘사될 수 있다. 또한 이 메시지는 전자매체나 사진매체 등을 통해(주로 언어에 의해 시간, 공간, 행위, 피사체 등이 서술된) 더욱 개념화할 수 있다. 이렇게 되면 원래의 대면적 순간은 다양한 매체 유형을 통해 갈라지게 되며, 관찰자나 독자에 의해 '이미지로 재현된 얼굴(image-face)' 대 신체의 일부인 '물리적 얼굴(physical-face)'이라는 대면성이 이루어지게 된다. 또한 관찰자는 이미지를 통해 상호작용을 한 결과를 폐기하거나 혹은 또다른 단계의 의미부여를 통해 그(그녀)의 의식 속으로 흡수할 수도 있다. 관찰자의 해석과 반응은 그런 다음에는 또다른 관찰자와의 변증법적 메시지 교환으로 이어지게 된다.

대인 커뮤니케이션 과정에서 다양한 역할을 하는 사람들이 관여하거나 혹은 이를 통해 또다른 관계가 형성될 수 있는가

하틀리(Hartley, 1993)는 대인 커뮤니케이션의 역할과 관계를 고려할 때, 다음의 두 가지 접근법에 주목하였다. 하나는 신뢰성(authenticity)과 상호 배려(mutual caring)에 입각한 접근법이며, 나머지는 피사체의 개성, 자아상, 역할 등의 교차점에 초점을 맞추는 다소 중립적인 접근법이다. 첫번째 접근법을 킴 푹의 사진에 적용하자면, 이처럼 출처가 확실하고 상호간의 배려가 뚜렷한 이미지도 드물 정도이다. 신뢰성에 관한 한, 목격자와 언론매체 그리고 군관계자를 비롯해 사건의 실제성은 확고하다. 네이팜탄이 한 마을에 떨어졌고 무고한 마을 사람들이 희생되었으며, 사진기자는 그 속에서 이들을 필름에 기록하였다. 혹자는 이 과정에서 굳이 메시지를 전달해야 하는 사진가의 역할에 대해 이의를 제기할 수도 있지만, 어쨌든 사건이 발생하였고, 사진가가 피사체에게 대인적으로 반응했다는 사실 자체가 부정되는 것은 아니다. 하지만 상호 배려의 측면에서는 좀더 논란의 여지가 있다. 비록 사진가는 킴 푹을 순간적으로 고려하였고 그의 염려스러움을 사진 다큐멘터리를 통해 표현하였지만, 킴 푹이 닉 우트나 앞으로 사진을 바라볼 잠재적 관찰자를 고려한 것은 아니기 때문이다. 그렇지만 시간이 점차 흐르면서 킴 푹 역시 닉 우트뿐만 아니라 그녀의 사진을 지켜 본 사람들(시민들과 군인들까지 포함해) 그리고 베트남전으로 고통받는 사람들까지 고려하게 된 것도 사실이다.

반면에 하틀리(1993)는 두번째 접근법에서 이미지를 통해 관계를 공유하는 것은 개성, 자아상, 역할 등의 구성요소를 지닌 사회적 정체성에 의해 결정된다고 말하고 있다. 이에 따르면 사진이 찍힌 순간에도 또 그후에도 킴 푹이 이끌어내는 독특한 개성이나 자아상 등은 쉽게 추론할 수 있다.

또한 비록 사진 속의 그녀의 역할은 전쟁의 희생자이지만, 대중적 의식 속에서 그녀의 역할은 전쟁에 대한 긍정적이거나 부정적 측면을 모두 분석하게 만드는 사회적 균형을 형성케 하고 있다.

메시지를 발송하는 송신자와 메시지를 받는 수용자는 모두 능동적인가

다시 뷸러와 버군(1996)의 관점을 적용시키자면, 그 대답은 '그럴 수 있다'라는 것이다. 킴 푹 사진의 송신자는 어린 소녀이며, 최초의 중재자는 사진가인 닉 우트이다. 또한 여기에 매스 미디어, 군과 정부의 주요 인사, 전쟁 참가자들이라는 제2의 중재자가 있을 수 있다. 사진 관찰자는 그 매체 유형이 어떠한 것이든지 상관없이, 능동적으로 읽고, 관찰하고, 해석하고, 느끼고, 반응하는 수용자가 될 수 있다. 킴 푹과 닉 우트의 경우 커뮤니케이션에 있어 능동적 참여자였으며, 이들의 커뮤니케이션은 수많은 관찰자들에게 영향을 미친 후 다양한 형태의 피드백으로 되돌아왔다. 하지만 여기에서 한 가지 문제점은 바로 동시성(simultaneity)인데, 송신자와 수용자가 모두 동시에 능동적인 것은 아니기 때문이다. 하지만 이를 은유적 등가물로 연장시킨다면 송신자는 포토저널리즘 이미지 속에서 잠재적인 행동을 암호화하고, 수용자는 이를 능동적으로 받아들여 반응을 하게 된다고 말할 수 있다. 또한 포토저널리즘의 전형적인 표제 역시 시각적 행동을 묘사하는 데 극적인 현장감을 사용함으로써 '현재 진행중인' 관찰자의 인식을 능동적으로 자극하게 된다.

또 여기에 킴 푹과 그녀의 사진을 본 개별적인 관찰자들 사이에 상호적인 관계가 지속될 수 있으며, 사진가는 그녀에 대한 이미지를 재조합해 오랜 세월 동안 킴 푹에 관한 이야기를 회자되게 만들 수 있다. 이러한 이유로 1996년 재향군인의 날 행사 때 그녀를 본 수많은 퇴역군인들은 회한의 눈물을 흘렸으며, 킴 푹은 이에 화답하여 기꺼이 자신의 아기와 함께 포즈를 취해 주었다. 또한 이 행사에 참여해 자신의 등에 난 상처를 보여주기도 하고, 기자들과 대화를 나누면서 닉 우트와의 친분까지 과시하기도 했다.

커뮤니케이션은 역동적인가, 역동적이었나

뷸러와 버군이 분석한 킴 푹, 닉 우트, 매체, 관찰자의 행동 패턴에서도 알 수 있듯이, 커뮤니케이션은 역동적인 반응을 보인다. 예를 들어 폭탄이 투하되었을 당시의 격렬했던 분노와 관심사는 한동안 시들해질 수도 있으며, 또다시 열정적 반응으로 이어질 수도 있다. 이러한 커뮤니케이션의 역동적인 특성에 대한 이해를 돕자면, '커뮤니케이션은 사건이나 혹은 사건의 연속이라기보다는 현재 진행중인 과정'으로 파악할 수 있다(Hartley, 1993). 킴 푹의 사진은 "중단되거나 안주하지 않는 이미지"로, 수십 년이 흐른 후에도 신문이나 잡지, 전자매체, 책 등을 통해 보는 사람들에게 역동적인 반응을 불러일으켰다(Goldberg, 1991). 또한 이 이미지는 대인적 혹은 대중적 커뮤니케이션 형태를 동시에 띠게 된다. 즉 관찰자들은 킴 푹이 성장하거나 여러 차례의 수술을 받거나, 가족을 갖게 되거나, 전쟁을 자행한 자에게 어느 정도 관대해지는 모습을 지켜볼 수 있었으며(Schiolino, 1996), 이 과정은 바로 킴 푹과 그녀의 사진을 바라본 관찰자들 사이에서 '집단적 - 대인적 관계'가 발생한 결과라 할 수 있다.

커뮤니케이션은 다차원적, 다각적이며 다중적 모델인가

그렇다. 킴 푹과의 사진적 관계에 놓여 있었던 관찰자들은 다각적인 목적을 지니고 있었다. 예를 들어 사진 이미지를 보도하거나, 신문을 팔거나, 전쟁에 대한 논평을 달거나, 선전을 하거나, 고통과 연민을 표현하거나, 역사적인 틀을 형성하는 등의 목적을 지닐 수 있다. 또한 다차원적인 반응을 보일 수 있는데, 공포, 불신, 감정이입, 충실, 신뢰, 냉담, 무관심 등이 이에 해당한다. 이처럼 커뮤니케이션은 다원적 경로를 갖게 되며, 스틸 사진, 동영상, 텔레비전, 신문, 책, 잡지, 인터넷, 출판 등을 통해 송신되거나 수용될 수 있다.

커뮤니케이션은 전략적인가 혹은 비전략적인가, 아니면 둘 다인가

뷸러와 버군(1996)은 대인 커뮤니케이션은 의식적이고 의도적이거나, 혹은 무의식적이고 비의도적일 수 있다고 말한다. 하틀리(1993)는 이를 정보를 주는 행동과 관찰자들에게 정보를 주려고 계산된 행동의 차이에 비유하고 있다. 킴 푹과 닉 우트의 경우, 어린 소녀의 행동은 정보를 주는 것이지만 정보를 주려고 계산된 행동은 아니다. 하지만 이 행동은 위험을 피해 사진기자와 군인들 사이로 의식적으로 도피하려는 행동으로 여겨질 수도 있다. 골드버그(1991)의 경우, 킴 푹이 화상을 입은 등을 드러낸 채 비디오 촬영기자들을 지나쳐 군인들에게로 뛰어들었으며, 군인들이 그녀의 등에 물을 뿌려 준 상황을 언급한다. 또한 이 상황에서 우트의 행동은 의도적인 커뮤니케이션으로 묘사될 수 있다. 종군기자의 임무에 따라 우트는 세상 사람들이 볼 수 있도록 셔터를 눌렀기 때문이다. 이 사진은 당일 저녁인 1972년 6월 8일 텔레비전 뉴스를 통해 방영되었으며, "벌거벗은 채 달리는 소녀의 사진은 다음날 아침 식탁에 그리고 뉴스 가판대에 놓여졌다(Goldberg, 1991, p. 242)." 또한 6월 9일 저녁 무렵 CBS 방송에서는 그녀의 상태를 보도하면서 다시 이 사진을 내보냈으며, 사진은 또다시 『뉴스위크』와 『라이프』지 혹은 기타 신문에 반복적으로 게재되었다(Goldberg, 1991). 게다가 1973년 닉 우트는 이 사진으로 퓰리처상을 수상했으며, 이때부터 킴 푹의 사진이 빈번하게 인용되어 왔다(Goldberg, 1991).

커뮤니케이션에는 커뮤니케이터의 판단과 메시지의 신뢰성이 포함되는가

그렇다고 볼 수 있다. 사진을 바라볼 때에는 즉각적인 반응이 일어나고, 그 메시지는 충격적인 믿음으로 이어질 수 있다. 마땅히 보호되어야 할 아이들이 죽거나 희생을 당하는 베트남전은 용인하기 어려운 현실이지만 사진의 신뢰성에는 변함이 없다. 신뢰성의 정도는 전쟁의 정치적인 전략이나 혹은 매체가 일반적으로 묵인하는 기준에 따라 달라질 수 있다. 디지털 이미징이라는 테크놀러지가 발전하기 이전의 시대에서도 역시 이러한 기준에 따라 대중들은 저널리즘의 신뢰성을 상실하기도 했는데, 특히 베트남전의 경우 대중들은 수많은 전쟁사진을 통해 환멸을 느끼기도 했다.

킴 푹의 사진의 경우, 이미지의 신뢰성이 강조되는 요인으로 다른 사람이 아닌 닉 우트가 그 현장을 목격했고 이를 동영상으로 기록했다는 점을 들 수 있다. 이 사진은 네이팜탄이 투하된 그날 텔레비전 뉴스를 통해 방영되었고, AP통신에 의해 각종 신문에 유포되면서 왜 미국이 베트남전을 지지하지 말아야만 하는가에 대한 강력한 상징물이 되었다. 또한 사진의 신뢰성에 관한 한, 이 사진이 퓰리처상을 수상했다는 점을 들 수 있다. 보도 부문의 수상작 후보에 오르기 위해서는 먼저 목격자와 피사체를 비롯해 그 이미지의 높은 신뢰성이 판단 기준으로 작용하기 때문이다. 하지만 일부 의혹이 많은 관찰자의 경우 사진상으로는 화상당한 등이 보이지 않았기 때문에 킴 푹이 실제로 어느 정도 다쳤는가에 의문을 품을 수도 있다(Goldberg, 1991). 또한 군 고위급 장성의 경우 책임을 회피하기 위해, 그 희생의 정도를 어느 선까지 부인할 수도 있다. 실제로 1986년 퇴역한 야전사령관 윌리엄 웨스트모어랜드는 플로리다의 기업가들과 만나는 자리에서 킴 푹이 숯불화로에 데인 것은 아닌지에 대한 조사가 이루어질 것이라고 말한 바 있다. 나중에 그는 이에 대한 질문을 받자 "만일 네이팜탄이 그녀를 공격했다면 킴 푹은 결코 살아남지 못했을 것"이라고 언급하면서, 숯불화로나 기타 요인에 의해 화상을 입었을 가능성을 제기하기도 했다. 물론 지금까지 군당국에서 이를 조사한 기록은 없다(Goldberg, 1991, p. 245).

하지만 일각에서의 이러한 의혹과는 달리, 시간이 지날수록 킴 푹의 스토리는 매체와 대중 사이에서 전폭적인 신뢰를 얻었다. 1996년 10월 『라이프』에 게재된 사진(조 맥낼리가 촬영한 사진으로 236쪽에 실려 있다)을 보면, 킴 푹의 팔과 등에 심한 화상 자국이 남아 있는 것을 알 수 있다. 또한 1996년 11월 베트남전 기념관에 화환을 놓는 킴 푹의 사진에도 마찬가지로 이러한 사실이

제11장 실제 피사체를 둘러싼 문제점들

AP / Wide world photos

뚜렷하게 입증되어 있다.

물론 사진의 대인 혹은 매스 커뮤니케이션의 역할은 여기에서 그치지 않는다. 킴 푹 사진의 신뢰성은 베트남전을 반대하는 여론에 커다란 몫을 했지만(Goldberg, 1991, p. 244), 네이팜탄 투하에 지나치게 초점이 맞춰지는 경향을 보이기도 했다(Timberlake, 1997). 일례로 베트남전에 참전했던 퇴역군인인 팀버레이크는 사진의 근원을 조사해 볼 필요가 있다고 언급한 적이 있다. 이 사진은 당시 평화의 도상이 되었지만, 그는 사진이 촬영될 당시 "거의 모든 미군이 베트남으로부터 철수한 상황이었다(p. 3)"는 점을 지적한다. 팀버레이크는 다음과 같이 덧붙이고 있다.

파리 평화회의에 따라 1973년 3월까지는 모든 미군이 베트남으로부터 철수하기로 되어 있었다. 킴 푹의 사진은 미국 정부에게는 상당히 당혹스러운 것이었지만, 남베트남 정부에게도 치명적인 것이었다. 반면에 베트남의 공산주의자들에게는 훌륭한 선전도구의 역할을 한 이 사진은, 1975년 북베트남이 대규모 공격을 감행했을 때 미 의회가 남

조 맥낼리 『라이프』 1996년 10월호

베트남 정부를 지원하는 것을 방해하는 요인으로 작용하기도 했다(p. 3).

팀버레이크(1997)는 킴 푹이 자신의 화상과 상처에 미국이 주도적인 역할을 했다는 사실을 믿어 의심치 않았다고 밝혔다. "모든 군인들이 그녀의 고통을 보았으며, 그 고통을 함께 느꼈다. 더군다나 그녀를 그렇게 만든 끔찍한 주범이 미군이라는, 온 세상 사람들의 비난까지 가세하게 되었다(pp. 4-5)."

또한 팀버레이크와 일부 퇴역군인들(Irvine & Gouden, 1998)은 1996년 재향군인의 날 행사 때 킴 푹과 그녀의 후견인들의 모티브는 단지 '용서와 너그러움' 이상을 지니는 것이었다고 지적한 바 있다. "대중적 반향을 불러일으켰고, 1997년 11월 그녀는 유네스코 친선대사로 임명되었다(Irvine & Gouden, 1998, p. 1)."

반면에 『슬레이트』지의 칼럼니스트인 프로인트(Freund, 1996)는 설혹 그 사진이 북베트남의 선전도구로 사용되었을지라도 "이미지의 정치적 조작이 그 사진의 내용 자체를 부정할 수 있는 것은 아니다"라고 밝혔다. "여기에서 고통은 유일한 실체이다. 킴 푹은 그녀의 화상과 상처로부터 여전히 고통받고 있다(p. 3)."

이러한 논란은 포토저널리즘 이미지의 파급 효과로 이어질 수 있다. 하지만 블러와 버군(1996)의 기준에서 대인 커뮤니케이션을 규정하자면, 매스 미디어로부터 유포된 <네이팜탄을 피해 달아나는 아이들>이라는 사진을 통해 우리는 이와 관련된 다양한 대인관계를 형성하게 되었다고 할 수 있다. 이 사진은 매스 미디어를 통해 다양하면서도 복합적인 개인적 관계들을 파생시켰고, 매스 커뮤니케이션 시대에 보편화한 '대중적 대인관계'를 만들어냈다.

이론적인 함축성

이 장의 주제는 다음과 같이 다양한 방식으로 접근할 수 있다. 사진가와 피사체 사이에 형성된 대인관계는 리얼리티를 구축하는 매스 미디어의 일부가 될 수 있는가? 또한 텔레비전을 통해 유권자에게 말하는 정치가의 신뢰성은 어떻게 파악할 수 있는 것인가? 필자는 이러한 이슈에 대해 매스 커뮤니케이션 과정에서의 대인적 특징을 먼저 언급하기로 한다.

- 인간의 이미지는 매스 미디어 속에서 기록되거나 유포되면서 대중에게 전달된다.
- 인간은 자발적으로 이미지를 기록하거나 유포할 수 있다.
- 관찰자는 이러한 이미지를 바라보면서 반응하게 된다.

대인 커뮤니케이션에 있어, 양자간의 대면적 관계부터 고려하는 것이 확장된 글로벌 문화를 이해하는 데 도움이 된다. 앞서 이미 우리는 개인의 정체성 구축 과정은 통합적인 사회적 상호작용과 연결된다는 점을 이해한 바 있다. 또한 대면적 상호작용이 마치 지수·함수처럼 확장되어 나갈수록(이를테면 물리적 형태로는 결코 만난 적이 없는 개인간의 커뮤니케이션을 포함해), 우리는 대인 커뮤니케이션의 본질에 더욱 충실할 필요가 있다. 이렇게 확장된 대인 커뮤니케이션 관계는 주로 텔레비전, 신문, 인터넷 등에서 기사와 함께 이미지를 바라볼 때 형성되기 마련이다. 또한 대인 커뮤니케이션의 첫번째 중재인이자 커뮤니케이션을 쉽게 만드는 조정자인 사진가는 현장의 물리적 실체 혹은 실제 인물을 바라보며 이를 이미지로 기록하게 된다.

반면에 두번째 중재인인 편집자는 대중적 유포를 목적으로 특정한 이미지를 선택하고 편집한다. 사진가의 입장에서 편집자와의 이러한 상호작용은 전형적으로 규정된 대인적 관계라 할 수 있다. 즉 두 사람은 얼굴을 맞대고 면대면(대면적) 커뮤니케이션을 거치게 된다. 이들의 상호작용은 빠른 시각적 조우에서부터 장기간의 광범위한 시각적 교환에 이르기까지 다양한 연속체 안에 놓이게 된다. 예를 들어 빠른 시각적 조우에는 자동차 사고 현장을 즉석에서 촬영한 취재기자가 해당되며, 장기간의 광범위한 시각적 교환에는 몇 달간 밀착취재를 하며 약물중독자나 부랑자와 신뢰를 쌓는 다큐멘터리 사진가를 들 수 있다. 또한 대인 커뮤니케이션의 관점과 마찬가지로, 그 형태가 언어적이거나 비언어적이거나 간에 각 관찰자에 따라 긍정적이거나 부정적으로 인식될 수도 있다.

흔히 우리는 사진가를 두고 시각적 진실의 전달자이자 표현자로서 어느 정도 강렬한 권위와 권력을 발휘한다고 여기기 쉽다. 하지만 피사체의 경우에도 그들의 이미지에 대해 보다 막강한 권력과 통제력을 발휘할 수 있다. 예를 들어 피사체가 사진가를 조정하여 진실처럼 느껴지지만 실제로는 허위인 이

제11장 실제 피사체를 둘러싼 문제점들

미지를 기록하게 만들 수도 있다.

 피사체와의 대면적 조우 후, 사진가는 이미지를 유포할 목적으로 필름이나 비디오 테이프를 촬영하거나 전송하게 된다. 이러한 전이 과정은 지역 신문 기자처럼 개인적으로 다루어질 수도 있으며, 아니면 특파원을 통해 해외로 광범위하게 전송될 수도 있다. 또한 사진 피사체나 사건을 보도하는 효율적 방식에 대한 논의는 뉴스 기관의 체계에 따라 일상적으로 일어날 수도 혹은 그렇지 않을 수도 있다. 더군다나 사진가와 피사체 사이의 상호작용은 사진 한 장이나 짧은 비디오 클립으로 축소될 수도 있으며, 그 시각적 등가물은 개인이나 대중 혹은 전세계 사람들에게 한 번 또는 여러 번 이상 반복해서 관찰될 수도 있다.

 이제 커뮤니케이션의 다른 측면으로 이동해, 관찰자, 독자, 관중에 대해 살펴보기로 하자. 이들은 아주 짧은 순간 이미지를 바라본 후 무시해 버리거나, 깊게 응시하거나, 반복해서 바라보거나, 전시하는 등등의 다양한 반응을 보일 수 있다. 이러한 관측을 통해 원본 이미지의 피사체는 오직 이미지를 통해서만 만날 수 있는 매개체가 되며, 이로부터 그 대인관계의 원천이 시작된다. 또한 우리는 비록 이미지의 축조, 유포, 관찰 등의 전체적인 과정을 고려해야 하지만, 그 시각적 등가물을 통해 이미지와 관련된 개인이나 관찰자의 직접적인 대인관계도 분석할 필요가 있다. 이러한 관계는 두 사람이 이루어내는 양자간의 관계로, 시각적 등가물을 통해 이루어지는 면대면 커뮤니케이션을 뜻한다. 실제로 그러한 관계의 완성은 이미지를 받아들이는 수용자가 단순한 관찰자의 시점이 아닌 실질적인 반응(피드백)을 보일 때 만들어진다. 수용자는 또한 매스 미디어의 또다른 이미지와 연관시켜 피사체에 부가적 커뮤니케이션을 덧붙일 수도 있다. 마찬가지로 대인 커뮤니케이션은 킴 푹의 예에서처럼 끊임없이 이어지는 연속적 복합체를 형성하게 된다.

상징적 상호작용론과 등가론

이 장에서 처음 논의했던 이론적 배경으로 다시 돌아가 보자. 필자는 상징적 상호작용론은 '대중적 대인 커뮤니케이션'을 분석하는 데 유용한 틀이 되어 준다고 밝힌 바 있는데, 킴 푹의 사진과 관련된 사람들의 예처럼, 이 커뮤니케이션 과정에 참여한 사람들은 사진이 그들을 향해 지니는 의미에 기초해 행동을 하게 된다. 그 의미는 다양한 단계의 사회적 상호작용으로부터 파생된 것이며, 각 개인마다의 독특한 해석 과정을 거쳐 연산되는 것이기도 하다. 시각적 등가론 역시 시각적 자극을 통해 대중적 대인 커뮤니케이션을 형성하게 만드는 시각적 인지라는 현상을 분석하는 데 도움이 된다. 매스 미디어를 통해 유포된 이미지는 관찰자에게 대인적 반응을 불러일으키면서 피드백을 형성할 수 있으며, 또다시 이미지화한 피사체로부터의 반응을 유발시킬 수도 있다. 또한 이 커뮤니케이션 과정에는 매스 미디어를 통한 두 사람 혹은 그 이상의 개인들 사이의 변증법적 의미 교환도 포함된다.

마찬가지로 이미 제10장에서는 '대중적 대인 커뮤니케이션'의 이러한 관계를 보다 명료하게 분석하기 위한 한 방법으로 유형학을 살펴본 바 있다. 역동적이고 규범적이며 반영적인 연속체로서의 유형학은 시각적 포용이라는 개념에서부터 출발한다. '네이팜탄을 피해 달아나는 아이들'에서 닉 우트 역시, 공포의 순간에 카메라를 통해 킴 푹과의 시각적 포용이라는 상호작용을 거쳤다고 말할 수 있다. 또한 동시에 그는 시각적 인용을 통해 영상 다큐멘터리를 만들었으며, 그녀의 비극적 경험을 세상 사람들에게 알림으로써 사건 발생 후 그녀의 삶을 향상시켰다는 점에서 시각적 선사를 한 것이라 할 수 있다.

하지만 일각에서는 우트의 사진이 킴 푹을 시각적으로 강탈한 것이라 여길 수도 있다. 당시 그녀는 카메라 셔터가 눌러지는 순간에 이를 거부할 선택의 여지가 없었고, 죽음의 문턱에서 무기력할 수밖에 없었다. 또한 벌거벗은 킴 푹의 사진은 9살짜리 여자아이의 고통을 객관화하고 상품화했다는 측면에서 시각적 공격으로 여겨질 수도 있다. 따라서 커뮤니케이션이 진행되는 동안에 사람들은 자신의 인식적 잣대에 비추어 상황을 해석하며, 이를 시각적 포용이나 혹은 시각적 강탈 등으로 규정지을 수도 있다. 이처럼 비록 우리는 킴 푹을 매스 커뮤니케이션을 통해 알게 되었지만, 그 개별적이거나 집단적인 상호작용은 전체적인 커뮤니케이션 과정을 이해하는 기초가 된다.

대중적 대인 커뮤니케이션의 명제들

1. 사진 촬영은 사진가와 피사체가 참여하는 시각적 행위의 과정이다.
2. 사진을 촬영하는 과정에는 사진가와 피사체의 관계가 포함되며, 이는 대인적 성격을 띨 수 있다.
3. 커뮤니케이션 관계에는 사진가와 피사체의 행동에 영향을 미치는 의식적 혹은 무의식적인 의사결정 과정이 요구된다.
4. 시각적 행동을 결정하는 사람들은 상호작용 그 자체뿐 아니라 개인적 감정, 개성의 차이, 성별, 사진 촬영 관습 등의 요인에 따라 영향을 받는다.
5. 사진가와 피사체는 커뮤니케이션 관계에 있어 다양한 권력을 발휘할 수 있다.
6. 촬영된 사진은 피사체, 사진가, 피사체와 사진가 사이의 관계에 대한 정보를 나타낸다.
7. 사진을 관찰하는 행위에는 사진가, 피사체, 관찰자 모두 참여자가 된다.
8. 사진을 촬영하는 과정에서 발생하는 상호작용은 이미지를 관찰하는 과정에서 일어나는 상호작용에 영향을 미친다.
9. 관찰자의 개별적인 상호작용은 시각적 사건이나 행위를 바라보는 변수

에 따라 달라진다.

10. 사진을 관찰하는 과정에는 사진가, 피사체, 관찰자의 상호관계가 모두 포함되어 있다.

11. 사실적인 등가물로 표현된 리얼리티 이미지를 통해 커뮤니케이션하는 것은 사진가와 피사체 혹은 사진가와 피사체와 관찰자 사이의 정보 및 통제력을 상호 교환하는 것을 말한다. 대인관계로 시작되는 이런 상호교환은 일대일의 대면적 관계에서부터 대중적 관계로까지 확장될 수 있다.

이미 도판 1에서 포토저널리즘의 상호작용적 관계에 대한 시각적 모델을 제시한 바 있는데, 이 모델을 분석하기 위해서는 몇몇 개념들을 살펴볼 필요가 있다. 먼저 자아(self)부터 살펴보자면, 자아는 생각, 느낌, 개성, 물리적인 특성을 지닌 인간의 감정적 실체와 관련된 것이다. 또한 자아는 다양한 상호작용과 권력을 통해 발현될 수 있는데, 앞서 언급했듯이 카메라나 비디오로 촬영되는 피사체는 '피사체 자아(subject self)'나 '빛을 반사시키는 사람(person reflecting light)'으로서의 특성을 동시에 지니게 된다.

단, 여기에서의 이러한 표현은 가능하면 중립적으로(neutrally) 묘사될 필요가 있다는 점에 주목해야 한다. 예를 들어 사진가나 피사체에 대한 주관적인 추론을 피할 필요가 있을 뿐만 아니라, 마찬가지로 상호작용을 통해 피사체를 지나치게 객관화하는 것도 배제할 필요가 있다. 또한 '빛을 반사시키는 사람'으로서의 피사체 역시 수동적이거나 공격적인 경향을 표현할 수도 있다. 반면에 '사진가 자아(photographer self)'와 '빛을 기록하는 사람(person recording the light)'으로서의 특성을 지닌 첫번째 중재인인 사진가는 다소 능동적이고 공격적인 묘사를 할 수 있다. 이를테면 "오늘 오후 이곳에서 대통령을 촬영(shooting)할 예정입니다"라든가 "바로 여기에서 당신의 사진을 촬영(take pictures)할 겁니다"라는 표현에서도 알 수 있듯이, 사진가가 개인을 묘사하는 방식은 보다 능동성을 띠게 된다.

　이러한 두 자아간의 가장 이상적인 상호작용은 어느 정도 카메라(혹은 기타 기록장비)에 의해 중재를 거친 후 각 개인이 동등한 정도로 반응하는 것이다. 하지만 이렇게 이상적인 대인 커뮤니케이션의 이론과는 달리, 실제 사진가와 피사체 사이의 권력의 균형은 한쪽에 비해 나머지 한쪽이 강하거나 혹은 뒤쳐지는 다양한 경향을 띠게 된다. 여기에서 한 가지 더 주목해야 할 점은 이미지 혹은 상호작용의 결과로 만들어진 이미지는 '데이터의 형태(대인 커뮤니케이션의 시각적 기록)'로 간주될 수 있다는 점이다. 물론 여전히 대인 커뮤니케이션의 논의에 있어서는 다양한 요인들이 고려되고 있지만, 상호작용의 전후 맥락, 즉 피사체와 사진가가 커뮤니케이션하는 정황이 무엇보다도 중요한 요소임에는 변함이 없다.

　이제 다음 단계로 이미지 자체를 살펴볼 필요가 있는데, 이는 상호작용의 시각적 등가물로 해석될 수 있다. 사진가의 경우, 카메라 렌즈를 통해 개인적 이미지를 관찰하거나 움직이거나 말하거나 응시하는 피사체로부터 반사되는 빛을 기록하게 되는데, 피사체가 이미지화하는 순간 그 속에는 잠재된 함축성(latent implication)이 포함되기 마련이다. 하지만 비록 사진가가 프레임, 촬영 순간, 피사체 자체를 선택했다 하더라도, 이러한 요소들은 우리가 사진 속 피사체에 초점을 맞추는 순간에는 거의 고려되지 않는다. 또한 대인 커뮤니케이션의 시각적 기록으로서의 이미지는 여러 단계의 전이를 거쳐 편집자, 프로듀서, 최종 관찰자 등에게 다양한 반응과 커뮤니케이션을 불러일으키게 된다.

　마찬가지로 커뮤니케이션 과정에서 적용되는 또다른 용어인 '맥락(context)'에 대해서도 살펴보자면, 이는 다각도의 시점을 내포하고 있다. '맥락'은 물리적 혹은 이데올로기적 틀을 형성할 수 있으며, 이에 따라 매체를 통해 커뮤니케이션이 유동적으로 이동하면서 단어, 그림, 소리 등이 마치 한 묶음처럼 이미지에 수반될 수 있다. 또한 '맥락'에는 관찰자에게 제공되는 최종 재현형태(예를 들어 화면으로 표현되는 전자매체이든지 아니면 인쇄로 표현되는 출판물 등을 포함해)가 포함될 수 있다.

마지막으로 '관찰자 자아(viewer self)'도 고려할 필요가 있다. 이 용어는 앞서 언급한 피사체 자아와 사진가 자아와의 양자간 혹은 삼자간의 다차원적 각도에서 이해되어야 한다. 이미지가 시작되는 첫번째 단계에서는 물론 두 사람간의 대인적 역동성이 주가 되지만, 이 이미지는 다차원적 중재 과정으로 들어서게 된다. 따라서 사실적인 시각적 기록으로서의 르포르타주 이미지는 시간과 공간의 전이를 거쳐 그 자체의 다양한 의미를 지니는 커뮤니케이션의 일부가 될 수 있다. 도판 3은 영상생태학적인 관점에서 이러한 이미지의 다차원적인 커뮤니케이션 과정을 나타내고 있다.

현대 커뮤니케이션 이론은 대부분 관객수용론의 주관성을 강조해 왔기 때문에 '이미지 속 타자(other)'의 리얼리티는 주관적으로 구축되거나, 개인이 무기력하게 간주되거나, 관찰자는 대중매체의 헤게모니에 의해 지배를 받는 것처럼 여겨졌다. 하지만 문화비평론 속에서 이처럼 다양한 모든 요인들이 이미지를 만들거나 사용하거나 읽는 데 잠재적 영향력을 발휘할지라도, 영상 르포르타주에서의 이미지는 '빛을 반사시키는 인간'으로부터 출발한다는 사실에는 변함이 없다. 또한 이 피사체로서의 '인간'은 살아 숨쉬거나 생명력이 정지한 상태일 수도 있으며, 고통스러운 비탄에 잠기거나 탄생의 환희에 젖어 있을 수도 있다. 아니면 살아 있으면서 우연성(비행기 사고), 고의성(전쟁), 가공성(퍼레이드) 등의 사건 현장에 참여할 수도 있다. 하지만 이러한 실제 사건들은 필름이나 비디오 테이프에 기록되어, 전세계의 개별적 관찰자에게 보여짐으로써 또다른 커뮤니케이션 관계를 형성하게 된다.

여기에서 중요한 점은 실제 인물의 실제 사건과 매체 이미지를 구별하는 것인데, 빛을 반사하는 피사체의 이미지는 의도적으로 혹은 신중하게 허구화한 이미지로 만들어질 수도 있다. 앞서 제9장에서도 언급했듯이, 이러한 이미

제11장 실제 피사체를 둘러싼 문제점들

도판 3 르포르타주 이미지의 생태학적 모델

지 생산은 또다른 실체로 존재하는 것으로, 이 이미지들은 '현실'과 '가상'을 구별하는 우리의 능력을 혼란시킬 뿐만 아니라 '실제 인물의 이미지'에 대한 우리의 반응을 당혹스럽게 만들기도 한다.

따라서 이러한 딜레마에 대한 해결책은 매체 사용자들이 시각적으로 읽고 쓰는 능력을 향상시키는 것으로, 시각적 진실과 시각적 허구를 식별하는 힘을 기르는 것이라 할 수 있다.

이 장을 마치며

인간의 커뮤니케이션 능력은 물리적 상호작용에 대한 필요성을 축소시키면서 대중적 대인관계를 보편화시켜 왔다. 하지만 대인 커뮤니케이션에 '이미지와의 면대면 커뮤니케이션(face-to-image communication)'을 포함시킨다면, 커뮤니케이션 이론가들은 영상 르포르타주라는 현상과 실체를 보다 명확하게 인식할 수 있게 된다. 또한 그 과정에서 "경험 가능한 세계가 상실되는 일(Ronell, 1994)"은 사라지게 되며, 우리는 시각적 등가물이 인간에게 보다 깊이 있는 반응을 불러일으키는 한층 고차원적인 상호작용의 국면으로 들어서게 되지 않을까 싶다.

제12장
포토저널리즘의 미래
The Future

유리판에서 필름, 대형 포맷의 카메라에서 35밀리 소형 카메라, 필름에서 비디오, 필름이나 비디오에서 디지털 이미징에 이르기까지, 포토저널리즘의 실천은 새로운 테크놀러지의 발전과 더불어 그 변화를 거듭했다. 하지만 여전히 변함없는 것은 우리를 둘러싼 세상을 알고, 이해하고, 공유하고 싶어하는 욕구이다. 따라서 제12장에서는 이러한 기본 전제를 토대로 포토저널리즘의 미래 그리고 시각적 진실의 미래는 어디에 있는가라는 주제를 살펴보기로 하자.

나바호 족의 성탄 전야. 도나 마르가리타 부인과 그녀의 손녀딸이 멕시코에서 맞이하는 성탄 전야의 풍경이다.

제12장

포토저널리즘의 미래

포토저널리즘의 선구자인 윌슨 힉스(Wilson Hicks)는 글과 이미지의 조합이 각 요소를 따로 분리했을 때 이상의 어떤 것을 지니게 된다고 언급한 적이 있다. 유사하게 '전체는 부분의 총합 이상의 것'이라는 이러한 이론은 게슈탈트 이론으로도 알려져 있는데, 시각적 요소들이 전체의 일부로 읽힐 경우, 그 메시지에 대한 인식은 각 요소들을 별도로 읽은 총합보다 훨씬 커지게 된다.

"전체는 각 요소들의 합보다 크다"라는 이러한 개념은 영상 르포르타주 속에서 시각적 진실의 복합성을 이해하는 데 도움이 된다. 예를 들어 신문이나 텔레비전은 여러 종류의 시각적 상징물로 이루어져 있는데, 그 속에서 글과 이미지는 특정한 틀 속에 배치된다. 이를테면 활자 형태의 글이 소리 또는 음향이나 패턴 혹은 이미지와 조합될 때, 보는 사람들은 그저 단순한 부분만을 떼어놓고 보았을 때보다 더 큰 의미를 부여하게 된다. 또한 이러한 상황에서 독자나 시청자들은 자신이 마음속으로 이해할 수 있는 코드로 언어를 이해하는 법을 터득하려 애쓰게 된다. 마찬가지로 이미지(사진이든지 그래픽 디자인이든지)는 다차원적인 세계의 생물적 혹은 무생물적 실체를 표현하기 위해 '형태'와 '톤'으로 구성되는데, 이처럼 특정한 패턴으로 조합되었을 때 그 시각적 인지 자체가 달라질 수 있다. 또한 한 페이지나 혹은 한 화면 안에 글과 이미지가 결합되었을 때, 우리는 각 요소의 상관관계를 통해 이를 바라보게 된다. 즉 수많은 의미를 지닌 요소들로 이루어진 전면을 통합해 인식하게 되는 것이다.

이처럼 단순히 헤드라인만 읽는 것과 페이지 전체를 보는 것이 다른 것처럼 시각적 진실 역시 각 부분의 총합을 뛰어넘게 된다. 저널리즘은 이미지 축조인 동시에 현실 세계의 반영이다. 사진기자와 취재기자는 세상 속에서 그들의 능력을 최대한 발휘하면서 정보를 수집하게 되는데, 이 과정에서 이들은 발견한 정보들을 토대로 언어적 혹은 시각적 구성을 하게 된다. 또 이러한 르포르타주의 시초는 인간의 생존 욕구에 대한 필요성에서 비롯된다고 할 수 있다. 인류가 진보하면서 우리는 정보를 수집하고, 유포시키고, 해석하는 능력을 발전시켜 왔으며, 후두로부터 울려 퍼지는 소리, 침묵의 몸짓에 의한 제스처, 반사적 행동 등의 커뮤니케이션은 이제 신문, 잡지, 책, 인쇄물, 텔레비전, 인터넷, 영화와 뉴미디어 등을 통한 커뮤니케이션으로 진보하게 되었다. 비록 저널리즘이라는 용어가 저널 리포트를 언급하며 칭하는 것이지만, 그것은 또한 다양한 미디어를 통해서 르포르타주를 유포시킨다는 의미를 포함한다.

20세기의 포토저널리즘은 주로 리얼리티를 묘사할 목적으로 언어와 함께 수반되는 인쇄된 사진을 의미했다. 하지만 새로운 테크놀러지가 발달하면서 대형 포맷 카메라는 35밀리 소형 카메라로, 스틸 사진은 영화나 비디오 필름으로, 필름과 비디오는 디지털 이미징으로의 눈부신 기술적 진보를 거듭하게 되었다. 4×5 스피드 그래픽에서 35밀리 소형 카메라로의 이동은 사진가에게 보다 신속한 이미지 촬영을 가능하게 만들었으며, 은염 필름 프로세싱으로부터 디지털 프로세싱으로의 이동은 사진가들이 현장에서 즉시 이미지를 전송할 수 있도록 만들었다. 또한 신문이 컬러풀해지기를 원하는 독자들의 욕구와 기대 덕분에, 『뉴욕 타임스』의 전형적인 회색 톤의 전면 페이지 디자인조차

제12장 포토저널리즘의 미래

도, 비록 절제된 톤이기는 하지만, 컬러를 수용하게 되었다. 마찬가지로 존 에프 케네디의 암살이나 로드니 킹 구타 사건에서도 알 수 있듯이, 비디오 카메라의 간편한 사용 역시 아마추어 촬영자조차도 매스 미디어 르포르타주에서 중요한 역할을 하게 만들었다. 더군다나 디지털 이미징과 인터넷 커뮤니케이션은 웹을 통해 뉴스의 신속한 업데이트를 가능하게 만들었고, 인공위성 테크놀러지 덕분에 전세계를 실시간으로 관찰하는 것도 가능하게 되었다. 인간을 전지구화한 오늘날의 미디어는 21세기로 바뀌는 그 순간의 르포르타주까지도 텔레비전을 통해 보도록 만들어 버렸다.

하지만 그렇다고 해서 포토저널리즘의 본질까지 변했다고 할 수 있는가? 여전히 스틸 카메라와 비디오 카메라로 촬영되는 포토저널리즘은 무엇을 의미하는가? 리얼리티 텔레비전, MRI, 인공위성을 통한 감시와 포토저널리즘과의 관계는 무엇인가?

포토저널리즘의 새로운 용어, 즉 영상 저널리즘이나 영상 르포르타주 혹은 디지털 저널리스트(Halsteadt)는 과연 무엇을 말하는가? 포토저널리즘은 앞으로도 끊임없이 영상 르포르타주를 만들어낼 수 있는가? 만일 그렇다면 미래의 기술적 진보가 이미지의 생산, 콘텐츠의 사용, 포토저널리즘의 인식에 미치는 영향은 어떠한 것인가? 혹시 글과 이미지가 끊임없이 통합되어 복합적이고 기술적인 미디어 영상을 형성하면서, 인간은 결국 테크놀러지없이는 스스로를 표현할 수 없는 시점에까지 이르게 되는 것은 아닌가? 혹은 끊임없이 진보하는 인간의 감각을 통해 우리의 몸이 기계적 테크놀러지와 적당한 타협을 이루게 되는 것인가? 또한 테크놀러지 자체는 우리가 기계를 만들어냈듯이 다시 우리에게 속하게 되는 것인가? 과연 2100년에는 우리가 상상하지도 못할 방식의 새로운 커뮤니케이션 변화가 일어날 것인가? 그렇다면 미래에도 여전히 포토저널리즘은 시각적 진실을 중재하는 역할을 담당하며, 그 시각적 진실을 끊임없이 추구하게 될 것인가?

포토저널리즘의 현재

몇 년 전 저널리즘 학자 중 한 명은 다음과 같은 문제를 제기한 바 있다. "포토저널리즘! 우리는 그 죽은 말에 채찍을 가하고 있는가?" 이러한 이슈는 디지털 이미징의 발전으로 사진의 권위가 위협받고 있다는 사실에 기초한 것이다. 위의 질문에 대한 답은 "포토저널리즘을 가르치는 것은 학생들에게 좋은 관찰자가 되고, 또 사물을 비평적으로 생각할 수 있게 가르치는 것이다. 포토저널리즘은 그 자체만으로도 헤아릴 수 없이 수많은 가치를 지니고 있다"라는 것으로 정리된다. 사람들은 사진이 처음 등장했을 때 회화의 종식을 염려했으며, 텔레비전이 등장했을 때 라디오의 종말을 예언했다. 마찬가지로 인터넷의 도래에 신문의 소멸을 걱정했지만 '리얼리즘의 재현'이라는 무게에서 벗어난 프리핸드 아트 형태의 사진은 새로운 시각적 재현과 개별적 커뮤니케이션의 기회를 열어 놓고 있는 것도 사실이다. 비록 텔레비전은 대중매체를 점유하고 있으며 라디오는 매니아들을 위한 문화의 일부가 되었지만, 그만큼 '보도(reporting)'의 전략이 다양해진 점을 부인할 수는 없다. 신문은 인터넷 형태를 도입하면서도 인쇄매체로도 끊임없이 생산되고 있으며, 디지털 이미징은 포토저널리즘의 종식을 선언하기보다는 자유로운 영상 르포르타주(비록 은 젤라틴 프로세싱을 통한 공들인 이미지를 만들어내는 것은 아닐지라도)의 길을 열어 놓았다고 할 수 있다. 또한 19세기나 20세기에 비해 사진 프로세싱 방법도 다양해졌을 뿐만 아니라, 조절되지 않은 스트레이트 사진에서부터 회화적 포토 몽타주 혹은 고도의 테크닉을 요구하는 정교한 합성사진에 이르기까지 그 스타일도 아주 다양해졌다고 할 수 있다. 하지만 테크놀러지, 프로세싱, 스타일의 다양성보다 더욱 중요한 것은 이러한 '이미지와의 관계'이다. 테크놀러지는 바뀌고 변형되고 응용될 수는 있어도, 올바른 포토저널리즘을 행하는 기본원칙에는 변함이 없기 때문이다.

이미지를 만들어내는 새로운 단계의 능력이 높아질수록 '실제'를 인식하는 우리의 능력도 첨예해지게 된다. 좋은 영상 르포르타주에 대한 욕구나 필요성 역시 결코 줄어드는 것이 아니라 오히려 더욱 증가하는 것이며, 우리는 여전히 시각적 기록에 의존해 사건을 보도하며 전세계의 인간사를 이해하면서 개인적 혹은 집단적 삶에 대해 최선의 결정을 내리게 된다. 이러한 이유로 여전히 영상의 일부 형태는 정직하면서도 조작되지 않은 채 남아 있어야 한다. 영상 르포르타주는 매스 미디어의 형태로 존재하는 것이지만 그 커뮤니케이션은 정확하고 공정한 형태로 상호작용을 일으킬 수 있어야 하기 때문이다. 신문, 텔레비전, 잡지, 인터넷은 영상 르포르타주에 의존하면서 독자나 관찰자로 하여금 뉴스에 시선을 집중하게 만든다. 따라서 '보이는 것' 혹은 '보는 것'이라는 측면에서 영상 르포르타주는 여전히 신뢰할 만한 것으로 만들어지고 사용되어야 한다는 사실에는 변함이 없다.

시각적 진실

앞에서 이미 포토저널리즘을 실천하는 데 필요한 다양한 구성요소들을 살펴보았다. 사진가, 피사체, 편집자, 관찰자, 사회, 시각적 인지, 인간의 시각적 행동을 비롯해, 각 요소들은 '진실'을 알거나 인식하는 데 중요한 영향을 미친다. 또한 르포르타주의 테크놀러지가 발전하고 그 실제가 변화함에 따라, 리얼리티의 본질과 시각적 진실에 대한 대중적 인식과 이해 역시 어느 정도 변화를 거쳐 왔다.

하지만 이렇게 이해를 추구하는 과정에서, 영상 르포르타주는 여전히 그 '시각적 진실'과의 관계를 유지하고 있어야 한다. 물론 일부에서는 우리는 리얼리티를 인식하지 못할 수 있으며, 시각적 진실이라는 실체를 결코 알지 못한다고 주장할 수 있지만 그럼에도 불구하고 여전히 '시각적 진실'에 의지해야 한다. 골절상을 있는 그대로 보여주는 X-레이 사진이나 태아의 상태를 체크하는 초음파 사진이나, 우주 공간의 이미지를 전송하는 허블 망원경에서처럼 우리는 어느 정도 객관화할 수 있는 진실이 존재한다고 믿는다. 물론 그 과정에서 테크놀러지에 의해 중재될 수는 있을지라도, 진실을 추구하는 훈련된 눈 혹은 죽음을 무릅쓰면서까지 취재를 멈추지 않는 영상 저널리스트의 눈으로 이미지를 바라본다면 이러한 시각적 진실을 발견할 수 있게 되지 않을까 싶다.

우리는 '보는 사람'이나 '보이는 사람'이 될 수도 있고, '조절하거나 조절되는 사람'이 될 수도 있다. 또한 때로는 중재자가 되기도, '사실과 허위'를 가늠하는 판단자가 되기도 한다. 더군다나 그 역할의 변화, 이를테면 관찰자에서 피사체나 혹은 피사체에서 관찰자 등의 변화에 따라 강력하면서도 미세한 자기표출이 있을 수도 있다. 또 그 과정에서 때로는 인물과 배경을 구별하지 못할 때도 있거나, 정황 근거를 미루어 정확한 진실만을 식별할 수 있을 때도, 보고 싶지 않은 장면을 어쩔 수 없이 바라볼 때도 있다.

이처럼 우리가 어쩔 수 없이 자아의 역할 변화를 겪어야 하는 것은 종종 '유일하게 확실한 것은 모든 것이 변화한다는 사실일 뿐'이라는 생각을 하게 만들 수도 있다. 이러한 생각이 21세기의 가능한 한 좀더 성숙한 비전에 접근하도록 만들 수 있다.

포토저널리즘은 완벽한 은유(metaphor)다. 따라서 필요에 따라 이러한 역할 변화에 따르는 방법론을 유연하게 바꿀 필요가 있다. 인간의 유기체적인 존재에 대해 초점을 맞추면서 '보고 싶은 것'만 바라보는 편애를 거부해야 하며, 때로는 그 속에서 다소 주관적인 인식을 하게 되더라도 그것으로부터 무엇인가를 배울 수 있어야 한다. 종종 포토저널리즘은 잠시 멈추어 서서 전체를 고려할 수 있는 시간을 주기도 한다. 시각적 진실의 무게는 전세계를 미궁처럼 항해하는 여행자들의 어깨를 짓누를 수도 있지만, 우리를 둘러싼 세상을 올바르게 인식하기 위해서는 '타인의 눈(eyes of others)'도 필요한 법이다. 이러한 이유로 영상 저널리스트의 가중되는 임무와 시각적 진실의 무게는 더욱더 중요하다고 할 수 있는데, 여기에서 바로 포토저널리즘의 근원, 효과, 윤리학, 실제 등을 이론화하는 근거가 만들어진다고 할 수 있다. 또한 그 과정에서 사진의 암호화나 해독화 혹은 이미지의 오용과 적절한 사용이 있을 수 있지만, 카메라 앞에 서 있는 피사체나 장면(끔찍한 전쟁이든지 평화로운 장면이든지의 여부를 떠나서)을 고려하지 않은 채 이를 이론화한다면 우리는 결코 세상이나 이곳에 살고 있는 수많은 사람들에 대해 많은 것을 알지 못하게 될 것이다. 즉 타인뿐만 아니라 우리 자신 그리고 인류에 대해 알게 되는 기회를 놓쳐 버리게 되는 셈이다.

그렇다면 그 대안은 무엇인가? 최악의 시나리오는 '어느 누구도 진실을 믿으려 하지 않는다'라는 것이며, 최상의 시나리오는 '그 속에서 진실을 가려낼 수 있다고 믿는다'라는 것이다. 따라서 우리는 수많은 이미지 속에서 시각적 진실을 추구할 수 있어야 하며, 포토저널리즘 이미지를 신뢰할 만한 것으로 만들 수 있어야 한다.

우리는 무엇을 할 수 있는가

인간의 삶, 문화, 행동에서의 시각적 효과는 매우 복합적이고 심오하다. 그리고 그 속에서 영상 르포르타주의 사용 및 실제에 대한 필요성과 시각적 진실에 대한 이해가 증가하고 있음을 부인하는 사람은 거의 없다. 더군다나 이처럼 영상에 대한 사용과 이해가 증가함에 따라 이미지를 만들고 이미지를 이해하는 과정을 결코 주변부의 일로 치부할 수도 없는 상황이다. 따라서 우리는 이를 보다 명확하게 이해하기 위해 다음의 몇 가지를 숙고할 필요가 있다.

   1. 영상생태학적 관점에서 인간의 시각적 행동의 효과를 파악하고 이해를

증가시킨다.

2. 시각 훈련이라는 전인교육을 통해, 현대 사회 속에서 의식적으로, 능동적으로, 올바르게 참여할 수 있는 자유로운 자아에 대한 중요성을 인식시킨다.
3. 전문적 커뮤니케이션의 기회를 증대시켜, 이미지와 시각적 진실 사이의 관계를 인식할 기회를 넓힌다. 즉 시각과 언어가 통합된 커리큘럼에 기초한 저널리즘 교육 및 매스 커뮤니케이션 교육이 증가되어야 한다.
4. 인지론과 영상 커뮤니케이션을 학제간 연구로 확장시켜 이를 최우선시한다.
5. 모든 연구 과정에 시각적 방법론을 적절하게 병행시킨다.
6. 가능하면 개인의 프라이버시를 존중하는 동시에 필요한 장소 어디에서나 포토저널리즘적 시각을 확장시킨다.

사진가는 다음과 같은 의문을 연속적으로 제기할 수 있다. 내가 이 사진을 반드시 촬영할(혹은 공동으로 만들) 필요가 있는가? 그렇다면 그 이유는 무엇인가? 이 이미지는 어떠한 방식으로 커뮤니케이션하게 될 것인가? 또한 이는 공정하게 진실을 내포하는 방식인가? 이 이미지가 누군가의 사생활을 침해하거나 그에게 해악을 미칠 수 있는 것인가? 만일 그렇다면 이렇게 사진을 촬영하는 행위가 무엇으로 정당화할 수 있는 것인가?

이러한 측면에서 영상 저널리스트와 사회학자는 피사체, 공동체, 프로젝트의 목적, 사회, 학문(science), 자아(Newton, 1983, 1984)의 여섯 가지 요인들을 고려해야만 한다. 이러한 요인을 고려함으로써 영상 저널리스트와 사회학자는 개인을 윤리적 범주에 넣게 되고, 보다 공정하고 정직하고 책임감 있는 시각적 행동을 하게 된다. 또한 이 과정에서 자아에 대한 연구는 포토저널리즘 작업을 윤리적으로 수행할 수 있는 근거가 되며, 이를 어떻게 진행시킬 것인가의 방법론과 그 결과는 어떤 것인가의 의미론의 방향을 제시하게 된다.

사진기자는 저널리즘의 절차를 끊임없이 고안하며, 정확한 영상 이미지를 만드는 과정에서 시각적 진실의 주관적인 본성까지도 고려하게 된다. 사진기자가 행하는 일상적 임무는 이미지 정보에 사진 설명을 부가해 인용하는 것일 수도 있고, 흥미로운 이미지를 통해 기사 내용과의 커뮤니케이션을 시도하는 것일 수도 있으며, 서로 다른 시점을 보여주면서 기사, 피사체, 장소, 사건 등에 대한 정보를 제공하는 것일 수도 있다. 또한 저널리즘 매체를 통해 영상 및 미디어에 대한 읽고 쓰는 능력을 배양하는 것의 근원이 될 수도 있다.

반면에 관찰자는 여러가지 방식으로 이미지를 해석하며 이를 비평적으로 받아들이게 된다. 또한 영상생태학적 관점에서 관찰자는 기호학적 게릴라가 될 수도 있는데, 엘드리지(Eldridge, 1993)는 이를 두고 다음과 같이 언급한 바 있다. "미디어 사용자들은 교육을 통해 매스 미디어의 기술적 필요성에 보다 첨예하게 반응할 수 있어야 한다. 뿐만 아니라 미디어를 뒤덮고 있는 익명의 권력을 향한 내성까지 기를 수 있어야 한다(p. 348).” 마찬가지로 관찰자는 의미 있는 사진에 대해 논의하면서 이에 대한 비평을 후대에게 가르칠 수 있어야 하며, 허위적인 이미지의 유포에 대해서도 경계심을 가질 수 있어야 한다.

뉴스를 판독하는 이러한 잠재적인 효과 역시 매우 중요하다. 단지 뉴스를 무심하게 바라보기보다는 세상이 어떠한 것인지를 분석할 수 있는 필터를 통해 바라본다면 전후 맥락, 상투성, 관점, 논설에서 다루는 비평적 관심사 등을 훨씬 더 잘 들여다볼 수 있게 된다. 물론 이러한 과정은 꽤 이상적일 수도 있지만, 필자가 이 책을 통해 끊임없이 주장하는 바와 같이 우리가 최상의 시나리오를 위해 노력할수록 그만한 보답을 얻기 마련이다. 즉 시각적 진실은 인간이 가장 사실적이고 공정한 정보를 추구할수록 그 윤곽이 뚜렷해지며, 이는 그만큼 추구할 만한 가치가 충분한 것이다.

이 장을 마치며

20세기부터는 이미지의 새로운 장이 열렸다고 할 수 있다. 불과 1백여 년 전까지만 하더라도 제한되어 있었던 인간의 시각적 행동이 이제는 테크놀러지의 발전 덕분에, 지구상의 아주 사소한 사건일지라도 속속들이 들여다볼 수 있게 되었다. 16세기에 태양이 천체의 중심이라는 사실이 세상 사람들의 존재론적인 인식에 커다란 변화를 불러일으켰듯이, 20세기의 시각적 탐구는 인간의 인지론 자체를 바꾸어 놓았다. 또한 우리는 진실로 인지할 수 있는 것은 아무것도 없다는 회의론에 빠진 채 20세기를 떠나보내기도 했다.

하지만 그 정반대의 관점도 사실이다. 인지론과 지식의 한계를 깨닫게 될수록 우리는 더욱더 많은 것을 알게 될 것이기 때문이다. 포토저널리즘은 이러한 개념을 가장 잘 입증하는 예로, 그 다양한 시점을 탐구할수록 우리의 인지가 얼마나 더 넓혀졌는지를 깨달을 수 있다. 한층 광범위해진 지식으로 무장한 21세기형 인간은 그들 앞에 놓인 세계를 보다 뚜렷하게 인지할 수 있는 유일무이한 기회를 갖게 되었다. 우리는 이제 단순히 빛을 통해 현실 세계를 기록하는 테크놀러지나 시각적 기록이 인지론적 문제를 해결할 수 있는 것은 아니라는 사실을 잘 알게 되었으며, 사진은 우리에게 전체로서의 일부일 뿐이고, 우리에게 그중 한 가지 각도를 보여준다는 사실도 깨닫게 되었다. 또한 인간은 '보이는 것'에 의해 조절될 수 있으며, 그 시각적 행동의 일부로서 능동적으로 참여해 이미지의 사용과 그 결과를 통제할 수도 있다는 인식도 보편화했다.

하지만 우리가 시각적 행동이 진실이거나 거짓일 수 있다는 사실을 알고 있다는 것 자체가 눈앞에 보이는 모든 것을 믿지 못하는 불신으로 이어지는 것만은 아니다.

그래서 어떻다는 것인가? 우리는 인지론적 능력을 더욱 향상시켜 허위와 진실을 구별할 수 있어야 하며, 그 속에서 우리의 역할도 고려할 수 있어야 한다. 마찬가지로 포토저널리즘에서도 동일한 원리가 적용되는데, 그저 단순히 실제의 이미지를 촬영한 것이라고 해서 그 속에 진실이 포함되어 있는 것은 아니다. 시각적 진실은 피사체, 사진가, 편집자, 출판업자, 사회, 개인적인 관찰자 등이 개별적 혹은 대중적인 필터를 통해 파악할 수 있는 이미지의 진실성과 관련된 것이기 때문이다.

여전히 '백문이 불여일견'이라는 명제는 그 옳고 그름을 해석하기가 까다롭지만 그것은 우리의 일부를 형성하기도 한다. 그리고 여기에 바로 '시각적 진실'이라는 무거운 짐이 얹어져 있는데, 특히 사진기자에게는 그 무게가 명료하게 바라보고 신빙성 있게 표현하는 것이라 할 수 있다. 또한 피사체에게는 있는 그대로의 사실을 보여주려 애쓰는 것이고, 편집자나 출판업자에게는 사실적 정보를 유포시키려 애쓰는 것이라 말할 수 있다. 반면에 관찰자에게 그 무게는 멈추어 서서 이미지를 바라보며 그 속에 내포된 진실을 식별해내는 것이라 할 수 있을 것이다. 또 사회적 측면으로는 시각적 인지와 지식의 한계를 올바르게 교육하면서 그 속에서 교육적 혹은 미디어적 토대를 구축하는 것이 될 것이다.

영상 르포르타주와 관련된 이러한 비평적 잣대는 영상문화 속에서 '진실'을 수호하는 데 도움이 되는 요인들이다. 또한 암실에서 은염 사진을 현상 처리해 스틸 사진을 만들어내던 전통적 포토저널리즘의 개념과는 달리, 현대의 새로운 포토저널리즘은 다음과 같이 크로스 미디어적 개념을 지니게 된다.

- 스틸 사진 — 필름과 디지털.
- 비디오
- 인터넷
- 멀티미디어
- 기타 정보를 제공하는 매스 미디어 회사들.

하지만 포토저널리즘에 대한 이해는 매체 혹은 그 기술적 적용을 이해하는 것 이상의 의미를 지닌다. 포토저널리즘은 영상 저널리즘이며, '실제(real)'를 수호한다. 이러한 기능적 측면에서 바라보면 영상 르포르타주는 리얼리티를 구축하는 것이지만, 그 방법론에 있어서는 신중하게 이미지를 기록하고 그 진실성을 해석할 수 있는 것이라야 한다. 이를테면 관찰자들이 타인의 삶에 감정이입을 할 수 있도록 가장 사실적이고 진실이 내포된 방식으로 리얼리티가 만들어져야 한다.

이러한 역할 속에서 영상 르포르타주를 실천하는 자는 인간의 존재에 대한 윤리적 중요성을 고려해야 하며, 그 중요성이 저널리스트로서 세상을 향해 하는 데 어떠한 영향을 미치는지도 깨달을 수 있어야 한다.

윤리학적 측면은 살아 있거나 혹은 생명력이 정지한 피사체 모두에게 적용된다. 또한 이처럼 시각적 진실의 무게는 우리에게 매번 다양한 윤리적 결정을 내리게 만들며, 그 순간마다 우리는 인간적인 삶과 그 리얼리티를 또다시 구축하게 된다.

사회 속에서 사람들이 행동하는 방식을 법이 결정짓는다면, 윤리학은 그 권리와 존엄성이 어떠한 것인지를 결정짓는다. 따라서 영상 저널리스트, 편집자, 이미지 유포자 등은 사진을 촬영하는 과정에서부터 이미지가 유포되는 과정에 이르기까지 '인간'을 보호할 수 있는 관점을 늘 유지할 필요가 있다. 또한 이런 이유로 다음과 같은 책임성이 이들에게 지워진다고 할 수 있다.

- 인간의 존엄성을 중시한다.
- 보이는 것을 명료하게 보도한다.
- 공정하고 정직하고 정확해야 한다.
- 이미지를 공정하게 사용한다.

또한 피사체의 입장에서는 시간(촬영 순간)과 공간(촬영 장소)에 따라 사생활을 지킬 권리가 있으며, 때로는 거절의 뜻을 명확히 함으로써 스스로의 이미지를 보호할 수 있다.

하지만 이들에게도 다음과 같은 책임이 주어진다.

- 자신의 이미지를 인위적으로 조절하려 애쓰지 않는다.
- 진실해진다.
- 사회 속에서 대중적 이미지의 역할을 이해한다.
- 개별적인 관심사뿐만 아니라 자유로운 언론의 가치를 존중한다.

반면에 관찰자는 뉴스 미디어 이미지로부터 의식적으로 혹은 능동적으로 타당한 진실을 추려낼 수 있어야 하는데, 다음은 이들에게 지워지는 책임이다.

- 시각적으로 읽고 쓰는 능력을 향상시키고 추구한다.
- 이미지 속에 담긴 메시지와 개개인에게서 나타나는 의미를 판독한다.
- 시각적 메시지를 비평적으로 사고한다.
- 오보나 허위인 영상 르포르타주를 판별한다.
- 이미지를 적절하게 사용할 진정성을 확보한다.

물론 이러한 목표는 다소 이상화한 경향이 있지만, 그럼에도 불구하고 '시각적 진실'이라는 무게는 우리가 늘 끊임없이 추구해야 하는 것이기도 하다.

후기

필자가 언급한 윤리학과 리얼리티에 충실해지기 위해서는, 과연 내가 어떠한 사람인지를 얘기할 필요가 있을 듯하다. 필자는 이 책에서 소개한 모든 내용으로부터 영향을 받아 왔으며, 포토저널리즘을 분석하고 시각적 진실을 추구하기 위해 이성적인 사고 과정에 의존했다. 때로는 데이터를 얻기 위해서 양적 혹은 질적 접근법을 모두 사용하기도 했으며, 개인적 생각들을 시험해 보거나 혹은 타인의 의견들을 조합하기도 했다. 또한 시각적 행동을 탐구함에 있어서 이성적으로 설명될 수 없는 요소들이 작용하는 탓에, 수많은 감정과 생각들 그리고 타인과의 대화 내용들도 함께 수록하였다.

이제 필자의 소개를 덧붙이자면, 조부모님과 부모님 모두 선교 일을 하셨기 때문에 어린 시절부터 '타인을 돕는 일'이라는 개념과 그 관심사에 꽤 친숙했던 편이라 할 수 있다. 필자가 아홉 살 때 처음으로 카메라를 건네주신 분이 할머니셨는데, 우리 가족은 필자가 태어난 이후부터 줄곧 가족사진을 찍는 일에 열중하곤 했다.

필자는 여성으로 키가 큰 편이고, 텍사스 주에서 태어났다. 또한 지능지수에 대해서는 별로 관심이 없으며, 34세가 되어서야 삶을 의식적으로 살아야겠다는 결심을 하게 되었다. 그 이전까지는 그저 주어진 삶을 살았을 뿐이라는 생각이 들기 때문이다. 필자에게는 자녀가 셋이 있는데, 그중 아들아이는 사진 찍는 것을 거부하는 경우도 있고, 다른 두 아이들은 아예 사진에 대한 개념조차 없는 경우도 있다. 필자의 남편 역시 사진가로, 종종 예기치 않는 상황에서 필자의 사진을 촬영하곤 한다.

    남편과 나는 20-25년마다 한 번씩 찾아오는 개기일식을 한 시간 내내 촬영한 적이 있었다. 당시 필자는 4억만 마일이나 떨어진 거리의 밝은 빛에 의존하는 우리 삶의 본질에 대해 깊이 생각하게 되었는데, 빛이 완전히 소멸된 상태에서 우리는 종이에 작은 구멍을 뚫은 채 사물을 어렴풋이 관찰할 수 있었다. 그리고 2,400여 년 전 아리스토텔레스가 나뭇잎 사이로 초승달 모양으로 일그러진 태양의 모습을 발견한 것처럼, 필자 역시 아주 경이로운 생각에 사로잡혔다.

    실제로 태양을 직접 쳐다보면 오히려 눈을 가린 것처럼 아무것도 볼 수 없다는 사실은 매우 흥미롭다. 우리는 태양 때문에 이미지를 볼 수 있지만, 이를 직접적으로 바라본다면 인식 자체가 소멸하는 것처럼 여겨질 수 있다. 그래서인지 이와 마찬가지로 우리가 사물을 직접 바라보는 것보다 어쩌면 이미지를 통해 바라보는 것이 우리의 시각과 인식을 보다 명료하게 만드는 것은 아닌가 하는 생각마저 든다.

- 줄리안 뉴튼

옮긴이의 말

이제 우리는 바라보지 않고는 살아갈 수가 없다고 해도 과언이 아니다. 왜냐하면 그 바라봄을 통해서 우리는 세상에 대한 것들을 터득하며 살아가고 있기 때문이다. 이 책에서 줄리안 뉴튼은 포토저널리즘 개념을 매체를 통해 다루어지는 스틸 사진뿐만이 아닌 비디오 동영상, 또 이들을 모두 포함하고 있는 인터넷 뉴스 등을 포함하여 헤드라인, 도표, 멀티 이미지 등의 다양한 장르까지도 포괄적으로 다루고 있다. 테크놀러지의 발달로 얼마 전까지만 해도 상상할 수 없었던 일들이 최근 단시간에 우리 눈앞에서 벌어지고 있다. 포토저널리즘의 기본요소인 리포팅(Reporting)을 위해 프로페셔널로서의 자질을 검증받고 교육받아야 했던 시대는 유포팅(Ubiquitous+Reporting)이라는 시민기자의 시대로 빠르게 변화하고 있다.

줄리안 뉴튼의 이 책은 철저하게 질적인 연구방법론에 의하여 심오하게, 다양한 시각으로 씌어진 것으로, 책의 출간 초기부터 본 역자의 시선을 끌기에 충분했다. 역자가 이 책에 애정이 갔던 이유는 우선 우리나라에는 포토저널리즘과 관련된 대부분의 서적이 포토저널리즘 총론을 다루고 있는 반면, 이 책에서는 문화이론, 심리학, 사회이론 등도 다루어, 포토저널리즘을 연구하고 있는 학자나 프로페셔널 포토저널리스트뿐 아니라 포토저널리즘을 공부하려는 학생들에게도 다양한 시각을 전달할 수 있기 때문이었다.

보통 포토저널리즘을 언급할 때 객관성(Objectivity)이라는 단어를 많이 사용한다. 그럼에도 불구하고 이 책의 제목은 '시각적 진실'이라고 했는데, 시각적 진실 속에는 객관성뿐만이 아닌 진실성, 책임성, 의무감 등 많은 것들이 포함된다. 지금까지 어느 포토저널리즘 관련 책에서도 쉽게 접하지 못했던 감시이론, 시각적 인지이론, 영상생태학, 프레임 이론, 게이트키핑 이론 등의 새로운 개념 속에서 시각적 진실을 추구하며 이해하는 데 필요한 다양한 이론과 실질적인 이슈들을 접하게 된다.

이 책에서 뉴튼은 포토저널리즘의 기술적 부분과 주로 권력을 가진 관찰자로서 포토저널리즘을 실천하는 사진기자의 윤리적 부분을 단편적으로 언급하기보다는 사진기자, 피사체, 편집자, 매체평론가, 관찰자 등 포토저널리즘의 생산과 소비의 어느 한 부분에서라도 제 역할을 하고 있는 우리 사회의 모든 구성원들의 관계와 상호작용을 강조하며, 사진적 행동을 광범위하게 해석하고 있다.

사진 조작이나 합성은 이미 사진의 발명과 그 역사를 같이하고 있지만, 그래서 왜 21세기가 되면서 미디어에 대한, 특히 영상 르포르타주와 같은 포토저널리즘에 대한 신뢰가 낮아지고 있는지, 또 1980년대 이후 포토저널리즘 윤리학이 발전하면서 세상 사람들은 사진의 의도적인 조작에 대해서 관심을 갖게 되었는지에 대한 숙고가 절실한 때다. 또한 점점 더 다양화하는 복합 미디어의 상황에서, 통신과 미디어 융합의 시대에 포토저널리즘을 실천하는 사람들은 어떤 역할을 해야 하며, 점점 소멸되어가고 있는 20세기의 삶의 방식이나 모더니즘 삶의 방식 속에서, 진실과 허구, 과학과 예술, 뉴스와 오락, 정보와 광고의 경계선마저 모호해지고 있는 상황에서 어떻게 현대 문화를 이해하고, 중재하고, 기여해야 하는가를 숙고하고 객관적인 영상보도에 대한 논의를 진지하게 펼쳐 나가야 할 시기임엔 틀림없다.

역자는 그동안 우리가 경험했으나 숙고하지 못했던 부분을 이해하는 데 이 책이 신선한 충격이 될 것이라고 믿는다. 단지 포토저널리즘을 처음 접하는 학생들에게는 조금 어려운 개념들이 나오지만, 실질적인 이슈들을 재미있게 풀어 나감으로써 독자들의 이해를 도우려고 노력한 흔적들이 책의 곳곳에 나타나 있다.

책이 나오기까지 여러 번의 교정과 수정작업을 거쳤다. 처음 번역을 마친 후, 대학원생들의 교재로 사용하면서 조금씩 잘못된 부분을 고쳐 나가느라 오랜 시간이 걸렸다. 번역된 원고의 반복된 리뷰를 통해 문장을 매끄럽게 고쳐 나가는 데 많은 도움을 준 홍정은 양에게 고마움을 전한다. 요즘처럼 사진 관련 출판업계의 어려운 시기도 없을 것이다. 그럼에도 불구하고 눈빛출판사의 이규상 사장께서 선뜻 역서를 출판하자고 하신 데는 이 책이 주는 소중한 내용이 크게 작용했을 것이다. 이 자리를 빌어 감사드린다.

대한민국 전체가, 아니 세계의 생명과학계가 세계적인 과학잡지『사이언스』에 세재된 사진 조작으로 시끌시끌한 2005년 말, 몇 장의 사진이 이렇게 막강한 권력을 가지고 있음과 시각적 진실의 중요성을 다시금 실감케 하는 시기이다.

2005년 12월
허현주

참고문헌

Adorno, T. W. (1989). Lyric poetry and society. In S. E. Bronner & D. M. Kellner (Eds.), *Critical theory and society: A reader*. New York: Routledge.
Agee, J., & Evans, W. (1960). *Let us now praise famous men*. New York: Ballantine Books. (Original work published 1940)
Alabiso, V., Tunney, K. S., & Zoeller, C. (Eds.). (1998). *Flash! The Associated Press covers the world*. New York: The Associated Press in association with Harry N. Abrams.
American Society of Media Photographers. (1998). *Code of ethics*. Available: http://www.monsterbit.com/asmp/ethics.html
Americans' view of the press. (2000). *Frontline*. Available: http://www.fiej.org/research_centre/research_news/index.html
Arnheim, R. (1969). *Visual thinking*. Berkeley: University of California Press.
Arnheim, R. (1974). *Art and visual perception: A psychology of the creative eye* (rev. ed.). Berkeley: University of California Press.
Arnett, P. (1998). Introduction. Eyewitness to history. In V. Alabiso, K. S. Tunney, & C. Zoeller (Eds.), *Flash! The Associated Press covers the world* (pp. 15-22). New York: The Associated Press in association with Harry N. Abrams.
Aultschull, J. H. (1984). *Agents of power, the role of the news media in human affairs*. New York: Longman.
Avedon, R. (1985). *In the American West*. New York: Harry N. Abrams.
Bakewell, L. (1998). Image acts. *American Anthropologist, 100*(1), 22-32.
Barry, A. M. (1997a, May). *Digital manipulation of public images: Local issues and global consequences*. Paper presented at the annual meeting of the International Communication Association, Montreal.
Barry, A. M. (1997b). *Visual intelligence: Perception, image, and manipulation in visual communication*. Albany: State University of New York Press.
Baudrillard, J. (1994). *Simulacra and simulation* (S. F. Glaser, Trans.). Ann Arbor: University of Michigan Press.

Bazin, A. (1967). On the ontology of the photographic image. In *What is cinema?* (H. Gray, Trans., Vol. 1, pp. 9–16). Berkeley: University of California Press.

Bechara, A., Damasio, H., Tranel, D., & Damasio, A. (1997). Deciding advantageously before knowing the advantageous strategy. *Science, 275,* 1293–1295.

Becker, H. S. (2000). *Visual sociology, documentary photography, and photojournalism: It's (almost) all a matter of context.* Available: *http://www.lsweb.sscf.ucsb.edu/depts/soc/faculty/hbecker/visual.html* (Original work published 1995)

Bellman, B., & Jules-Rosette, B. (1977). *A paradigm for looking: Cross-cultural research with visual media.* Norwood, NJ: Ablex.

Beloff, H. (1985). *Camera culture.* Oxford: Basil Blackwell.

Benjamin, W. (1969). The work of art in the age of mechanical reproduction. In H. Arendt (Ed.), *Illuminations* (H. Zohn, Trans., pp. 219–253). New York: Harcourt, Brace & World.

Berger, J., & Mohr, J. (1982). *Another way of telling.* New York: Pantheon Books.

Berger, P. L., & Luckmann, T. (1967). *The social construction of reality: A treatise in the sociology of knowledge.* New York: Doubleday. (Original work published 1966)

Best, S., & Kellner, D. (1991). *Postmodern theory: critical interrogations.* New York: The Guilford Press.

Blumer, H. (1969). *Symbolic interactionism, perspective and method.* Englewood Cliffs, NJ: Prentice Hall.

Bolton, R. (Ed.). (1989). *The contest of meaning: Critical histories of photography.* Cambridge, MA: MIT Press.

Brown, C. (1995, August). *Listening to subjects of photojournalism.* Paper presented to the Visual Communication Division, Association for Education in Journalism and Mass Communication National Convention, Washington, DC.

Bryant, G. (1990). Ten-Fifty P.I.: Emotion and the photographer's role. In P. M. Lester (Ed.), *NPPA special report: The ethics of photojournalism* (pp. 20–22). Durham, NC: National Press Photographers Association.

Buell, H. (1999). *Moments, the Pulitzer-Prize winning photographs, a chronicle of our time.* New York: Black Dog & Leventhal Publishers.

Buller, D. B., & Burgoon, J. K. (1996). Interpersonal deception theory. *Communication Theory, 6*(3), 203–242.

Burgin, V. (Ed.). (1982). *Thinking photography.* London: Macmillan Press.

Burnham, S. (1990). *A book of angels.* New York: Ballantine.

Buss, A. J. (1980). *Self-consciousness and social anxiety.* San Francisco: Freeman.

Calloway, S. G., & Hamilton, J. (no date). *Alfred Stieglitz, photographs and writings.* New York: National Gallery of Art.

Capra, F. (1996). *The web of life: A new scientific understanding of living systems.* New York: Anchor Books.

참고문헌

Carey, J. W. (1988). *Communication as culture, essays on media and society*. Boston: Unwin Hyman.

Carlebach, M. L. (1992). *The origins of photojournalism in America*. Washington, DC: Smithsonian Institution Press.

Carpenter, E. (1975). The tribal terror of self awareness. In P. Hockings (Ed.), *Principles of visual anthropology* (pp. 452–461). The Hague: Mouton.

Carter, B. (2000, January 13). CBS divided over the use of fake images in broadcasts. *The New York Times*, pp. C1, C2.

Chapnick, H. (1994). *Truth needs no ally*. Columbia: University of Missouri Press.

Christians, C. G. (1996). Common ground and future hopes. In P. M. Lester (Ed.), *Images that injure: Pictorial stereotypes in the media* (pp. 237–243). Westport, CT: Praeger.

Christians, C. G., Fackler, M., & Rotzoll, K. B. (1995). *Media ethics: Cases & moral reasoning*. White Plains, NY: Longman.

Coles, R. (1997) *Doing documentary work*. New York: Oxford University Press.

Collier, J. (1967). *Visual anthropology: Photography as a research method*. New York: Holt, Rinehart & Winston.

Contact Press. (1992). *Photojournalism since Vietnam*. Exhibition presented at the Center for Research on Contemporary Art, University of Texas at Arlington.

Cooley, C. H. (1956). *Two major works: Social organization and Human nature and the social order* (rev. ed). Glencoe, IL: The Free Press. (Original work published 1902)

Cooper, T. (1998). New technology effects inventory: Forty leading ethical issues. *Journal of Mass Media Ethics, 13*(2), 71–92.

Craig, R. T. (1999). Communication theory as a field. *Communication Theory, 9*(2), 119–161.

Crick, F. (1994). *The astonishing hypothesis: The scientific search for the human soul*. New York: Scribner.

Dates, J., & Barlow, W. (1990). *Split image: African-Americans in the media*. Washington, DC: Howard University Press.

Debord, G. (1967). *The society of the spectacle* (D. Nicholson-Smith, Trans.). New York: Zone Books. (Original work published 1967)

Denton, C. (1994). *Graphics for visual communication*. Dubuque, IA: Wm. C. Brown.

Denzin, N. K. (1984). *On understanding emotion*. San Francisco: Jossey-Bass.

Denzin, N. K. (1995). *The cinematic society: The voyeur's gaze*. Thousand Oaks, CA: Sage.

Deppa, J., with M. Russell, D. Hayes, & E. L. Flocke. (1993). *The media and disasters: Pan Am 103*. London: Fulton.

Derrida, J. (1993). *Memoirs of the blind: The self-portrait and other ruins* (P.-A. Brault & M. Naas, Trans.). Chicago: University of Chicago Press.

Desfor, D. M. (1979). *The meaning that photographs depicting four different family units have for respondents*. Unpublished doctoral dissertation, United States International University, San Diego, CA.

Dodd, A. (1998, September 4). *Queen of the operating theatre*. Available: http://www.mg.co.za/art/fineart/9809/980904-orlan.html

Dondis, D.A. (1973). *A primer of visual literacy*. Cambridge, MA: MIT Press.

Duncan, D. D. (1951). *This is war! A photo narrative in three parts*. New York: Harper.

Duncan, D. D. (1958). *The private world of Pablo Picasso*. New York: Ridge Press.

Duncan, D. D. (1961). *Picasso's Picassos*. New York: Harper.

Duncan, D. D. (1969). *Self-portrait, USA*. New York: H. N. Abrams.

Duncan, D. D. (1970). *War without heroes*. New York: Harper & Row.

Duncan, D. D. (1974). *Goodbye Picasso*. New York: Grosset & Dunlap.

Durham, M. G. (1999). Girls, media, and the negotiation of sexuality: A study of race, class, and gender in adolescent peer groups. *Journalism & Mass Communication Quarterly, 76*(2), 193–216.

Dyer, R. (1993). *The matter of images, essays on representation*. London: Routledge.

Eldridge, J. (Ed.). (1993). *Getting the message. News, truth and power*. London: Routledge.

Evans, H. (1992). Facing a grim reality. *American Photographer 1*(4), 48.

First Amendment Center. (1999). *State of the First Amendment 1999*. Nashville, TN: First Amendment Center. Available:*http://www.freedomforum.org*

Foster, H. (Ed.). (1988). *Vision and visuality*. Seattle, WA: Bay Press.

Foucault, M. (1973). *The birth of the clinic: An archaeology of medical perception* (A. M. Sheridan Smith, Trans.). New York: Pantheon Books.

Foucault, M. (1977). *Discipline and punish* (A. Sheridan, Trans.). New York: Pantheon Books.

FOX Network. (1996, September 22 Channel 7, Austin, Texas). *This week*.

Freund, G. (1980). *Photography and society*. Boston: David R. Godine.

Freund, C. P. (Nov. 21 1996). Vietnam's most harrowing photo: From guilt to grace. *Slate*. Available: *http://www.slate.com/BigPicture/96-11-21/BigPicture.asp*

Fulfs, P. (1999). *Science and nature, beauty and the grotesque: Orlan and the embodiment of monstrosity*. Unpublished manuscript, The University of Texas at Austin.

Fulton, M. (1988). *The eyes of time*. Boston: Little, Brown.

Galassi, P. (1981). *Before photography: Painting and the invention of photography*. New York: Museum of Modern Art.

Gearan, A. (1997, April 13). Quieting the screams of war, soldier who gave bombing order meets girl in photo. *Austin-American Statesman*, p. A23.

Goffman, E. (1967). *Interaction ritual*. New York: Pantheon Books.
Goffman, E. (1969). *Strategic interaction*. Philadelphia: University of Pennsylvania Press.
Goffman, E. (1973). *The presentation of self in everyday life*. Woodstock, NY: Overlook Press. (Original work published 1959)
Goffman, E. (1974). *Frame analysis*. New York: Harper & Row.
Goldberg, V. (1991). *The power of photography: How photographs changed our lives*. New York: Abbeville Press.
Goldberg, V. (1992, October). *Photojournalism since Vietnam*. Paper presented at a symposium, University of Texas at Arlington.
Gombrich, E. H. (1961). *Art and illusion, a study in the psychology of pictorial representation* (rev. ed.). Princeton, NJ: Princeton University Press.
Gombrich, E. H., Hochberg, J., & Black, M. (1972). *Art, perception, and reality*. Baltimore, MD: Johns Hopkins University Press.
Graber, D. A. (1990). Seeing is remembering: How visuals contribute to learning from television news. *Journal of Communication, 40*(3), 134–155.
Gregory, R. L. (1970). *The intelligent eye*. New York: McGraw-Hill.
Gregory, R. L. (1990). *Eye and brain, the psychology of seeing* (4th ed.). Princeton, NJ: Princeton University Press.
Gross, L., Katz, J. S., & Ruby, J. (Eds.). (1988). *Image ethics, the moral rights of subjects in photographs, film, and television*. New York: Oxford University Press.
Hagaman, D. (1996). *How I learned not to be a photojournalist*. Lexington: University of Kentucky.
Hale, L., & Church, D. (1996, December). *News Photographer*, pp. 22–25.
Hall, S. (1973). The determination of news photographs. In S. Cohen & J. Young (Eds.), *The manufacture of news: A reader* (pp. 176–190). London: Constable.
Hammersley, M. (1995). *The politics of social research*. London: Sage.
Harper, D. (1979). Life on the road. In J. Wagner (Ed.), *Images of information: Still photography in the social sciences* (pp. 25–42). Beverly Hills, CA: Sage.
Harper, D. A. (1982). *Good company*. Chicago: University of Chicago Press.
Harper, D. (1993). On the authority of the image: Visual methods at the crossroads. In N. K. Denzin & Y. S. Lincoln (Eds.), *Handbook of qualitative research* (pp. 403–412). Thousand Oaks, CA: Sage.
Hartley, C. (1981). *The reactions of photojournalists and the public to hypothetical ethical dilemmas confronting press photographers*. Unpublished master's thesis, University of Texas, Austin.
Hartley, C. (1990). Ethics in photojournalism: Past, present and future. In P. M. Lester (Ed.), *NPPA Special report: The ethics of photojournalism* (pp. 16–19). Durham, NC: National Press Photographers Association.
Hartley, P. (1993). *Interpersonal communication*. London: Routledge.

Herman, E. S., & Chomsky, N. (1988). *Manufacturing consent: The political economy of the mass media*. New York: Pantheon Books.

Herman, E.S., & McChesney, R.W. (1997). *The global media: The new missionaries of corporate capitalism*. Washington, DC: Cassell.

Holmes, N. (1994, August 12). *The future of visual design*. Lecture presented to the Visual Communication Division, Association for Education in Journalism and Mass Communication, Atlanta, GA.

hooks, b. (1995). *Art on my mind: visual politics*. New York: New Press.

Innis, H. A. (1951). *The bias of communication*. Toronto: University of Toronto Press.

Irvine, R., & Goulden, J. (1998). *Energetic Vietnam veteran exposes a big war lie*. Available: *http://www.opinioninc.com/aim/1998/011598.html*

Ivins, W. (1978). *Prints and visual communication*. Cambridge: MIT Press. (Original work published 1953)

Jarecke, K. (1992, October 16). *Photojournalism since Vietnam*. Exhibition and symposium, Center for Research in Contemporary Art, University of Texas at Arlington.

Jarecke, K., & Cervenka, E. (1992). *Just another war*. Joliet, MO: Bedrock Press.

Jay, B. (1984). The photographer as aggressor. In D. Featherstone (Ed.), *Observations, essays on documentary photography* (pp. 7–23). Carmel, CA: Friends of Photography.

Jaynes, J. (1990). *The origin of consciousness in the breakdown of the bicameral mind*. Boston: Houghton Mifflin. (Original work published 1976)

JEB (Joan E. Biren). (1981). Lesbian photography—Seeing through our own eyes. *Studies in Visual Communication, 9*(2), 81–96.

Kelly, J. D., & Nace, D. (1994, Winter). Digital imaging & believing photos. *Visual Communication Quarterly, 1*, 4–5, 18.

Knapp, M. L., & Hall, J. A. (1997). *Nonverbal communication in human interaction* (4th ed.). Fort Worth, TX: Harcourt Brace.

Kobre, K. (1996). *Photojournalism: The professional approach* (3rd ed.). Boston: Focal Press.

Kozol, W. (1994). *Life's America—Family and nation in postwar photojournalism*. Philadelphia: Temple University Press.

Lasswell, H. D. (1948). The structure and function of communication in society. In L. Bryson (Ed.), *The communication of ideas* (pp. 32–51). New York: Harper.

LeDoux, J. (1986). Sensory systems and emotion. *Integrative Psychiatry, 4*, 237–243.

Leekley, S., & Leekley, J. (1982). *Moments, the Pulitzer Prize photographs, updated edition: 1942–1982*. New York: Crown.

Lester, P. M. (Ed.). (1990). *NPPA Special report: The ethics of photojournalism*. Durham, NC: National Press Photographers Association.

Lester, P. M. (1991). *Photojournalism, the ethical approach.* Hillsdale, NJ: Lawrence Erlbaum Associates.

Lester, P. M. (1995). *Visual communication: Images with messages.* Belmont, CA: Wadsworth.

Lester, P. M. (Ed.). (1996). *Images that injure: Pictorial stereotypes in the media.* Westport, CT: Praeger.

Lippmann, W. (1922). *Public opinion.* New York: Harcourt Brace.

Livingston, K. (1980). Migraine mother. *American Photographer, 5,* 9.

Logan, R. (1986). *The alphabet effect: The impact of the phonetic alphabet on the development of Western civilization.* New York: William Morrow.

Lutz, C. A., & Collins, J. L. (1993). *Reading National Geographic.* Chicago: University of Chicago Press.

Lyon, D. (1994). *The electronic eye.* Minneapolis: University of Minnesota Press.

MacDougall, D. (1997). The visual in anthropology. In M. Banks & H. Morphy (Eds.), *Rethinking visual anthropology* (pp. 276–295). New Haven, CT: Yale University Press.

Maharidge, D., & Williamson, M. (1989). *And their children after them,* New York: Pantheon Books.

Martin, E. (1990). The rights of those pictured. In P. M. Lester (Ed.), *NPPA Special report: the ethics of photojournalism* (pp. 28–34). Durham, NC: National Press Photographers Association.

May, W. F. (1980, February). Doing ethics: The bearing of ethical theories on fieldwork. *Social Problems, 27,* 358–370.

Mayo, B. (1989). Note 2 to T. Adorna, Lyric Poetry and Society. In S. E. Bromer & D. M. Kellner (Eds.), *Critical theory and society: A reader.* New York: Routledge.

McChesney, R. W. (1997). *Corporate media and the threat to democracy.* New York: Seven Stories Press.

McChesney, R. W. (1999). *Rich media, poor democracy: Communication politics in dubious times.* Urbana: University of Illinois Press.

McCombs, M. E., & Shaw, D. L. (1972). The agenda-setting function of mass media. *Public Opinion Quarterly, 36,* 176–187.

McCombs, M. E., & Shaw, D. L. (1993). The evolution of agenda-setting research: Twenty-five years in the marketplace of ideas. *Journal of Communication, 43*(2), 58–67.

McLuhan, M. (1951). *The mechanical bride: Folklore of industrial man.* New York: Vanguard.

McLuhan, M. (1964). *Understanding media, the extensions of man.* New York: McGraw-Hill.

McLuhan, M., & Fiore, Q. (1967). *The medium is the message.* New York: Random House.

McLuhan, M., & Powers, B. (1989). *The global village, transformations in world life and media in the 21st century.* New York: Oxford University Press.

McLuhan, T. C. (1994). *The way of the earth.* New York: Simon & Schuster.

McNally, J. (1996, October). Photograph, no title. *Life Magazine*, p. 102.

McQuail, D. (1994). *Mass communication theory.* London: Sage.

Mead, G. H. (1913). The social self. *Journal of Philosophy, 10*, 374–380.

Mead, G. H. (1934). *Mind, self and society.* Chicago: University of Chicago Press.

Mead, M. (1956). Some uses of still photography in culture and personality studies. In D. G. Haring (Comp. and Ed.), *Personal character and cultural milieu* (3rd ed. pp. 78–105). Syracuse, NY: Syracuse University Press.

Mead, M., & Bateson, G. (1977). Margaret Mead and Gregory Bateson on the use of the camera in anthropology. *Studies in the Anthropology of Visual Communication, 4*, 78–80.

Media History Project. (1996). *Timeline.* Available: *http://www.mediahistory.com/time/timeline.html*

Meiselas, S., with Rosenberg C. (1981). *Nicaragua, June 1978–July 1979.* New York: Pantheon Books.

Messaris, P. (1994). *Visual literacy: Image, mind and reality.* Boulder, CO: Westview.

Messaris, P. (1997). *Visual persuasion: The role of images in advertising.* Thousand Oaks, CA: Sage.

Milgram, S. (1974). *Obedience to authority, an experimental view.* New York: Harper & Row.

Milgram, S. (1977a). The image-freezing machine. *Psychology Today, 10*, 50–54, 108.

Milgram, S. (1977b). *The individual in a social world, essays and experiments.* Reading, MA: Addison-Wesley.

Miller, M. C. (1996). Free the media, *The Nation, 262*(22), 9–15.

Mitchell, W. J. T. (1994). *Picture theory: Essays on verbal and visual representation.* Chicago: University of Chicago Press.

Moore, T. (1992). *Care of the soul: A guide for cultivating depth and sacredness in everyday life.* New York: HarperCollins.

Moriarty, S. (1996). Abduction: A theory of visual interpretation. *Communication Theory, 6*(2), 167–187.

Morris, W. (1978). In our image. In *Photography: Current perspectives, The Massachusetts Review*, pp. 6–7. Rochester, NY: Light Impressions.

Muybridge, E. (1887). *Animal locomotion: An electro-photographic investigation of consecutive phases of animal movements, 1872–1885.* Philadelphia: University of Pennsylvania.

Naggar, C. (1990, Early Summer). The unveiled: Algerian women, 1960. *Aperture*, pp. 2–11.

National Press Photographers Association. (1950). *Complete book of press photography*. New York: National Press Photographers Association.

National Press Photographers Association. (1998). *Code of ethics, Application for membership*. Available: http://sunsite.unc.ed/nppa/nppa_app.html

Newhall, B. (1964). *The history of photography*. New York: Museum of Modern Art.

Newton, J. H. (1983). *The role of photography in a social science research project in Northern Mexico: A matter of ethics*. Unpublished master's thesis, University of Texas, Austin.

Newton, J. H. (1984, Spring). Photography and reality: A matter of ethics. *Photo-Letter, 5*, 36–44.

Newton, J. H. (1990). Why ethics? Every photograph is a metaphor for a part of life. In P. M. Lester (Ed.), *NPPA special report: The ethics of photojournalism* (pp. 6–9). Durham, NC: National Press Photographers Association.

Newton, J. H. (1991). *In front of the camera: Ethical issues of subject response in photography*. Unpublished doctoral dissertation, University of Texas, Austin.

Newton, J. H. (1994, August). *The other side of the camera: Emotion and personality as factors in subject response*. Paper presented to the annual meeting of the association for Education in Journalism and Mass Communication, Atlanta.

Newton, J. H. (1994–1999). [Field notes and photographs]. Unpublished raw data.

Newton, J. H. (1998). Beyond representation: Toward a typology of visual ethics. *Visual Anthropology Review, 14*(1), 58–72.

Nichols, B. (1994). *Blurred boundaries: Questions of meaning in contemporary culture*. Bloomington: Indiana University Press.

Norman, D. (1973). *Alfred Stieglitz: An American seer*. New York: Random House.

Nottingham, E. (1978). *From both sides of the lens: street photojournalism and personal space*. Unpublished doctoral dissertation, Indiana University, Bloomington.

Okrent, D. (2000). *Editorial: The death of print?* Available: http://www.digitaljournalist.org/issue0002/okrent.htm

Orlan. (1999). Me, my surgery and my art. Available: http://www.terminal.cz:80/~blackice/digissue1/media/orlan.html

Ornstein, R. (1991). *The evolution of consciousness*. New York: Prenctice Hall.

Ornstein, R. (1997). *The right mind: Making sense of the hemispheres*. New York: Harcourt, Brace.

Patterson, F., & Cohn, R. H. (1978). Conversations with a gorilla. *National Geographic, 154*(4), cover, 438–465.

Potter, R. F., Bolls, P. D., & Dent, D. R. (1997, May). *Something for nothing: Is visual encoding automatic?* Paper presented at the annual meeting of the International Communication Association, Montreal.

Random House Webster's College Dictionary. (1995). New York: Random House.

Reaves, S. (1995a, Winter). Magazines vs. newspapers: Editors have different ethical standards on the digital manipulation of photographs. *Visual Communication Quarterly*, pp. 4–7.

Reaves, S. (1995b). The vulnerable image: Categories of photos as predictor of digital manipulation. *Journalism & Mass Communication Quarterly*, pp. 706–715.

Rogers, E. M. (1998, July). Anatomy of the two subdisciplines of communication study. In University of Haifa Department of Communication (Ed.), *The blurring of boundaries between mass and interpersonal communication*. Preconference proceedings, annual convention of the International Communication Association, Haifa, Israel.

Roloff, M. E., & Miller, G. R. (1987). *Interpersonal processes: New directions in communication research*. Newbury Park, CA: Sage.

Ronell, A. (1994). *Finitude's score: Essays for the end of the millennium*. Lincoln: University of Nebraska Press.

Rosenblum, N. (1984). *A world history of photography*. New York: Abbeville Press.

Ruby, J. (Ed.). (1982). *A crack in the mirror, reflexive perspectives in anthropology*. Philadelphia: University of Pennsylvania.

Ruby, J. (1987). The ethics of image making. In A. Rosenthal (Ed.), *Documentary challenge* (pp. 7–13). Berkeley: University of California Press.

Ruby, J. (1997). *What is visual anthropology?* Available: *http://www.temple.edu/anthro/ruby/jayruby.html*

Ruskin, J. (1904). *Modern painters. Vol. 111. Containing Part IV, Of many things*. In E. T. Cook & A. Wedderborn (Eds.), *The complete works of John Ruskin* (Vol. 5, Part 2). London: George Allen. (Original work published 1856)

Sargent, S. L., & Zillmann, D. (1999, May). *Image effects on selective exposure to news stories*. Paper presented to the International Communication Association annual convention, San Francisco.

Schele, L., & Freidel, D. (1990). *A forest of kings, the untold story of the ancient Maya*. New York: William Morrow.

Schiller, H. (1996). *Invisible crises: What conglomerate control of media means for America and the world*. Boulder, CO: Westview Press.

Schiolino, E. (1996, November 12). A painful road from Vietnam to forgiveness. *The New York Times*, pp. A1, A8.

Schneider, G. B. (1999). *Culture jamming: an active audience's response to media culture*. Unpublished master's thesis, The University of Texas at Austin.

Schramm, W. (1988). *The story of human communication. Cave painting to microchip*. New York: Harper & Row.

Schultz, M. (1993). *The effect of visual presentation, story complexity and story familiarity on recall and comprehension of television news.* Unpublished doctoral dissertation, Indiana University, Bloomington.

Severin, W. J., & Tankard, J. W. (1997). *Communication theories: Origins, methods and uses in the mass media* (4th ed.). New York: Longman.

Sherer, M. (1985, August). *Photojournalism and the infliction of emotional distress: A question of conduct.* Paper presented to the Association for Education in Journalism and Mass Communication, Memphis, TN.

Sherer, M. (1990). Bibliography of grief, Ethical issues in photographing private moments, and Photographic invasion of privacy: Pictures that can be painful. In P. M. Lester (Ed.), *NPPA special report: The ethics of photojournalism* (pp. 10–15, 23–27, 35–41). Durham, NC: National Press Photographers Association.

Shlain, L. (1991). *Art & physics: Parallel visions in space, time & light.* New York: William Morrow.

Shoemaker, P. J. (1996). Hard-wired for news: Using biological and cultural evolution to explain the news. *Journal of Communication, 46,* 32–47.

Shoemaker, P. J., & Reese, S. D. (1991). *Mediating the message, theories of influences on mass media content.* New York: Longman.

Shoemaker, P. J., & Reese, S. D. (1996). *Mediating the message: Theories of influences on mass media content* (2nd ed.). New York: Longman.

Snyder, J., & Allen, N. W. (1982). Photography, vision, and representation. In T. F. Barrow, S. Armitage, & W. E. Tydeman (Eds.), *Reading into photography, selected essays, 1959–1960* (pp. 29–75). Albuquerque: University of New Mexico Press.

Sontag, S. (1973). *On photography.* New York: Dell.

Sperry, R. W. (1973). Lateral specialization of cerebral function in the surgically separated hemispheres. In F. J. McGuigan & R. A. Schoonover (Eds.), *The psychophysiology of thinking* (pp. 209–229). New York: Academic Press.

Squiers, C. (1990). *The critical image.* Seattle WA: Bay Press.

Stafford, B. M. (1996). *Good looking: Essays on the virtue of images.* Cambridge, MA: MIT Press.

Stafford, B. M. (1997, June). Educating digiterati. *Art Bulletin,* pp. 214–216.

Staiger, J. (1992). *Interpreting films: Studies in the historical reception of American cinema.* Princeton, NJ: Princeton University Press.

Stott, W. (1973). *Documentary expression and thirties America.* London: Oxford University Press.

Synthetic pleasures. (1996). Retrieved February 12, 2000, from: *http://www.caipirinha.com/Film/spcontent.html*

Tagg, J. (1988). *The burden of representation: Essays on photographies and histories.* Basingstoke: Macmillan Education.

Timberlake, R. N. (1997). The myth of the girl in the photo. *Vets with a mission.* Available: *http://www.vwam.com/vets/myth/html*

Toffler, A. (1990). *Powershift: Knowledge, wealth, and violence at the edge of the 21st century.* New York: Bantam.

Tuchman, G. (1978). *Making news, a study in the construction of reality.* New York: The Free Press.

UT engineer works to help cameras interpret images. (1998, March 20). *Austin American-Statesman.* Section B, Metro & State, pp. 1, 3.

Wagner, J. (Ed.). (1979). *Images of information, still photography in the social sciences.* Beverly Hills, CA: Sage.

Warwick, D. P. (1977, December). Social sciences and ethics. *Special Supplement to Hastings Center Report, 7,* 8–10.

Weber, R. (1974). *The reporter as artist: A look at the New Journalism controversy.* New York: Hastings House.

Webster's new collegiate dictionary. (1979). Springfield, MA: G&C Merriam.

Williams, R. (1995). *Beyond visual literacy: Course guide, J310K* (University of Texas Department of Journalism). Austin: Longhorn Copies.

Williams, R. (1999, Autumn). Beyond visual literacy: Omniphasism: A theory of balance, (part one of three). *Journal of Visual Literacy, 19* (2), 159–178.

Wilson, E. O. (1992). *The diversity of life.* Cambridge, MA: Belknap Press of Harvard University Press.

Wilson, E. O. (1998). *Consilience: The unity of knowledge.* New York: Knopf.

Winick, C. (1956). *Dictionary of anthropology.* New York: Philosophical Library.

Worth, S. (1980). Margaret Mead and the shift from "visual anthropology" to the "anthropology of visual communication." *Studies in Visual Communication, 6,* 15–22.

Worth, S. (1981). *Studying visual communication* (L. Gross, Ed.). Philadelphia: University of Pennsylvania Press.

Worth, S., & Adair, J. (1972). *Through Navajo eyes: An exploration in film communication and anthropology.* Bloomington: Indiana University Press.

Zelizer, B. (1992). *Covering the body: The Kennedy assassination, the media, and the shaping of collective memory.* Chicago: University of Chicago Press.

Zelizer, B. (1998). *Remembering to forget: Holocaust memory through the camera eye.* Chicago: University of Chicago Press.

크레디트와 출전

Kim Phuc running from napalm attack, by Nick Ut, The Associated Press, was used with the permission of AP/Wide World Photos.

Phan Thi Kim Phuc at 1996 Veterans Day ceremony, by Dennis Cook, The Associated Press, used with permission of AP/Wide World Photos.

"Kim Phuc showing her scarred back and arm," by Joe McNally, was used with the permission of LIFE Magazine©Time Inc.

Parts of chapter 1 were originally published as "Visual Truth: The Role of Photojournalism in Mediating Reality," *Visual Communication Quarterly,* Fall 1998, Vol. 5 (4), pages 1, 3–8.

An early version of chapter 2 was presented as a juried paper, "The Vision Instinct," Visual Communication Division, International Communication Association, Acapulco, Mexico, June 2000.

Earlier versions of parts of chapter 4 were published in a review of *Doing Documentary Work* in *Spot Magazine,* Fall 1997" and were presented as "Visual Embrace or Visual Assault: Moral Implications of Photojournalistic Seeing," Twelfth Annual Visual Communication Conference, Winter Park, Colorado, June 1998.

Earlier versions of parts of chapter 5 were included in a panel presentation, "Stealing/Steeling the Soul: Identity and Media," AEJMC, Anaheim, 1996; and as a guest lecture, "La Etica y la identidad," NAFOTO II International Month of Photography, São Paulo, Brazil, 1995.

Earlier versions of parts of chapter 9 were originally published as "On Sanctification and Violation of the Human Image," Contact: Photojournalism Since Vietnam Exhibition and Symposium, Center for Research in Contemporary Art Research Subscription, 1992–93, pp. 13–14; a juried paper, "Toward an Ecology of the Visual," International Communication Association, San Francisco, May 1999; and a juried presentation "Body and Soul: Everyday Murders of the Spirit," International Conference on Violence in the Media, New York, New York, 1994.

An earlier version of chapter 10 was published as "Beyond Representation: Toward a Typology of Visual Behavior," *Visual Anthropology Review,* Vol. 14 (1), Spring-Summer 1998, pages 58–72. Figure 10.1 was adapted from Figure 3, p. 62. Figure 3.1 was adapted from Figure 4, p. 64. *Visual Anthropology Review* is a peer-reviewed publication of the Society for Visual Anthropology, a unit of the American Anthropological Association. An earlier version was presented as a juried paper, "From Visual Embrace to Visual Murder," International Communication Association, Sydney, Australia, 1994.

An earlier version of chapter 11 was selected for presentation as "Interpersonal Dimensions of Mass Media Imagery: The Problem of Real People," International Communication Association Pre-Conference, Haifa, Israel, July 1998.

찾아보기

감시이론 10, 28, 44
객관성 7, 17, 26, 27
객관적 진실 21, 23
게슈탈트 이론 132, 249
게이트키퍼 77, 115, 116, 117, 118, 121
고프만, E. 53, 72, 107
골드버그, V. 13, 48, 49, 135, 232, 233, 234, 235
곰브리치, E. H. 42, 126
그라시, P. 42

내셔널 인콰이어러 52
내셔널 지오그래픽 8, 128
네이거, C. 73, 209
뉴먼, A. 66
뉴스 포토그래퍼 59, 70, 84, 85
뉴스위크 233
뉴욕 그래픽 뉴스 37
뉴욕 타임스 52, 58, 80, 114, 125, 227, 228, 250, 252

다게레오타입 38
다게르, L. J. M. 38
대인 커뮤니케이션 224, 225, 226, 229, 230, 237, 238, 240, 241, 243, 246
던컨, D. D 89
덴진, N. K. 107, 198
돈디스, D. A. 126
동시성 24, 43
디지털 이미징 8, 9, 24, 250, 251

라스웰, H. D. 46, 144
랭, D. 91, 219
러스킨, J. 81
런던 타임스 90
레스터, P. M. 13, 60, 126, 134
로간, R. 133
로넬, A. 161, 172
로이터 통신 148
로저, E. M. 158
루비, J. 194
루츠, C. A. 13
리브스, S. 27
리스, S. D. 76
리프만, W. 146

매그넘 148
맥루한, M. 125, 141, 142, 161, 166

맥루한, T. C. 133
맥퀘일, D. 144, 147, 151, 225, 226, 227
머이브리지, E. 127
메사리스, P. 13, 126
모르, J. 132
모리스, W. 19, 233, 234
모리아티, S. 164
무어, T. 100
문화적 프레임 53, 54, 55, 158
미드, G. H. 221
미드, M. 23
미디어 경제 20
미첼, W. J. T. 13
미학적 리얼리즘 82, 83
밀그램, S. 61, 62, 63, 67, 105, 106, 110

바쟁, A. 43
배리, A. M. 53, 126, 164, 165
버거, J. 131
버군, J. K. 226, 229, 231, 232, 233, 237
버긴, V. 13
버스, A. J. 107
벤야민, W. 13
벨로프, H. 14, 66, 100, 102
보도 22, 252
뷸러, D. 226, 229, 231, 232, 233, 237
브레송, H. C. 66
블루머, H. 167, 193, 194, 220, 221, 222, 225

사진적 등가물 이론 217
사회 구성주의 44
사회 구조주의 163
사회감시이론 46

사회적 도상화 219
상징적 상호작용 44, 163, 193, 198, 217, 220, 222, 240
손택, S. 13, 60, 209
쉘, L. 45, 47
쉬어러, M. 60, 71, 208
슈메이커, P. J. 44, 46, 76, 164
스미스, E. 87
스태포드, B. M. 167
스태플턴, S. 120, 148
스토트, W. 74, 190
스티글리츠, A. 102, 103, 197, 201, 223
스틸 포토저널리즘 29
시각적 등가론 223, 240
시각적 인지이론 10, 28, 44, 49, 50, 52, 159, 224
시드니 모닝 헤럴드 36
시애틀 타임스 124

아넷, P. 81, 115, 147
아른하임, R. 126
아베든, R. 65, 207
아이빈스, W. 126, 127
안구중심주의 20
야렉, K. 90, 175, 177
에반스, H. 178, 90
에반스, W. 68, 69, 74
에이지, J. 68, 69, 91, 93
엘드리지, J. 257
영상생태학 10, 157, 159, 160, 168, 172, 173, 174, 183, 190, 191, 244, 255, 257
영상인류학 88, 89, 105
영속성 29, 87
오스틴 아메리칸 스테이츠맨 135, 228

올랭 170
올스타인, R. 164
올트슐, J. H. 147, 150
옴니페이지즘 164
우트, Nick 127, 216, 227, 230, 231, 232, 233, 234, 240
워스, S. 13
워싱턴 포스트 84
워윅, D. P. 71
윌리엄스, R. 126, 164
윌슨, E. O. 163, 166
유르겐, S. 40, 192
유형학 190, 198, 199, 200, 203, 210, 211, 212, 213, 240
의제설정이론 146
이니스, H. A. 133
이퀴벌런트 이론 102, 103, 197, 198

셀리지, B. 14
주관성 26
주관적 구성주의 23
주관적 리얼리티 28

채프닉, H. 13, 141, 146

카펜터, E. 101, 102, 224
칼바흐, M. L. 38
캐리, J. W. 194
코브레, K. 13, 37, 72, 82
코졸, W. 14
콘택트 프레스 148
콜리어, J. 207
콜린즈, J. L. 13

콜즈, R. 91, 92, 93, 158
크레이그, R. T. 158
크리스티앙, C. G. 60, 111, 198
크리크, F. 44, 50, 100, 168, 172

타임 8
탁, J. 47
태그, J. 13
토플러, A. 141

파파라치 8, 39, 86
포스트모더니즘 9, 28, 44, 54, 63, 169, 222
포토저널리즘 윤리학 27, 59, 60, 63, 70
풀톤, M. 13
프로인트, C. P. 60, 237
프로인트, G. 14
프리델, D. 45, 47
핍진성 25, 26, 92

하블리, C. 60
하틀리, P. 230, 232, 233
해거먼, D. 13
햄머슬리, M. 89, 90, 90
호손 효과 108
홀, S. 13
혹스, B. 200

AFP 148
AP통신 48, 81, 147, 156, 216, 227, 228, 234
NPPA 37, 59, 81

지은이 줄리안 H. 뉴튼은 현재 미 오리건 대학 School of Journalism and Communication의 부교수로 재직중이다. 그녀는 신문기자와 잡지 편집자, 라디오 진행자, 텔레비전 감독, 다큐멘터리 사진가로 일해 왔으며, 국제적 분야의 창작품과 학술작품을 심사하는 잡지 *Visual Communication Quarterly*의 편집자이기도 하다. 영상 윤리에 관한 그녀의 저서들은 학술적이고 공적인 포럼에 걸쳐 있으며, 사람과 사회에 관한 그녀의 사진들은 50여 번 이상의 전시회를 통해 선보였고, 그 중 다수는 입선한 바 있다. 그녀는 이 책으로 2003년, 전미커뮤니케이션협회의 Visual Communication Research Award를 수상했다.

옮긴이 허현주는 중앙대와 동 대학원에서 포토저널리즘을 전공하고, 1988년 도미하여 위스콘신주립대와 시라큐스대에서 저널리즘과 포토저널리즘을 공부했다. 6년간 일간지 *The Post-Standard*, *The Citizen*의 프리랜싱 사진기자, *Syracuse Newspaper*의 스태프 사진기자로 일했다. 현재는 중부대 사진영상학과 조교수로 재직중이며, 역서로는 『포토저널리즘과 윤리학』이 있고, 사진작업으로는 일본군 위안부의 삶을 다룬 〈빼앗긴 세월〉과 국제입양아의 성장 과정을 기록한 〈Love&Care〉〈10년 후〉 등이 있다. 역자는 특히 여성과 어린이 문제에 많은 관심을 가지고 사진작업을 진행하면서 바람직한 관찰자가 되기 위해 노력하고 있다.

눈빛시각예술선서 · 9

영상 저널리즘의 이해
— 포토저널리즘과 시각적 진실

줄리안 뉴튼 지음 / 허현주 옮김

초판 1쇄 발행일 — 2006년 2월 28일 / 발행인 — 이규상
발행처 — 눈빛 서울시 마포구 성산동 572-506호 전화 336-2167 팩스 324-8273
등록번호 — 제1-839호 / 등록일 — 1988년 11월 16일
편집 — 정계화 · 박인희 · 고성희 · 이자영
출력 — DTP 하우스 / 인쇄 — 예림인쇄 / 제책 — 일광문화사
값 15,000원
ISBN 89-7409-128-3
www.noonbit.co.kr

The Burden of Visual Truth by Julianne H. Newton
Copyright ⓒ by Julianne H. Newton
All rights reserved.
Korean Translation Copyrights ⓒ 2006 by Noonbit Publishing Co.
This edition published by arrangement with Lawrence Erlbaum Associates, Inc.